书为浙江金融职业学院重点科研项目
华留学生汉语词汇认知障碍及其隐喻能力发展研究”(课题编号: 2020ZD12)的成果

中英隐喻对比及对外汉语词汇教学研究

■吴唯 著

中国纺织出版社有限公司

内 容 提 要

本书首先介绍了隐喻理论及其对外汉语教学的意义；其次从中英文化差异和隐喻认知关系的角度出发，以动物隐喻、植物隐喻、“水”隐喻、“火”隐喻等特殊样本为例，对英汉隐喻词汇进行了对比分析，探讨了不同语言文化中不同隐喻表达的生成机制和差异成因；最后以具体案例的形式探讨了在对外汉语隐喻词汇教学中如何培养学生的隐喻意识以及隐喻能力，有效促进对外汉语隐喻词汇教学的教学效果，从而在实践中提升学生的语言交际能力和文化包容性，促进不同文化之间的交流。

图书在版编目（CIP）数据

中英隐喻对比及对外汉语词汇教学研究／吴唯著
.--北京：中国纺织出版社有限公司，2023.4
ISBN 978-7-5229-0229-6

Ⅰ.①中… Ⅱ.①吴… Ⅲ.①英语—隐喻—对比研究—汉语②汉语—词汇—对外汉语教学—教学研究 Ⅳ.①H315②H15③H195.3

中国版本图书馆CIP数据核字（2022）第254804号

责任编辑：刘桐妍　　责任校对：高　涵　　责任印制：储志伟

中国纺织出版社有限公司出版发行
地址：北京市朝阳区百子湾东里 A407 号楼　邮政编码：100124
销售电话：010—67004422　传真：010—87155801
http://www.c-textilep.com
中国纺织出版社天猫旗舰店
官方微博 http://weibo.com/2119887771
天津千鹤文化传播有限公司印刷　各地新华书店经销
2023年4月第1版第1次印刷
开本：710×1000　1/16　印张：14.5
字数：215千字　定价：99.90元

前言

隐喻广泛存在于我们的生活当中，对我们的语言产生了深远的影响，莱考夫曾提及“没有隐喻我们甚至都不能说话”。语言中除了一小部分原始的成分外，几乎都是隐喻性的。有的隐喻可以轻松辨认出，有的则已演化成语言的固有形式，其隐喻的本质常常为人们所忽略；有的隐喻仍然充满生命力和活力，有的却已完全失去了色彩。

近年来，专家学者就隐喻的理论问题进行了深入的探讨。面对这一新兴的认知语言学研究方向，人们开始突破修辞和语法隐喻的单一研究，更多地从意义上去进行更深刻的隐喻研究。其中，由莱考夫和约翰逊（Lakoff & Johnson）提出的“概念隐喻”理论是较为完善和成熟的隐喻认知理论，影响力最大。“概念隐喻”理论认为“人的思维过程是隐喻的，隐喻被明确地认为是人类认知世界的一种工具，被定义为通过一种事物来理解另一种事物的一种手段。”

汉语和英语中都存在着数量可观的隐喻词汇，这些隐喻词汇在用法上有相似之处，也有迥异之别，其差异的根源在于中西文化和思维认知的差异。语言学习者在学习汉语的过程中会不可避免地接触到大量反映中国式隐喻思维的语言表达形式，而这些隐喻性表达是造成汉语学习者学习障碍的一大因素。因此，作者认为从认知的角度研究隐喻对二语习得，尤其是汉语学习的影响和作用，是非常有益和必要的。

本书首先介绍了隐喻理论及其对对外汉语教学的意义；其次从中英文化差异和隐喻认知关系的角度出发，以动物隐喻、植物隐喻、“水”隐喻、“火”隐喻等特殊样本为例，对英汉隐喻词汇进行了对比分析，探讨了不同语言文化中不同隐喻表达的生成机制和差异成因；最后以具体案例的形式探讨了在对外汉语隐喻词汇教学中如何培养学生的隐喻意识以及隐喻能力，有效促进对外汉语隐喻词汇教学的教学效果，从而在实践中提升学生的语言交际能力和文化包容性，促进不同文化之间的交流。

在本书的撰写过程中借鉴吸纳了许多专家学者的研究成果和著述内容，并得到了同事亲友的鼎力相助，在此表示衷心的感谢。由于时间仓促，作者水平有限，疏漏之处在所难免，恳切希望同行专家及广大读者批评指教。

吴唯

2022年11月

目录

第1章　绪论

1.1　研究背景

近年来，我国的综合办学实力不断提升，办学结构不断优化，吸引了大批优质的海外留学生。根据教育部的统计数据，从2009年到2018年，在华留学生的数量由23.82万增长到49.22万，增长了一倍。2020年受疫情影响来华留学生数量有所下降，但仍有来自200多个国家和地区的397635名外国留学人员赴华学习深造。我国高校对于国际生源的影响力不断提升，成为世界第三、亚洲第一的留学目的地国，如图1–1所示。

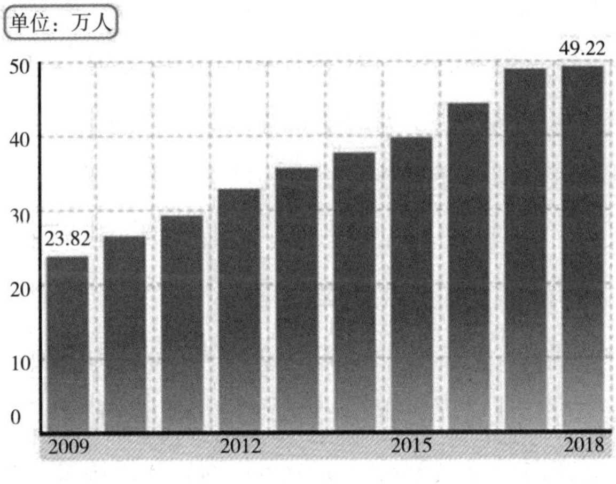

图1–1　2009—2018年来华留学生人数

数据来源：教育部

随着来中国学习的留学生人数日渐增多，汉语教学也越来越受到世界各国的重视，对外汉语教学工作者也因此面临了更多的挑战。对外汉语教学不仅要承担基本语言要素的教学，还应同时承担起文化传承和传播的责任。汉语学习者学习汉语的热情日益高涨，汉语水平不断提高，对神秘的东方文化也充满了探究的欲望，简单的日常交流用语显然已经不能满足他们的学习需求，这就对汉语教学提出新的要求。对于中高级阶段汉语教学来说，具有隐喻内涵的汉语词汇教学成为重点和难点。汉语学习者要想要理解汉语隐喻词汇并熟练掌握运用，就必须不仅知其然，还要知其所以然，理解其中所包含的深层意义，而这种深层的文化内涵与汉民族的隐喻认知思维是密不可分的，需要借助特殊的思维认知工具才能理解掌握。

汉字是目前世界上唯一广泛使用的表意体系文字，是一种视觉符号系统，文字符号的外在形式和内在意义直接产生联系。与汉语不同的是，世界上其他现存的文字系统基本都属于另外一种截然不同的文字系统——表音文字，即文字符号的外在形式和内在意义不直接发生联系。不同的语言体系和文化背景阻碍了外国留学生汉语隐喻思维能力的形成发展。汉语词汇不仅总量庞大且具有不规律性，其高度隐喻化的特征又使每个词汇背后的文化内涵无限深度化，从而演化出无数的变化。在这些变化无穷的隐喻表达中，有的易于辨识，有的则十分隐蔽。熟练掌握隐喻词汇，对于提高汉语学习者的汉语言能力和交际能力是必要的，也是检验其汉语素养的重要标准之一。鉴于此，汉语隐喻词汇的教学不仅要涉及语言知识，还会涉及思维模式、认知机制、历史人文等诸多方面。然而，受到学生认知、教师教学水平、教师课时等限制因素，传统词汇教学模式较为单一，知识目标呈现出割裂的特点，所教授词汇的各义项之间未形成逻辑相扣的知识网络，对同一词汇的多个义项的学习相对独立，在对一个义项进行教学时很少对其他义项进行系统性的引申阐发，难以让学生形成完整的词汇网络。如果能在对外汉语词汇教学中重视对学生隐喻能力的培养，将有助于提升学生思维的流畅性，克服母语负迁移的影响，提高二语的理解力、表达力和交际力。因此，在对外汉语词汇教学课堂上探索具有实践意义和可操作性的隐喻词汇教学方法，通过提高和调动学生的隐喻能力来增强学生的词汇理解和实际运用能力，从而提升汉语隐喻词汇的教学效果，无疑会对汉语教学具有积极的推动作用。将隐喻认知理论与汉语隐喻词汇教学相结合，一方面可以为对外汉语教学提供新的研究思路和新的教学方法；另一方面也能帮助汉语学习者高效地掌握汉语，实现有效交流，同时打破文化壁垒，深入了解中国文化和中式思维模式。基于此，本书以当代隐喻理论为基础，尝试讨论通过培养来华留学生的隐喻能力促进汉语隐喻词汇教学的方法，寻找改善汉语词汇教学的新途径。

1.2　研究内容

语言是一种特殊的文化现象。认知语言学认为，语言的意义主要来自人与客观世界的互动。语言中充满了隐喻，它存在于词汇、语段、语篇中，由近身到远身，从具体到抽象，无处不在。隐喻理论是人类认识自我、语言和世界三者之间关系的重要平台，是认知语言学、二语习得、心理语言学等多种理论相互作用的窗口。具备隐喻能力是人们掌握一种语言的重要标志之一。同时，隐喻能力在第二语言教学中也可善加利用。以Littlemore（2001）为代表的学者们认为隐喻能力与语言能力、交际能力在二语学习中具有同等的研究地位，也因此形成了二语学习和教学的新思路。当代隐喻理论为认知语言学理论与第二语言习得和教学理论的交叉融合提供了探寻窗口和讨论平台，隐喻能力研究也因此成为应用认知语言学领域的研究焦点。但是对概念隐喻能力培养的研究目前仍处于探索阶段，没有形成系统性的理论成果。由于缺乏长效的、规则可循的方法指导，测试又存在一定难度，概念隐喻能力的可学性和可教性甚至遭到质疑（Keeskes，2000；许保芳，袁凤识，2010）。

本书在二语教学研究领域和对外汉语教学研究领域前人研究成果的基础上，结合理论与案例，探究来华留学生汉语隐喻词汇的认知障碍的成因以及制约其隐喻能力发展的因素，并针对如何培养学生的隐喻能力，从而有效促进对外汉语教学提出可行的建议。具体来说，本书侧重于梳理概念隐喻能力教学的理论和实践，通过中英隐喻词汇样本的对比，分析汉语学习者母语思维与汉语思维的差异以及由此产生的留学生的隐喻性汉语词汇认知障碍问题，并就未来来华留学生概念隐喻能力的培养策略和相关隐喻词汇的教学策略展开讨论，旨在为隐喻教学实践走向有序化和系统化提供启示。本书的主要研究内容包括以下三点：

①界定本研究中隐喻能力的概念。认知语言学界就隐喻能力的定义已经基本形成共识：隐喻能力主要包括理解隐喻的能力、解释隐喻的能力以及在特定的语境中自主生成恰当的隐喻的能力。是否具备隐喻能力已经成为评判学习者是否熟练掌握一种语言的重要标准。对于学习者而言，学好一门语言的标志不仅仅是掌握该语言的语法规则，更是正确地理解并熟练地道地使用目的语；而缺乏隐喻能力的二语学习者是无法像母语者一样地道地使用目的语的。

②对中文和英文中具有典型意义的词汇样本进行对比分析。不同的语言中都有各自独特的概念隐喻映射，这是在漫长的语言形成和演变过程中受到自然环境、生产生活经验、历史人文、思维模式等因素交互作用而形成的。来华留学生在学习汉语词汇时，往往会潜意识地受到母语的概念隐喻体系的影响，并惯性地将其代入到目标语的认知过程中，从而产生对隐喻词汇的认知断层、理解偏差、使用偏误等一系列的问题。通过选取汉语和英语中的动物隐喻词汇、植物隐喻词汇、“水”隐喻词汇和“火”隐喻词汇作为典型语料样本，本书将深度分析英汉母语者的隐喻认知差异及其在语言中的反映，并以此为基础开展汉语隐喻词汇教学的研究和探讨。

③在中英隐喻词汇对比分析的基础上，探索与汉语隐喻词汇相关的隐喻能力的可教性和可学性，根据概念隐喻理论和隐喻能力的教学目标探讨如何在汉语教学中有效地进行隐喻词汇教学，提高留学生的汉语隐喻能力。

1.3 研究的重点和难点

词汇学习在语言学中有着举足轻重的作用。在传统的汉语词汇教学中，教师往往通过基本词义讲解、例句展示，拼写练习、互译练习等课堂教学形式来巩固学生的记忆。反复记忆、释义诵记、抄写默写等传统的学习方法也是大部分留学生课外记忆汉语词汇的主要形式。但机械性记忆由于缺乏理解作为基础，不仅效率低下、遗忘率高，还会出现只知相应释义却无法灵活运用、相似单词混淆误用情况多等问题。大部分汉语词汇本质上都是隐喻性的，传统的词汇教学模式显然无法满足汉语隐喻性词汇的教学要求，需要在概念隐喻理论的框架下比较中英隐喻词汇的生成规律及差异成因，并据此指导汉语隐喻词汇教学。对于汉语学习者来说，隐喻词汇的学习是其提高语言能力和交际能力的必要前提之一。通过积极引导学生发现相似事物的之间的联系，培养学生的汉语隐喻思维，提高学生的汉语隐喻能力，有助于重塑学生的思维方式，使其摆脱母语思维的束缚，系统性地理解单词含义，形成隐喻词汇各义项之间的串联，进而提高词汇学习效果。

隐喻能力与语言能力密不可分，隐喻能力始终存在于语言能力之中。隐喻能力主要包括理解隐喻的能力、解释隐喻的能力以及在特定的语境中自主生成恰当的隐喻的能力。隐喻能力是影响二语学习者对目的语的理解率和使用流利度的重要因素，是否具备隐喻能力已经成为评判学习者是否熟练掌握一种语言的重要标志。二语学习者的语言能力越高，隐喻能力发挥的作用就越突出，对于中高级二语学习者来说，“二语习得者的语言能力发展瓶颈是概念性的而不是语法性的”（陈朗，2010）。验证隐喻理论在汉语词汇教学中的可教性、可学性，探讨如何在词汇教学中提升留学生汉语隐喻词汇学习的深度和广度，提升他们的隐喻能力，是本书研究的重点和难点。

1.4 全书结构

本书共分为8章：

第1章主要介绍本书的研究背景、研究内容、研究重点和难点以及全书结构。

第2章对国内外相关的隐喻理论研究进行回顾和梳理。隐喻理论的发展经历了三个主要的研究阶段；传统修辞学研究阶段（1930年之前），语义学研究阶段（1930—1970年）以及多学科研究阶段（1970年至今）。相对而言，我国语言学界对隐喻的关注和研究起步较晚，大多是从第三个阶段涉足隐喻研究的。随着学界对隐喻理论研究的不断深化和拓展，对隐喻基础理论的研究慢慢步入应用性研究阶段，对隐喻的探究已经成为教育研究领域一个新兴焦点。与此同时，对语言使用者的隐喻能力的研究也为二语教学打开了新的研究思路，极大推动了二语教学的新发展。

第3章介绍了本书的理论基础，主要论述相关的理论依据。本章阐释了隐喻的本质、隐喻的认知机制与主要特征，描述了隐喻的分类与功能，并讨论了隐喻与隐喻能力的关系，及它们对二语习得，尤其是词汇习得的作用和影响，从理论层面上为通过培养学习者的概念隐喻意识和隐喻能力来提高其英语词汇习得能力奠定基础。隐喻，尤其是概念隐喻，对词汇的语义演变和派生具有很强的解释功能。二语学习者通过提高隐喻能力，可以有效地扩展二语词汇量，增加词汇的理解深度，从而提高二语词汇的使用能力和熟练度。因此，培养隐喻能力是促进中高级阶段学习者二语词汇习得的重要手段和目标，是二语教学中不可忽视的重要内容。

第4章以汉语和英语中的动物隐喻词汇作为语料样本，深入地对比分析了汉英动物隐喻词汇的异同。不同的语言文化由于各种主客观原因，对同一事物的观察和思考有所不同，这对动物隐喻词汇的形成与理解产生了重要的影响。本章主要从地理环境、历史背景、宗教习俗、社会习俗等四个方面分析其原因。

第5章选取了英汉植物隐喻词汇作为研究语料样本，深入地对比分析了英语和汉语中植物隐喻词汇的异同。体验认知是人类共有的思维发展模式，英汉母语者对植物的体验和感知也具有相似性，在一致的映射机制的作用下，中英文中产生了一系列本体和喻体完全对等或部分对等的植物隐喻。但同时，两种语言中也存在大量无法共通共享的植物隐喻表达。造成这些差异的主要有地理环境、历史渊源、宗教信仰、传统文化等因素。

第6章选取了英汉“水”隐喻词汇作为研究语料样本，深入地对比分析了英语和汉语中“水”隐喻词汇的异同。水伴随着人类的繁衍生息，不同民族和文化对于水的基本属性的认知和体验是大致相同的。然而，随着社会的发展以及人们认知水平的提高，不同文化都逐渐开始用“水”的基本概念来理解和阐释其他抽象事物，并由此产生诸多关于“水”的概念隐喻。各种语言文化中的“水”隐喻表达有的大抵相同，有的则呈现出独有的历史人文特点和特定的思维认知机制。本章以大量的中英文“水”隐喻为语料，具体考察“水”这一概念在汉语和英语中的隐喻投射及其认知基础。

第7章选取了英汉“火”隐喻词汇作为研究语料样本，深入地对比分析了英语和汉语中“火”隐喻词汇的异同。围绕英汉两种语言中“火”在隐喻投射上存在的共性和个性，本章对比分析汉英两种语言中“火”隐喻的异同，并试分析其产生的原因，进一步揭示了隐喻的的本质以及英汉文化隐喻认知的差异。

第8章基于前面几个章节对英汉隐喻的对比分析，探讨对外汉语教学中隐喻词汇的教学策略。首先结合英汉隐喻认知观的差异，从隐喻能力、语言能力和交际能力这三大能力的关系入手，讨论了隐喻能力教学在对外汉语词汇教学中的必要性。其次指出汉语隐喻词汇教学的四个原则及可采用的两大教学策略，并以具体教学案例为例演示四个原则及两大教学策略在汉语隐喻词汇的课堂教学中的实际应用。

第2章　文献综述

隐喻的研究一直是语言学领域的研究重点之一。隐喻研究自古有之。英语中的隐喻（metaphor）一词最早源于希腊语单词metapherein，意为“由此及彼”，随后在拉丁语中演变为metaphora，而今日使用的英文拼写形式metaphor大约出现在16世纪。最早对隐喻进行系统研究的是古希腊学者亚里士多德，他将隐喻定义为一种修辞手段，并对隐喻的构成、本质和功能等问题进行了较为深入的研究和阐释。此后，不同学者对隐喻问题展开了多角度的研究。隐喻研究主要经历了修辞学研究阶段、语义学研究阶段和认知语言学研究阶段。近现代随着新理论新方法相继出现，隐喻的相关理论日渐丰盈。从20世纪70年代后期起，越来越多的学者开始研究隐喻，学界出现了一股“隐喻热”，隐喻逐渐发展成为跨学科、跨领域的学术热点。20世纪90年代，这股“隐喻热”引起了中国学者的重视。

2.1　隐喻研究综述

2.1.1　国外隐喻研究综述

西方最初的隐喻研究属于古典修辞学的范畴，距今已有两千多年的历史了。根据对隐喻的研究方法和范围，可将西方的隐喻研究大致划分为三个不同阶段（束定芳，2000），如图2-1所示。

2.1.1.1　隐喻的修辞学研究阶段

从公元前300年到20世纪30年代的两千多年，是国外隐喻研究的修辞学研究阶段。以亚里士多德的对比论（the Comparison Theory of Metaphor）和昆体良（Quintilian）的替代论（Theory of Substitution ）为代表的传统隐喻理论认为隐

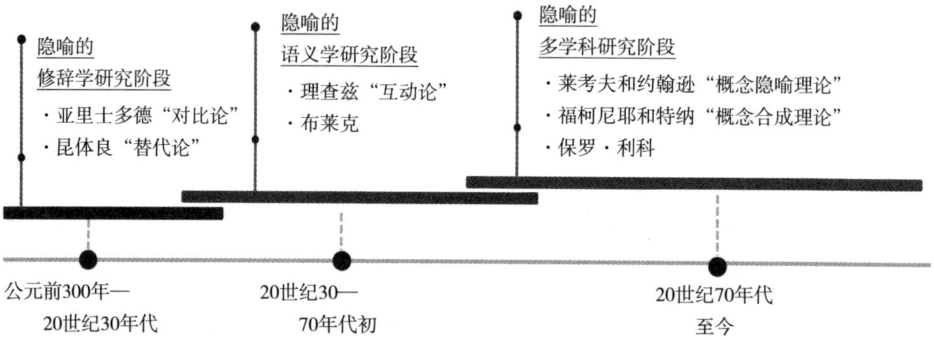

图2-1　西方隐喻研究的三大阶段

喻是词语层面的一种辞格。亚里士多德认为，隐喻是将彼事物的名称用于此事物的名称的转移（Transference of Names），这种转移有四种实现形式：从属（Genus）到种（Species）；从种到属；从种到种；根据类比（Analogy）来实现，如"A之于B就如C之于D"，（亚里士多德，2002）。亚里士多德对隐喻的研究是具有开创性意义的，在西方学术界产生了全面的影响。在亚里士多德之后，古罗马政治家、哲学家西塞罗（Cicero）也对隐喻问题展开了许多有益的探索。和亚里士多德一样，西塞罗也认为隐喻是词汇的"借用"，并且这种借用是建立在词汇之间的相似性的基础之上的（西塞罗，2003）。受亚里士多德"对比论"的影响，昆体良提出了"替代论"，认为隐喻是一种"简洁的明喻"，使用一个词去替代另外一个词的修辞手法。例如，我们想要表达一个人很勇敢时，我们不直接说"He is a brave man"，而是用"lion"来替代"brave man"，以达到同样的语义效果（昆体良，1989）。

这一阶段的研究将隐喻视为一种特殊的修辞手段，是修辞学、文体学、文学等领域的研究对象。隐喻的修辞学研究普遍认为，隐喻是发生在词汇层面的偏离正常语言规则的反常现象，隐喻的功能无论是从结构上还是形式上，都是"附加的""可有可无的装饰"。总的来说，以亚里士多德为代表的隐喻修辞派学者为以后的隐喻研究奠定了初步的理论基础。

2.1.1.2　隐喻的语义学研究阶段

20世纪30年代，对隐喻的研究进入语义学研究阶段。这期间，学者们从语义学和语用学的视角对隐喻进行了更深入的研究，涌现出大量隐喻研究成果，隐喻修辞学派的对比论和替换论开始受到质疑。

1936年英国修辞学家理查兹（I.A.Richards）发表著作《修辞哲学》（*The Philosophy of Rhetoric*），在话语层面考察了隐喻的本质，并将隐喻意义和语境密切联系起来，冲破了传统的修辞学研究的局限，提出了著名的隐喻“互动论”（Interaction Theory），标志着西方隐喻研究进入了语义学研究阶段。布莱克（Black）在理查兹的基础上进一步完善了“互动论”，使其成为继“替代论”和“比较论”之后最具影响力的隐喻理论之一。“互动论”将隐喻理解为两个主体之间的互动，认为隐喻意义的实现有赖于始源域和目标域之间的交互作用，语境、百科知识、规约性信念等因素都会对隐喻意义产生影响。“互动论”开始意识到隐喻的认知价值，从而为隐喻认知理论的出现打下了基础。

2.1.1.3　隐喻的多学科研究阶段

隐喻经过修辞学时期和语义学时期的研究，积累了大量的研究成果。20世纪70年代以后，来自各学科的学者，从认知心理学、阐释学、符号学等研究角度对隐喻展开了多学科交叉式的探索和研究，出现了哲学家塞尔（J. Searle），符号学家艾柯（U.Eco）、保罗·利科（Paul Ricoeur），语言学家莱考夫（Lakoff）和福柯尼耶等一批引人瞩目的隐喻研究学者。其中语言学家莱考夫和哲学家约翰逊（Johnson）的研究成果最具影响力，两人在1980年合著出版《我们赖以生存的隐喻》（*Metaphors We Live By*）一书，开启了隐喻研究全新视角，具有划时代的意义。莱考夫和约翰逊在书中探讨了隐喻的本质，认为“隐喻不仅是一种语言现象，人的思维过程大体上也是隐喻性的”“人的概念通过隐喻构建，人的活动通过隐喻构建，因此，语言也是通过隐喻构建的”（Lakoff & Johnson, 1980）。概念隐喻（Conceptual Metaphor）观改变了人们对隐喻的认识，隐喻不仅是语言表达方式或修辞方法，更是思维方式和交际工具。从此以后，隐喻的认知研究发展很快，日新月异，在概念隐喻理论的基础上形成了多种隐喻研究范式，如隐喻的概念整合观、话语动态观和新当代隐喻理论。1998年，认知语言学家福柯尼耶和特纳（Fauconnier & Turner）在心理空间理论的基础上发展出了“概念整合理论”（Conceptual Blending Theory，又称合成空间理论），深刻揭示了隐喻背后的心理认知机制，即隐喻言语的在线解读过程，使这一研究方向成为认知心理学的重要分支。2002年，福柯尼耶与特纳进一步提出概念整合是一种基本的心理认知机制，它揭示了自然语言中意义的生成与理解过程。概念整合理论具有强大的解释力，不仅可以用于解释隐喻现象，还能解释其他语言现象的意义构建过程。概念隐喻理论和概念整合理论为研究语言运用背后的认知活动搭起了一个统一的理论框架，成为解释隐喻工作机制的最有影响力的两大理论。随着隐喻研究的不断深入以及其他学科，如功能语言学与话语分析等的介入，隐喻的认知学研究路径在阐释其社会功能方面的不足也日益凸显，因此需要符号学和社会学作为补充，这样才能兼顾隐喻语言、思维和交际三个方面的功能，形成更具解释力的“新当代隐喻理论”（Steen，2011）。这一阶段的隐喻研究重心有所转移，以认知学视角为中心，涉及多个学科。有些学者“认为隐喻与身份建构及意识形态的关系联系密切，隐喻具有社会文化依附性”（孙亚，2017）。因此，出现了隐喻与情感、隐喻与身份等研究主题。在其他领域，也有学者开展了关于隐喻的多模态研究，例如：肯尼迪（Kennedy，1982，1993）探讨了隐喻在油画等艺术作品中的体现；福塞维尔（Forceville，1996，2000）讨论了电影、广告以及其他多模态素材中的隐喻现象。

自亚里士多德开始，西方对隐喻的理论研究不断推陈出新。学者们立足于不同学科，对隐喻进行了多元视角的研究，隐喻的研究呈现出“百花齐放、百家争鸣”的势态，也为后人的研究奠定了坚实的理论基础。

2.1.2 国内隐喻研究综述

相比较西方学术界对隐喻问题的持续关注，我国语言学界对隐喻的研究起步较晚，但这并不代表中国学者对隐喻问题的忽视。尽管没有使用隐喻这一术语，但中国语言学界对隐喻现象的关注和探讨同样历史悠久。中国古代，“近取诸身，远取诸物”的语句便反映了以隐喻思维认识和描述事物的基本原则。中国学者在诗学、修辞学等不同领域开展的对“比”和“兴”等修辞现象的研究事实上也都属于隐喻研究的范畴。隐喻（象征）思维方式在中国传统文学、绘画、戏剧等方面均有渗透和体现。20世纪20年代以后，随着白话文的普及，从“语言本位”出发的隐喻研究也逐渐蓬勃发展起来。对隐喻的定义、作用、类别、运作机制等问题的讨论更加科学系统，甚至出现了《修辞学发凡》（陈望道，1932）、《修辞学比兴篇》（黎锦熙，1936）等专门研究隐喻（比喻）的著作。但总的来说，此时国内对隐喻的研究依然停留于修辞层面，并认为隐喻是比喻的一个子项，尚未将其视为相对独立的研究领域。20世纪70—80年代，随着对西方隐喻理论的介绍和引进，研究者们才开始从符号学、语义学、语用学、认知语言学等现代语言学理论角度对隐喻的分类、隐喻的生成机制、隐喻与抽象思维的关系等深层次问题进行剖析。20 世纪 90 年代，我国当代的隐喻研究进入了认知研究阶段。赵艳芳、林书武、束定芳、李书福、胡壮麟等国内学者相继借鉴和介绍了国外的相关隐喻认知理论，隐喻的认知学研究引起了国人的关注。其中，林书武是国内最早引入国外隐喻研究理论的学者之一，发表了《〈隐喻：其认知力及语言结构〉评介》（1994）、《〈隐喻与象似性〉简介》（1995）、《〈隐喻与认知〉评介》（1995）、《〈语言的隐喻基础〉评介》（1995）等论文，详细介绍了国外隐喻研究的现状、流派、焦点及发展趋势。赵艳芳是国内较早关注隐喻认知观的学者，她在《语言的隐喻认知结构——〈我们赖以生存的隐喻〉评介》（赵艳芳，1995）一文中较为系统地介绍了由莱考夫和约翰逊合著的认知语言学经典《我们赖以生存的隐喻》一书，掀起了国内隐喻认知研究的热潮。束定芳在西方隐喻认知理论的基础上，对隐喻的本质、特征、运作机制等问题进行了论述，她在《隐喻学研究》（束定芳，2000）中提出要建立现代隐喻学，可以说是国内第一本从认知学角度研究隐喻的著述。

以“隐喻”为关键词，以1983—2022年的40年为时间跨度，检索了CNKI中国知网，结果获得相关文献52469 篇。1999年开始，隐喻的研究热度持续快速上升，隐喻从传统修辞学的领域逐渐延伸渗透，成为语言学、哲学、心理学、文学批评、翻译学、外语教学等众多学科的研究对象。认知语言学认为隐喻不仅是一种语言现象，更是一种思维工具，能反映出使用者的思维概念化过程，因此隐喻也逐渐发展成为应用语言学和人文社会科学领域的研究工具。隐喻在人类认知和社会活动中不可低估的作用和作用越来越受到人们的重视。国内的隐喻研究虽然起步较晚，但成果卓著，已经形成了一定的规模和体系，并且仍有很大的发展潜力。

2.2 隐喻与外语教学研究综述

2.2.1 隐喻与外语教学研究综述

随着学界对隐喻的研究不断深化和拓展，隐喻研究的问题和方向从基础理论慢慢向应用性研究拓展，对隐喻的探究已经成为教育研究领域一个新兴热点。

在现代隐喻理论的影响下，外语教育研究者从20世纪80年代起开始认识到隐喻在外语教育中的重要作用。美国语言学家S. D. Krashen在20世纪80年代初提出的语言输入假设（the Input Hypothesis Model）认为，语言习得的方式是“可理解输入”（Comprehensible Input）。学习者对语言信息的理解是语言习得的必要条件，而二语学习中输入信息的处理需要隐喻认知的参与。Low在1988年也提出隐喻可以帮助学习者加深理解、扩展思维，因此理解和生成隐喻的能力在二语学习中是不可或缺的能力。隐喻由于可以通过相似性的投射在两个不同的概念之间建立起联系，因此可以“帮助我们跨越新老知识之间的认知鸿沟”（Petrie & Oshlag，1993）。Mayer（1993）在《隐喻与思维》（*Metaphor and Thought*）一书中指出教育隐喻的映射模式使得目标域内的问题解决过程简单化，因而有助于学生理解科学描述和解释。Mayer通过对比实验得出的研究数据表明：接受教育隐喻的学生无论是在解决问题的数量上还是对所学概念的记忆率上，都远远超过未接受教育隐喻的学生（分别超出50%和

30%左右）。还有学者的研究表明（Boers，2000），隐喻教育的效果在二语词汇教学中有显著的体现，如果教师在教学过程中有意识地、系统地对语言中的隐喻现象及其成因和涉及领域加以讲解，就能大大提升学习者的认知深度和记忆水平。而Littlemore（2001）的研究则反向证实，及时准确的隐喻解读能力的缺失是导致外国学生理解课程内容时遇到障碍的最主要原因之一。

外语教学界关于隐喻和词汇教学的研究成果卓著。Irujo（1986）比较早地开始研究二语习得中的习语问题，并推翻了Kellerman在1977年提出的语言中隐喻用法不存在迁移的论断，认为隐喻性语言在二语习得过程中是会产生正迁移的。隐喻也有助于二语学习者记忆和习得二语词汇。任何语言中的词汇往往包含了比其字面所体现的意义更深更广的内涵，因而语言中往往广泛存在一词多义现象，而多义词的语义扩展机制依赖于两个认知域的相似性，隐喻是词义演变的重要基础（Langacker，1987）。因此，“辨认和使用单词的隐喻性延伸义的能力是英语学习者扩大词汇量的一个重要技巧”（Lazar，1996）。MacLennan（1994）也认为“如果让语言学习者明白隐喻在语言扩展和认知发展中的作用，那么学习者便可以将之用于辨认现行语法和词汇中的隐喻性模式”。除了基础词汇外，成语和习语也是外语词汇学习的难点。Kovecses，et al.（1996）发现大多数习语的意义中都有系统的概念隐喻，所以学好这些概念隐喻是二语习语习得的关键。由于“英语中许多隐喻表达都可以追溯到同一个始源域，利用隐喻主题或始源域组织词汇学习有利于二语词汇的记忆和习得”（Boers，2000）。Littlemore（2004）的研究表明，若能在习语学习过程中有效地利用隐喻的作用，教师只需给出少量协助性的解读就可以获得良好的教学效果。

国内的学者也积极探索了隐喻在外语教学中的作用和意义，从词汇、语法、阅读、写作、文化教学等方面开展了研究。束定芳和汤本庆（2002）指出：“隐喻理论对语言教学有着积极的指导作用和应用价值。语言教师可以利用隐喻理论来解释语言意义的变化发展过程，解释词汇意义之间的相互关系；同时，还可以利用概念隐喻理论来解释语言中各种不同形式的隐喻之间的系统性和相互关系。”认知语义学认为许多习语都产生于概念隐喻的基础之上，其意义有着系统性的概念理据。吴莉（2008）等人的实证研究显示，隐喻能促进非本族语英语学习者的习语学习，有助于英语习语的教学过程。陈海燕、汪立荣（2013）也通过实验发现，在EFL词汇教学中，学习者的隐喻意识的提升与词汇学习的效果正相关。贺新丽等（2014）提出，人们可以通过培养学习者的概念隐喻意识来提高其英语词汇习得能力，因为概念隐喻可以帮助学生更有效地理解英语词汇的深层或引申意义，从而促进英语词汇的习得。陈朗（2017）也肯定了隐喻能力在外语词汇教学中的地位，认为“隐喻能力应作为所有词汇教学理念的中高级目标正式列入课程大纲”。张凤娟（2011）认为概念语法隐喻是培养外语学习者概念流利（Conceptual Fluency）的重要途径，“学习者沉睡的概念隐喻机制一旦被激活，就会对他们的写作能力产生积极的影响”。刘振前（2022）、曹霞（2007）等学者探讨了隐喻的文化与认知特征，认为对目的语文化的理解与把握很大程度上取决于对隐喻的理解，因此，隐喻是实现外语教学中的文化教学的一条可行途径。

2.2.2 隐喻能力研究综述

随着认知语言学在应用领域的研究不断深入，隐喻能力研究也日益引起国内外学者的关注和重视。对隐喻和语言学习者隐喻能力的研究极大推动了二语教学走向新的繁荣。国外隐喻能力研究起步较早，最早使用“隐喻能力”这一术语的是Flahive & Carrell（1977）、Gardner & Winner（1978）以及Pollio & Smith（1980）等学者。Danesi（1986）作为较早开始系统研究隐喻能力的学者之一，对这一概念进一步作出了界定，指出“概念隐喻能力”（Conceptual Metaphoric Competence）是语言学习者必须具备的对目的语的概念系统进行解码和使用的能力，并指出“能够隐喻性地使用目的语”是语言学习者具备了交际能力的标志。Low（1988）则进一步强调了隐喻在外语教学中的作用，并且认为将隐喻引入外语教学领域的时机业已成熟。概念隐喻能力是继Chomsky的语言能力（Linguistic Competence），Hymes的交际能力（Communicative

Competence）之后提出的语言学习者需要具备的第三大能力。对隐喻能力的研究逐渐发展成为认知语言学和应用语言学领域的热点话题。

隐喻能力的研究涉及语言学、心理学、教育学等多个学科，但不同学科的研究焦点不尽相同。心理学多侧重于单纯的隐喻能力，如儿童隐喻能力出现的时间、发展模式等。而在教育学与二语习得领域中，国内外学者主要围绕二语概念隐喻能力的培养进行探索，也从不同研究视角证实了概念隐喻能力在二语教学中的作用。在理论建构方面，Littlemore（2001）提出隐喻能力应当包含四个方面的内容：解读隐喻的速度和熟练度、理解隐喻多层含义的能力、理解新隐喻的能力和创造新隐喻的能力，为我们提供了一个较为理想的理论框架。就隐喻能力在二语习得中的意义，陈朗（2010）指出，“二语习得过程即是学习者懂得目的语如何按照隐喻的组织方式来反映概念或对概念进行编码的过程，外语学习意味着习得目的语中的隐喻机制并学习像本族语者一样隐喻式思维”。实践应用方面，MacLennan（1994）的观点认为：“如果让英语学习者明白隐喻在语言扩展和认知发展等过程中的角色，那么学习者便可以用其来辨认现行语法和词汇中的隐喻性模式。”Kovecses和Szabó（1996）通过实验证明，对目的语概念隐喻的理解有助于增强语言学习效果。例如，学习者如果掌握了［UP IS MORE］和［DOWN IS LESS］这样的概念隐喻，那么他们对在此概念隐喻框架下形成的相关隐喻表达（如“The temperature is supposed to ***go up to*** 90 today”，***turn down*** the radio等）的理解能力明显优于不了解该概念隐喻的语言学习者。Kathpalia, et al.（2011），Arib（2012），Aintzane & Carme（2013），linska, et al.（2016）等学者在教学对象、教学方法和测试方式等方面展开了研究，取得了较多成果，分别证实了隐喻能力在英语写作教学、隐喻词汇习得、隐喻思维形成中的重要作用。

针对隐喻能力形成的研究表明，多种因素会对二语者的隐喻能力产生影响。Littlemore（2010）发现，母语隐喻能力水平与理解和建构二语隐喻的能力相关。Chiappe & Chiappe（2007）认为隐喻的生成受到认知能力和语言水平两种因素的影响，隐喻生成的质量与工作记忆水平、词汇知识和阅读量高度相关，实证研究（Johnson，1991；魏耀章，2015；袁凤识，2016；袁凤识，许保芳，2019）也在一定程度上验证了这一结论。而另一些学者（Littlemore，2001；魏耀章，2015；袁凤识，郭涛，2014）的研究也发现，对于二语水平较高的中高级学习者来说，语言水平已不再是影响其隐喻产出的主要变量，学习者的认知能力才是决定其目的语隐喻建构水平的关键所在，目的语的隐喻理解高度依赖个体的认知体验而非二语水平。

国内隐喻能力研究虽然起步较晚，但发展很快。截至 2022 年 10 月，中国知网共收录标题中包含“隐喻能力”的论文396篇，最早的一篇是陈道明于 1998 年在《外国语》上发表的名为《从习语的可分析性看认知语言学的隐喻能力观》的论文。经统计，这些论文中在核心期刊发表的有 71 篇，占比17.9%；标题中含有“教学”二字的有 119 篇，占比30.1%；含有“词汇”二字的有 33 篇，占比8.3%；含“实证”二字的有36 篇，占比9.1%；含有“汉语”二字的仅有 10篇，占比2.5%（表2–1）。

表2–1　1998—2022 年国内隐喻能力研究发表论文统计

年份	发文量	年份	发文量	年份	发文量	年份	发文量	年份	发文量
1998	1	2003	1	2008	13	2013	31	2018	23
1999	0	2004	2	2009	29	2014	38	2019	22
2000	0	2005	3	2010	22	2015	22	2020	14
2001	2	2006	11	2011	36	2016	38	2021	10
2002	2	2007	11	2012	41	2017	15	2022	12

数据来源：中国知网

国内隐喻能力研究主要围绕隐喻能力与教学的关系展开，理论研究明显多于实证研究。主要讨论隐喻能力的界定，隐喻能力在二语习得中的重要性和必要性以及培养方案，而关于隐喻能力的实证研究相对较少，研究层次有待提高。并且大多数研究者都集中于研究英语隐喻能力的培养，对汉语隐喻能力的研究较少。东西方无论在语言还是文化方面都存在着很大差异，汉语学习者的隐喻能力与英语学习者的隐喻能力是否有显著差异，这些差异表现在哪些方面，这些差异对于汉语词汇教学又有哪些启示，都需要进一步的研究和探讨，从而帮助广大教师和研究者进一步认识隐喻能力的本质，提升对对外汉语教学与隐喻能力关系的认识。

第3章　相关理论基础

作为一种重要的表达方式，隐喻普遍存在于人们的语言生活之中。随着人们对隐喻理解的不断深入，隐喻研究经历了从语言层面到认知层面的发展和跨越。传统观点认为，隐喻只是想象的工具或是表达的方式，是促使语言表达更为丰富生动的修辞手法；而现代隐喻理论认为，隐喻不光是语言层面的技巧，而且是人类对世界的认知手段和推理机制，对人们认识世界起着重要的作用（Lakoff & Johnson，1980）。隐喻不单是一种语言现象，同时也作为一种认知方式深刻地影响着我们的思维。概念隐喻的提出为语言教学者提供了一个强大的语言解释工具与教学工具。在语言的输入与产出过程中，正确辨认、理解和使用目的语中的隐喻正是学生熟练掌握一门语言的标志。

3.1　隐喻的本质、认知机制与主要特征

早在两千多年前，隐喻就已经引起了人们的注意。在西方，亚里士多德在其《诗学》等著作中就对隐喻进行了系统的研究，他提出了“隐喻是用一个表示某物的词代指他物，或者以属代种，或者以种代属，或者以种代种，或者通过类推”的修辞学观点。因此，隐喻长期以来一直被认为是一种修辞手法，对其研究也一直局限于语言学和文学层面。随着认知语言学研究的兴起和发展，研究者们开始对隐喻进行认知分析。此后，隐喻的研究得到了长足发展，其相关理论和应用在语言教学、认知心理等各个方面都得到了深入研究。

3.1.1　隐喻的本质

“metaphor”（隐喻）一词来源于希腊语“metaphorein”，由“meta”（across；over）和“pherein”（carry）两个基本词素合成而来，原意为一种

由此及彼的运动，也就是词语的意思从一种事物转移到另一种事物。理查兹将后一种事物称为话题（tenor），前一种事物称为载体（vehicle）；前者为始源（source），莱考夫等学者称后者为目标（target）；而汉语中则分别称为“喻体”和“本体”。如：

马克**鼠标**一点，用电邮把简历寄到了该公司。

With a click of his ***mouse****, Mike sent his resume to the company via email.*

以“鼠标”（mouse）来形容计算机的输入设备，是由于其形状与我们熟知的老鼠相似，并且二者都拖着一条长长的“尾巴”。这种隐喻词汇的表述不仅形象，而且非常容易理解，在中英两种语境中皆可引起共鸣。在这个例子里，“鼠”这个语素将“圆身体、长尾巴”的形状特点从老鼠这种动物转移到计算机输入设备上，前者是“始源”，后者是“目标”。

由此可见，隐喻是人们用清楚的、具体的经验构建复杂的抽象概念的过程。隐喻的本质即用一种事物理解和体验另一种事物（Lakoff & Johnson, 1980）。隐喻发生是以事物之间的“相似性”（Likeness）和联想（Association）为基础的。由相似性而建立了相互关联的两个独立的语义域，即始源域（Source Domain）和目标域（Target Domain）。通常是以比较熟悉的事物为始源域，而以相对陌生的事物为目标域。隐喻能够帮助人们通过始源域的结构特点来认知目标域的结构和特点，因而具备了认知的功能。

Lakoff（1993）指出，隐喻的中心是思维，不是语言，虽然隐喻可以在语言的各个不同层次上出现，如单词、词组、句子，也可体现为语篇。概念隐喻植根于日常经验，而反过来，我们的生存也依赖于隐喻推理。我们所了解和拥有的隐喻及它们的意义都依赖于我们身体的自然性，在我们的身体与外在物理世界的交互实践和各种社会文化实践中得以被建构。Lakoff认为，具体的、直接的经验其实是非隐喻的，例如，人体器官、自然界存在的事物等。我们日常理解和感受的经验基础，例如，旅途、白天和黑夜、冷热等，可以充当隐喻的“始源域”（Lakoff，1987）。根据概念隐喻理论，始源域、目标域、经验基础和映射，这四个要素对于隐喻的发生缺一不可。其中，始源域和目标域是概念隐喻中最重要的。始源域一般是具体的，目标域是抽象的。在此，Lakoff指出了始源域的独立性和目标域的次生性。Lakoff把人们作为参照的熟知的、有形的、具体的概念视为始源域范围，而那些需要借助于这些始源域来理解的无形的、抽象的概念就是目标域范围了，这一切都是因为抽象概念离开隐喻将会变得不完整。

基于对隐喻性概念的逻辑分析与语义探讨，Lakoff阐明了概念隐喻的内涵：

①隐喻无处不在，它根植于人们日常生活的思想和行动中。

②隐喻绝不仅仅是语言层面、有关词语的修饰形式或工具。

③隐喻构成和界定了人类最基础的概念系统。

④人的意识、思维是隐喻的，是隐喻性概念形成的基础。

⑤隐喻性概念的表达是通过语言来实现的。（李庆丽，2020）

可见，Lakoff概念隐喻的内涵本质是由隐喻性概念系统形成与运演的一种知识活动，是人们认知思维层面的活动。Lakoff历经二十余年的理论研究与实践探索，揭示了隐喻的本质，其理论成果成为了隐喻研究的经典，对于人们重新理解认知、语言和哲学都有较大的帮助。

3.1.2　隐喻的认知机制

隐喻的认知机制即隐喻产生的途径。近十几年来对隐喻认知机制的阐释有两个重要的理论：概念隐喻映射理论（The Mapping Theory）和概念整合理论（The Conceptual Integration Theory）。这两个理论有一些共同之处，也有一些互补之处。王寅（2002）认为概念隐喻映射机制主要适用于研究确定的常规的隐喻关系；而概念合成理论更适用于解释新奇的短暂的隐喻现象。

3.1.2.1　概念隐喻映射理论

Lakoff & Johnson（1980）指出，隐喻是概念性的，不是孤立的、任意的，而是有理据的、成系统的，因此提出了“概念隐喻”的说法。他们对隐喻进行解释时使用了一个重要的概念“映射”，认为“隐喻是跨概念域的整体映射”。隐喻式表达只是跨概念域的外在表现（Surface Realization）。隐喻的映射结构作为概念隐喻的核心思想，成为Lakoff解释概念隐喻工作机制、构建隐喻性思维、探索认知科学哲学观的理据和利器。

映射论明确指出隐喻是将始源域映射（Mapping）到目标域上，是基于人类经验之上的概念映射。在始源域和目标域之间有一系列本体的或认识上的对应关系（Correspondences）。这种存在于始源域与目标域之间的对应关系一般由始源域向目标域进行，具有单向性特点（唐瑞梁，2007），但并非是简单的从始源域到目标域的单一机械式映射，而是我们使事物概念化、具体化的常规途径。它是存在于认知体系中的一种经过归纳的、条理化的固定表达式，是日常生活体验的意象图式的外在表现语言形式，反映了思维的本质。Lakoff将目标域以“相似性”（Similarity）标注，始源域以“接近性”（Proximity）标注，将映射方向及过程用is来表示，并以大写形式表示始源域、目标域及映射关系。因而一个隐喻就可以写作［SIMILARITY IS PROXIMITY］。以“LIFE IS A JOURNEY”为例，用映射理论分析其认知过程分为四个方面：一是始源域“journey”被映射到目标域“life”上；二是存在于始源域中的各种关系被映射到目标域上；三是存在于始源域上的各种特性被映射到目标域上；四是存在于始源域的各种知识会被映射到目标域上。

始源域与目标域之间的对应关系，是以抽象的意象图式（Image Schemas）为心理基础建立的。Johnson（1987）认为，意象图式是人们在日常生活与客观世界互动的体验过程中，获得的反复出现的简单且基本的认知结构。它是一种动态的范式，它既不是一成不变的，也并非有着特定内容的，这种高度的灵活性使我们能够在不同的语境下使用同一意象图式来进行思维和推理。例如，空间意象图式UP-DOWN 可以映射到状态、数量、社会等级等抽象域，分别形容状态“好坏”、数量“多寡”地位“高低”等。意象图式的存在使人们可以从一个认知域向另一个认知域进行隐喻映射，隐喻意义就是通过借由意象图式实现的映射而产生的。

对于隐喻意识的产生研究者认为，无论属于什么民族，使用何种语言，人们天生具备隐喻意识，它以一种默认的状态储存在人们的知识和认知体系中，在适当的场景下便会被激活。Lakoff等人所持的隐喻映射观点的实质就是，惯用语及其意义的生成理据在于概念间业已存在的隐喻联系。这一理论得到了Gibbs（1992）的支持。Gibbs发现，概念隐喻具有心理现实性，心理现实性促进惯用语的产生、应用及理解。Gibbs在其实验中提供了blow your stack、flip your lid、hit thc ceiling等5套表示“大发雷霆”的惯用语，要求受试对象展开自由想像，然后回答相关问题。实验结果表明，受试对象对这几套惯用语中隐喻的理解有很高的趋同性，这种趋同性正是概念隐喻的结果，也是惯用语的生成是基于概念隐喻的佐证。实验中的惯用语之所以能够为受试者普遍理解，是因为共同的生活经验以及［THINKING IS A CONTAINER］以及［ANGER IS A HOT FLUID IN A CONTAINER］的概念隐喻根植于人们的认知体系中，深深地影响着人们的思维模式。

神经科学的研究对这一种观点也持支持态度，即具体的始源域和抽象的目标域之间的联系是自然地、自动地、无意识地建立的。概念隐喻的投射会在概念域中留下永久的神经联系。例如，婴儿关于情感的主观感受主要与温暖的感官体验相关，母亲温暖的怀抱给婴儿信任与安全感，能安抚婴儿的情绪，促进婴儿身心发展。情感和温暖之间的联系所留下的永久的神经联系通道，将会建立跨域的概念隐喻，比如“情感是温暖”。这似乎证明了概念隐喻的生理和心理基础。

3.1.2.2 概念整合理论

1997年，Fauconnier在其专著《思维与语言中的映射》（*Mappings in Thought and Language*）中正式提出了概念整合理论，此后的研究中又不断将其完善、发展。

概念整合就是把来自不同认知域的框架结合起来的一系列认知活动。概念整合理论以心理空间为基本单位，根据建立在类比、递归、心理模式化、概念包、知识框架等心理活动基础上的认知操作过程，建立四个抽象空间：类属空间（Generic Space）、输入空间I（Input Space Ⅰ）或称源心理空间（Source Mental Space）、输入空间Ⅱ（Input Space Ⅱ）或称目标心理空间（Target

Mental Space）、整合空间（Blended Space）等四个空间。类属空间（Generic Space）是一个较抽象的组织与结构，含有两个输入空间相匹配的语义特征。输入空间Ⅰ（Input Space Ⅰ）即隐喻中的始源域（喻体）。输入空间Ⅱ（Input Space Ⅱ）即隐喻中的目标域（本体）。整合空间（Blend Space）是将两个输入空间中的成分和结构有选择地对应起来，反映了一种动态的创造性认知活动（Fauconnier，1997）。在概念整合过程中，输入空间Ⅰ和输入空间Ⅱ首先通过跨空间映射（Cross-space Mapping），将两个输入空间有选择性地投射到层创结构（Emergent Structure）的整合空间；其次，输入空间中的成分和结构借助知识、经验、认知等有选择地进入整合空间，通过映射组合形成新关系，即有别于原有输入空间的新显结构。新显结构根据合成结构自身的逻辑，对新关系进行独立的认知操纵。进行认知操纵时，保持与输入空间的连接。合成空间里的有些成分有时也会被映射回到输入空间（Fauconnier，2002）。概念整合理论把语义的构建看成一种现时的处理过程（On-line Process），也就是说，隐喻语义的产生是一种动态过程，输入空间的要素发生变化，意义的整合就会变得不同。

3.1.3 隐喻的特征

隐喻大量地存在于语言中，具有普遍性、系统性和亲身性的特征。

3.1.3.1 隐喻的普遍性特征

传统修辞学中的隐喻是指语言隐喻（Linguistic Metaphor），而认知语言学所说的隐喻则是概念隐喻（Conceptual Metaphor），后者比前者的外延要大得多。据不完全统计，隐喻已经占据了人类生活的70%，它无所不在，已经成为人类的一种认知手段。隐喻的普遍性就是指隐喻普遍且广泛地存在于人类生活之中。

隐喻根植于语言、思维、文化和概念体系中，是具有普遍性和共性的人类基本的认知活动。Lakoff & Johnson（1980）的研究表明："隐喻普遍存在于我们的日常生活中，不但存在于语言中，而且存在于我们的思想和行为中。我们赖以思维和行动的一般概念系统，从根本上讲是隐喻式的。”

隐喻的普遍性体现在语言层面。例如，汉语中的“蚕食”“鲸吞”“窍门”“发火”“红人”“水军”等表述都是隐喻化的，这样的例子不胜枚举。大部分的隐喻已经在长期的使用中固化下来，与语言本身融为一体。人们对于隐喻的使用习以为常，很少想到它们是隐喻。隐喻的普遍性还在于它在不同语言中的普适性。隐喻现象不是某一种语言独有的现象，而是广泛地存在于所有语言中。例如，英文中也有the key to a question（问题的关键）、heart-broken心碎、a helping hand 援手、warm-hearted 热心的等隐喻表达。不同的语言中都具有这种现象，而且由于客观世界的相似性以及人们生理、认知方面的共性，不同语言中的隐喻也具有不少共享性和互通性特征。

3.1.3.2 隐喻的系统性特征

隐喻除了具有无处不在的普遍性外，还具有系统性特征。隐喻的系统性表现在语言和概念两个层次上。在语言层次上，由同一概念隐喻派生出的不同的隐喻表达方式具有系统性（Systematicity），即同一个概念隐喻生成的不同的隐喻表达形成一个系统。在概念层次上，人类经验具有完型感知结构，这个多维结构的整体使隐喻内的映射具有系统的对应关系。隐喻概念系统的形成来自个体自身的思维方式和群体的文化积淀。人们所使用的基本隐喻结构与其所处的文化的价值观是一致的，并服务于其所处的文化情境。哪些概念被认为是重要的？哪些概念被赋予何种意义？尽管这些都因群体文化定义和个体的不同而呈现差异化，但人们所使用的隐喻结构与其所处文化的根本价值观是连贯一致的。我们可以根据一种经验去理解另一种经验，不同概念之间也相互关联，相互类比，由此及彼，由已知到未知，由具体到抽象，形成一种认知隐喻体系。

如“书籍是食物”这一概念隐喻中，始源域“食物”的“有滋味”“可充饥”“可消化吸收”等特征都可以通过映射机制投射到目标域“书籍”上，进而通过始源域理解目标域。概念之间的类属关系使概念隐喻构成隐喻系统（表3-1）。

表3-1 隐喻的系统性表现

始源域	映射域	目标域	例句
食物	食物很美味 →	书籍很美味	他看书看得**津津有味**。
	食物是人摄取养分的来源→	书籍是获取知识的来源	书是人类的**精神食粮**。
	食物可以被消化吸收，成为身体的一部分→	书中的知识可以被理解掌握，成为自身知识的一部分	这本书的内容有点深，我需要好好**消化消化**。
	人享用食物的样子 →	人看书时投入的样子	他捧起书，**如饥似渴**地读了起来。 这是一本值得**细细品味**的书。

每一个概念隐喻都自成体系，人们不但以一个概念来类比另一个概念，而且系统地采用原属于一个概念的各种特征和属性来谈论另一个概念，使之立体化、多维化、体系化。因此Lakoff （1980）指出，由于我们思维中的隐喻概念是系统性的，所以我们用以谈论该概念的语言也必然是系统性的。

概念隐喻的系统性还表现在，基于始源域的同一性而生成含有不同目标域的隐喻表达，与目标域相同但始源域相异的隐喻表达，它们之间也构成一个系统。虽然隐喻的本质是通过一个事物认识另一事物，但隐喻并不仅仅是在两个概念之间建立简单的线性映射关系，而是通过隐喻系统发挥整体的认知效应。事实上，每个隐喻对目标域概念的构建作用只能是局部而非整体的，若将始源域的全部特征映射至目标域，始源域和目标域则会变成同一概念（Lakoff, 1980）。具有相同目标域的隐喻及相关隐喻，通过隐喻蕴涵关系构成相互联系的复杂系统，进而成为人类概念系统的组成部分。可见，隐喻的系统性是隐喻的根本属性。

3.1.3.3 隐喻的亲身性特征

概念隐喻的亲身性（Embodiment）是其最突出的特点。概念隐喻的亲身性包括人的身体经验中感觉运动经验与主观经验相契合的亲身特点，以及隐喻中始源域的逻辑亲身性特点和神经联结的亲身性特点。Lakoff在概念隐喻思想中强调了人的经验和自然的交互作用。人们通过身体的感知和体验不断地与外部世界产生互动，从而获取经验，这些感知和体验成为概念隐喻亲身性特点形成的基础。隐喻映射过程中构建的从始源域到目标域的映射关系既来自有实体的身体感知，又来自无实体的理性思维。随着范畴化进程的不断扩展，映射的多元化和复杂性不断增强，新的合理化的隐喻表达应运而生，新的概念体系伴随着映射系统不断拓展延伸。此时，隐喻的推理结构不再仅限于身体感知，这也使隐喻变得更加活跃，更加灵活和变化多端。

作为一种重要的表达方式，隐喻普遍存在于人们的语言生活之中。随着人们对隐喻理解的不断深入，隐喻的研究范围也从修辞领域扩大到了认知领域。隐喻已经不单是一种语言现象，同时也被视为一种对我们的思维产生着深刻的影响的认知方式。

3.2　概念隐喻的分类

隐喻的分类是一个复杂的问题，按照不同的标准有不同的分类方法。

3.2.1　概念隐喻的早期分类

Lakoff & Johnson在提出概念隐喻之时，将其分为三个类型：方位隐喻（Orientational Metaphor）、本体隐喻（Ontological Metaphor）和结构隐喻（Structural Metaphor）。

3.2.1.1　方位隐喻

方位性概念隐喻指参考空间方位而组建的一系列概念隐喻。空间方位包括上—下、里—外、前—后、深—浅、中央—边缘等，人们将这些具体的空间概念投射于情绪、身体状况、经济状况、社会地位等抽象的概念域，形成概念隐喻。以“上—下”为例，有以下隐喻意义：“高兴为上，悲伤为下”，如 high spirit（情绪高涨），cheer up（振奋起来）,down in the dump（心情低落）；“健康和生命为上，疾病和死亡为下”，如pick up health（康复起来）；“更多为上，更少为下”，如prices move up（价格上涨）， batteries are running down（电量在下降）；“地位高为上，地位低为下”，如a higher position（更高的位置）；“好为上，恶为下”，如break down（坏掉）；“道德为上，堕落为下”，如raise up（鼓舞起来），sink down（坠落）；等等。Lakoff认为，大多数民族和文化的自然环境及生活经验存在共通之处，使不同语言在空间化隐喻表达过程中形成了共通的意义。汉语当中也共享了类似的“上—下”空间隐喻，例如“高兴”“股票上涨”“位高权重”“下属”“上等”“品德高尚”“下三滥”等。隐喻中充满着以身体基础和社会基础所扩展而来的概念意义，人们身体和文化的体验是空间化隐喻形式丰富和发展多样的基础条件。这些隐喻将身体特征赋予自然，既形象又容易理解。总之，隐喻的空间经验基础使方位隐喻成为最典型，也是最容易理解的概念隐喻类别。

3.2.1.2 本体隐喻

本体隐喻是指利用客观事物和自然界的物质来理解人们的抽象经验，通过将抽象的符号概念转换为具体的、有形的或可测量的实体或物质，来对它们进行指称、范畴化和量化。这类隐喻需要通过推理来完成。本体隐喻是借助人们对物体或物质的感知和经验来建构概念系统的，与方位隐喻相比，本体隐喻不受空间及有形界限的限制，灵活度更高，能够服务更多的语言表达目的，产生更多样化的隐喻形式。例如［LIFE IS A CONTAINER］这个隐喻将container的内涵赋予life，使我们联想到生活犹如容器一样，有容量，可以装盛液体、固体等物质，其容纳状态可以是装满、装一半，也可以是空置的，因此对应出现了have a full time（时间安排满），life is empty（生活空虚），get the most of one’s life（充实人生）等表达。中文的“充实”“空虚”等隐喻表达也符合这一隐喻逻辑。本体隐喻在日常生活中被广泛和普遍地使用，人们通常没有意识到它们是隐喻，而只是将其归属为心理现象的自然描述和自觉表达，或已成为一种被人们认为是本义的概念阐述形式。

3.2.1.3 结构隐喻

结构隐喻与方位隐喻、本体隐喻一样，也是基于我们经验中的系统性关联。但是结构隐喻的层次和层级相对较高，所表达的含义也相对复杂，大多与人们的集体经验密切相关。它深植于人们的身体和文化经验之中，以一个高度结构化的清晰概念对另一概念进行隐喻建构。方位隐喻和本体隐喻只是赋予简单的空间方位概念，或指称、定义、量化它们，使隐喻得以有效使用，但以简单物理概念为基础的隐喻表达本身并不丰富。结构隐喻则通过详尽地阐明一个更为清晰、结构更复杂的概念，使概念所强调的某些特征更为凸显，恰当地规避和隐藏其他特征，构建一个便于人们理解的更加结构化的概念系统（李庆丽，2020）。在概念隐喻的上述几种分类中，结构隐喻最有利于概念的扩展和内涵的丰富。

3.2.2 概念隐喻的后期分类

经由概念隐喻的内涵发展和早期分类的探索与实践，Lackoff & Johnson形成了更加明晰的隐喻跨域映射图式，并于1999 年对概念隐喻的分类进行了修正和完善，将概念隐喻重新划分为基本隐喻和复杂隐喻。

3.2.2.1 基本隐喻

结合概念隐喻的映射思考，Lakoff整合了基本隐喻的总体原理，包括克里斯多夫·约翰逊的学习过程合并理论、格雷迪的基本隐喻理论（Grady，1997）、纳拉亚南的神经隐喻理论以及福柯尼耶和特纳的概念整合理论，提出基本隐喻具有必然性，基本隐喻就是认识无意识的一部分。在人的感觉运动域和主观经验域被共同激活后，永久性神经联结会通过神经突触权重的变化而建立，继而产生更多的神经联结关系，使活化的隐喻始源域和目标域之间映射更频繁；反过来，神经突触权重因反复激活而增强，从而形成更加永久的神经联结。这些为人们为什么自动而无意识地获得并使用隐喻提供了阐释的理据，为隐喻存在的广泛性和普遍性提供了基本解释。

3.2.2.2 复杂隐喻

由大量的基本隐喻复合组成的具有稳定性和复杂性的隐喻即为复杂隐喻。复杂隐喻建立在基本隐喻之上，并融合了普通知识的内容和形式（Grady，1997）。普通知识包括文化模式、民俗说法或是文化中广泛接受的简单知识或信念。（Lakoff，2018）。Lakoff以“有目标的人生即旅行”为例剖析了复杂隐喻的结构层次。“有目标的人生即旅行”包含了四个子隐喻：人生和旅行一样，需要设想实现人生目标的手段；需要预见人生中遇到的困难；需要做好追求目标所需的准备；需要制订完整的计划。复杂隐喻的内在逻辑并非是线性顺序的，而是神经联结的复杂激活和计算。复杂隐喻已经超越了一般概念，它们是物质和精神文化深刻影响下的产物，正如“有目标的人生即旅行”便蕴涵了“生命的过程”等深刻的文化意义。因此，复杂隐喻为更复杂的隐喻的生成提供了基础条件。复杂隐喻的重要性主要体现在推理、生成新颖的隐喻、组成隐喻习语和多重隐喻的理解等方面（李庆丽，2020）。

3.3 隐喻与隐喻能力

认知语言学认为，语言的意义主要来自人与客观世界的互动。隐喻无所不在，语言中也充满了隐喻，它存在于词汇、语段、语篇中。隐喻作为认知语言学、二语习得、心理语言学等多种学科理论相互作用的窗口，隐喻理论为人类认识自我、语言和世界三者之间关系提供了平台。

“第二语言习得研究的主要目的是研究学习者潜在的第二语言知识，这就意味着要描写和解释他们的能力”（Ellis，1994）。外语教研界对语言学习者能力的认识经历了从“语言能力”（Chomsky，1965）向“交际能力”（Hymes，1971）转变的过程。“交际能力”包括词汇和语法知识、语言的使用规则、言语行为的使用规则以及言语的适当性（Richards，et al.，1998）。然而，隐喻研究者发现，日常会话中每分钟便会有约6个隐喻出现（Kellerman，1998），而不同语言文化对隐喻的使用方式又存在极大的差异性。因而对隐喻的理解能力和使用能力，即隐喻能力，便成为语言学习和运用的关键。

最早使用隐喻能力这个术语的是Flashive & Carrell（1977）以及Pollio & Smith（1980），他们均对隐喻能力这一概念做出了界定，视角略有不同。

Flashive 认为，隐喻能力是识别与使用新颖隐喻的能力，主要包括语境的恰当性（Context-appropriateness）和工具性策略（Instrumental Strategy）两个方面。Carrell将隐喻能力概括为隐喻意识与理解，以及隐喻创造策略两大方面。Pollio将隐喻能力具体划分为四个方面的能力，包括隐喻产出的原创性、隐喻解释的流利性、隐喻识别的准确性以及隐喻理解的快速性。Smith 则从隐喻的翻译、解释、产出以及评价几个方面对隐喻能力进行了定义。Danesi是较早系统研究隐喻能力的学者之一。Danesi（1988）将隐喻能力定义为讲话和写作过程中辨认和使用新隐喻的能力。隐喻能力包括两个方面: 语境适合性和操作性策略，前者指对目的语中隐喻概念所包含的心理影像的识别能力，后者指在交际中正确使用概念图式的能力。他认为，“学习者具有交际能力的真正标志是能够隐喻性地使用目的语”。Danesi指出要掌握一门外语就必须“懂得目的语是如何按照隐喻的组织方式来反映概念或对概念进行编码的”，提出了外语学习者最大的问题不是语法问题，而是把语言的词、句等表层结构和底层概念结构匹配起来的能力，它是一切外在语言行为的深层基础。隐喻能力对学习者非常重要，缺乏隐喻能力就会“造成学习者的外语表达没有什么错误，也可以接受，但却缺乏本族语者的地道性”（转引自Kesckes，2000）。隐喻能力因此被认为是人们掌握一种语言的重要标志。

根据Low（1988）的观点，隐喻能力包括七个方面：

①理解和使用语义偏离和语言矛盾（Semantic Anomaly and Contradiction）中的隐喻性概念的能力。

②辨认常规隐喻外延的能力。

③恰当地组合本体和喻体的能力。

④判断一个表达是否是隐喻的能力。

⑤辨认“社会敏感”隐喻的能力。

⑥理解隐喻中多层含义的能力。

⑦理解隐喻使用的交互性要求，即何时何地在何种程度上可以使用隐喻的能力。

根据 Bachman（1990）的交际能力模式，Littlemore 对隐喻能力的内涵作了更加完善的界定，他阐释了隐喻能力的四个方面：隐喻的创造力，隐喻理解的熟练度，理解新的隐喻含义的能力，理解隐喻含义的速度。

由此可见，隐喻能力主要是指学习者在交际过程中正确识别、理解隐喻以及自如地创造和使用隐喻的能力。隐喻能力的掌握可以使二语学习者在概念系统、语言表达、语言层次和概念层次间自由转换，根据目的语的概念系统来解码和编码语言表达。

3.4　隐喻与二语习得

隐喻作为人类赖以生存的思维工具，在二语习得及外语教学中发挥着不容小觑的作用。从20世纪80年代起，外语教育研究者开始逐渐认识到隐喻在语言和思维中的中心地位，隐喻在二语习得中的作用也逐渐引起相关学者的重视。

3.4.1　隐喻和隐喻能力对二语习得的影响

第二外语的学习过程与隐喻认知密切相关。Krashen（Rod Ellis，1985）认为，二语习得是一种“理解输入”（Comprehensible Input）。语言输入假设描述了语言学习者在学习过程中是如何在已有的对客观世界的认知基础上发展自己的语言能力的，证明了二语习得过程中，输入信息的处理环节确实有隐喻认知的参与。语言输入只有在语言学习者的已有知识和新知识相互作用的情况下才有可能成为可理解输入。知识面越广，理解能力就越强。只有学习并掌握了广泛的母语文化知识，才能更好地理解目的语文化。隐喻在二语习得的文化构建中的作用十分重要，所以学习二语的过程也可以说是习得第二文化的过程。

在概念隐喻的作用下，儿童掌握母语的过程是一种自然过程，这一过程同时融合了母语文化的习得。所以儿童习得了母语，也同时掌握了母语的文化体系，掌握了本民族的隐喻能力。而成年语言学习者则错过了语言学习的“关键期”（Rod Ellis，1985），因而成人学习二语更容易受到母语语言文化的影响，更倾向于运用固有的母语思维去解释新的概念，从而造成母语负迁移。母语对二语习得的制约是如此强大和长久，以至于有人断言只有5%的二语使用者对目标语的掌握状况可达到本族语使用者的水平，其他人的目标语始终处在一个带有母语痕迹的中介语状态。而影响二语学习者语言流畅度和地道程度的主要因素就是隐喻能力。由文化差异造成的母语与目的语中的隐喻的偏差是外语习得最主要的障碍之一。

Ijaz在回顾二语词汇习得中的原型影响时发现：

①二语学习者经常选择使用比母语者所用词汇更具一般意义的词汇，即二语学习者看起来偏爱使用覆盖面较广的词汇。

②学习者经常错误地迁移来自一语的词汇的语义范围。

③学习者经常不能学会二语多义词的所有意义。

④词汇的非中心意义（惯用语和隐喻）最难发生迁移（Ijaz,I.Helene，1986）。

Littlemore（2001）发现，由于缺乏及时准确地理解老师所使用的隐喻的能力，隐喻往往成为外国学生听课的一大障碍。Littlemore（2001）还发现，隐喻是保持话语衔接性的重要手段，为了达到交际目的，不论是口头语言还是书面语言都必须包含一些同类型的概念隐喻，以保持词汇的良好衔接。例如：[MONEY IS LIQUID]的概念隐喻在财经话语中普遍运用。flow（现金**流**）、cash pool（资金池）、“The funds have **dried up.**”（资金已经**枯竭**）等表述皆由这一概念隐喻衍生而来，学生只有在深刻理解[MONEY IS LIQUID]这一概念隐喻，理解这一隐喻背后的逻辑关系和思维方式的基础上，才能更牢固地记忆和自如地运用这些表达。Littlemore（2001）由此得出结论：“隐喻能力对语言交际能力各个方面的提高可能都有作用。”

国内学者也认可隐喻能力对于二语习得的重要性。束定芳与汤本庆（2002）指出：“隐喻理论对语言教学有着积极的指导作用和应用价值。语言教师可以利用隐喻理论来解释语言意义的变化发展过程，解释词汇意义之间的相互关系；同时，还可以利用概念隐喻理论来解释语言中各种不同形式的隐喻之间的系统性和相互关系。”文秋芳（2008）曾指出，我国二语教学的一个问题是仅仅追求语言的准确性和流利性而不顾多样性，学生的二语能力长期在低水平上徘徊，没有明显的进步。而这里的“多样性”在很大程度上就是指隐喻能力。于广（2008）提出在第二语言习得的高级阶段，文本语料中突现大量的隐喻语言并成为语言的主要思维形式，给习得者的阅读理解带来相当的难度，成为许多习得者难以逾越的语言障碍。由此可见，隐喻能力对二语的词汇学习和阅读理解都有重大意义。

3.4.2 影响二语隐喻能力的因素

前期研究表明，多种因素会对二语学习者的隐喻能力产生影响。Littlemore（2010）发现，理解和建构二语隐喻的能力与母语隐喻能力相关。Chiappe & Chiappe（2007）认为隐喻的生成主要受到二语学习者的认知能力和语言水平两方面因素的影响。一些研究发现，在语言学习的初级阶段，二语学习者对隐喻的识别和生成较大程度地受二语水平的影响。经实证研究（Johnson，1991；魏耀章，2015；袁凤识，2016；袁凤识，许保芳，2019）验证，隐喻生成的质量与工作记忆水平、词汇知识和阅读量高度相关。例如，在词汇习得方面，二语者理解词汇意义的广度和深度（Azuma，2005）与其已掌握的二语词汇量息息相关。国际学生对汉语隐喻的识别和生成的能力也与其汉语写作水平呈显著正相关关系（陈朗等，2019）。另一些学者（Littlemore，2001；魏耀章，2015；袁凤识，郭涛，2014）发现对于二语能力已达一定水平的学习者，认知能力决定了其隐喻建构水平，而二语水平不再是影响其隐喻产出的主要变量。在语言学习的中高级阶段，隐喻理解高度依赖个体的认知体验而非二语水平，呈现出较大的个体差异性。

3.4.3 二语习得框架中隐喻能力的可学性

鉴于隐喻能力对二语习得的影响，在语言教学领域，众多国内外学者从各方面论述了利用词语的隐喻特征进行词汇教学的重要性和可行性，如了解词汇的隐喻特征可以扩大学习者的词汇量、简化词汇习得过程、促进词语的理解和记忆等。

Boers（2000）指出英语中的许多表达都可以追溯到同一个隐喻主题或源域，而且他的三个实验表明，利用隐喻主题或源域组织词汇学习有利于词汇的记忆和习得。如果教师系统地引导语言学习者注意语言中的隐喻，在教学过程中梳理隐喻词汇的来源领域，学习者对该语言的认知深度和记忆能力就会显著提升（Boers，2000）。有意义学习理论可以进一步阐述这一观点。Ausubel（1968）指出，学习是学习者通过一个有意义的过程，将新的事件或项目与已有的认知概念或命题联系起来，在现有的认知框架上附上新内容的过程。在这个意义上，死记硬背的机械性学习获得的是零散的、相对孤立的知识点，这些知识仅以任意和逐字的方式与认知结构关联，并没有与学习者已有的认知框架建立有意义的关系（Brown，2002）。而隐喻却可以将一个概念的相似特征转移到另一个概念上，以建立它们之间的联系，从而形成一个认知网络体系。基于这一观点，有意义学习理论支持了借助隐喻可以促进学习者学习效率和记忆能力的提高。贺新丽等（2014）也提出，可以通过培养学习者的概念隐喻意识来提高其英语词汇习得能力。

第4章　中英动物隐喻词汇对比分析

人与动物是休戚与共的共生关系，动物构成了人类社会生活的重要组成部分。任何人都不可避免地在生活中接触到各种各样的动物。人们就地取材，对身边熟悉的动物展开了各种不同的联想，并将这些联想投射至认知域，使动物成为语言中十分重要的始源域。不同文化和民族的认知加工过程深受思维习惯、文化渊源等条件的影响，从而产生出不少个性化的动物隐喻表达。本章从概念隐喻理论视角，举例分析英汉两语中动物的喻体及喻义对应情况，了解动物隐喻形成的社会文化心理背景以及它们对汉语教学的影响，试图揭示不同语言环境中动物隐喻所蕴含的文化差异，从而促进跨文化交际。

4.1　隐喻词汇与动物的关系

自然界中，与我们人类有着最亲密关系的莫过于动物了。动物与人类的生存和发展密不可分，在人类漫长的进化发展过程中，动物是人类生存发展的重要物质基础之一，为人类提供了重要的食物来源；动物也是人类的精神伙伴，人与动物共同存亡，时而是一同作战的伙伴，时而是竞争资源的对手，彼此磨砺，共同成长。对于人类的生存来说，动物是极其宝贵的可再生资源。随着社会的发展，人类驯化野生动物以服务于人类发展的需求，动物为人类提供了稳定的食物来源和从事生产的劳动力，其自身也是人类最亲密的伙伴。人们对周围的动物进行观察研究，借助动物探索和改造客观世界，为发明创造提供不竭的灵感来源。与此同时，动物也不断丰富着人类的思想世界。它们成为隐喻的重要素材，人们通过想象和联想，发现了动物与其他事物之间的相似特征，将它们关联起来，得到了特定的认知和经验，并将其用于人类认识世界的过程。无论在何种语言的词汇之中，动物词都占据着重要的地位。如汉语中将小孩黏人、顽皮等特征与不同动物的特征进行关联映射，产生了“跟屁虫”“熊孩子”“神兽”等生动形象的隐喻表述。而以“瓮中之鳖”表示“陷于绝境”，历代皇帝自称是“真龙天子”，也是动物隐喻的典型例证。在英语中，也不乏lucky dog（幸运的人）、parrot（鹦鹉学舌）、make a monkey of someone（要弄别人）等动物隐喻表述。由此可见，动物在隐喻概念形成和人们认知世界的过程中有着举足轻重的作用。

通过动物隐喻形成的词汇往往不再是描述动物本身，而是以动物为喻体，表示一种字面意义之外的意义，即喻义。如在英语cherish a snake in one's bosom中以动物源域snake（蛇）作喻体，喻指“恩将仇报的坏人”，表明该动物词snake的本义被赋予了喻义，其本义和喻义之间的语义联系就是动物隐喻。

4.2 英汉动物隐喻词汇对比

动物隐喻存在于世界上每一种语言之中，英汉两种语言也不例外。那么英汉两种语言的动物隐喻之间是否存在对应的情况？通过对比分析发现，英汉动物隐喻词汇按其喻义映射情况可大致呈现四类对应关系：喻体相同且喻义相同、喻体相同但喻义不同、喻体不同但喻义相同、喻体相同喻义空缺。

4.2.1 喻体相同，喻义相同

不同语言中的动物隐喻形成于人们长期的生产生活实践，是不同民族的文化传统和历史人文经验长期沉淀的产物，因而必然存在形式或内容上的差异。但人类的经验体会和认知模式是相通的，这也决定了不同文化对动物的隐喻认知具有重合之处。某些在汉语中具有某种隐喻映射意义的动物在英语中也有着相同或相近的隐喻映射意义。也就是说，汉语和英语有时选择用同一喻体（动物形象）来反映相似的抽象域事物的同一特征。下面以羊（sheep/lamb）、猪

（pig）、猴（monkey）和蛇（snake）为例进行阐释。

4.2.1.1　羊与Sheep/Lamb

羊是中国人非常喜爱的一种动物，在古代中国人的观念里，羊是美和善的象征，这也是为什么“美”和“善”两个汉字的字形结构里都包含了“羊”这一符号元素。汉语中常借助羊的意象形成不同的隐喻表达，如羊“温柔顺从”的特征被投射至人物身上时，就用“温顺的小绵羊”来形容性格温和的人。不过，也正是因为温顺柔弱的羊处于食物链下端，也常被认为是受欺负的对象，所以羊的隐喻也就带有软弱胆小和逆来顺受等含义，如“使羊将狼”等。

在中国传统文化中，羊是代表“吉祥”的瑞兽，古人的祭祀与日常生活都跟羊有密切关系。在汉语中，谐音也常被赋予隐喻内涵。“羊”在汉语古文字中又通“祥”，并且与“洋”“阳”等表示祥瑞的字同音，因此也蕴含了与之相应的“吉祥”寓意，是五谷丰登、家庭财富的象征。在很多传统民俗活动中人们常常把“吉祥”写作“吉羊”，祈求事事如意，吉祥安康。

英文中对不同种类的羊进行了区分，分别命名为sheep，lamb，goat等，这些词在隐喻意义上有一定差异。在西方文化的认知当中，sheep（绵羊）和lamb（羊羔）同样是性情温顺、极易驯服的，因此也是温顺胆小、怯懦忸怩的代名词，如 as gentle as a lamb形容人的温顺，as innocent as a lamb形容人天真无邪，follow sb. like sheep比喻缺乏独立思考能力，对他人盲目跟从。sheep在《圣经》中的隐喻意义是人性，人性受到七情六欲和物质利益的诱惑极易迷失，所以西方人用“*We are a group of* ***lost sheep.***”（我们是一群迷失的羊）来形容自己。在基督教文化中，迷失的人需要依靠信仰的力量拯救自身，迷途的羔羊需要牧羊人的指引方能回头是岸，耶稣也因此自称为牧羊人（shepherd）。羊羔是温顺听话的，但如果sheep与色彩域中的邪恶代表黑色（black）合在一起，就成了组织里的叛逆者，a black sheep喻指危害集体的害群之马。

总体来说，动物“羊”（sheep/lamb）的隐喻映射如表4-1所示：

表4-1 关于羊（sheep/lamb）的隐喻

始源域	映射	目标域	示例
羊（sheep/lamb）	→	温顺，腼腆，听话	温顺的小绵羊 as gentle as a lamb
	→	懦弱胆小，逆来顺受，无主见	待宰的羊羔 follow sb. like sheep

4.2.1.2 猪与Pig

猪是大家非常熟悉的家畜，也是一种非常憨厚的动物。在我国古代，猪和马、牛、羊、鸡、犬并称为“六畜”，猪为六畜之首。我国养猪已有数千年的历史了。先秦时期，人们就已开始饲养猪用于祭祀活动了，猪不仅被拿来祭奠祖先和神灵，还用于陪葬，可见当时猪在人们心中的文化地位是崇高的。猪在农耕时代也具有重要的经济价值，是家庭财富的象征，这一象征意义一直流传到现在：河北等地至今仍有在节日张贴“肥猪拱门”图案的窗花的习俗，寓意“招财进宝”的美好愿景；存钱罐也经常被做成福猪的模样。但另一方面，猪长相憨厚老实，显得笨拙懒惰，又因其被人饲养后主要做的事情就是“吃”与“被吃”，所以逐渐在人们心中留下了懒惰、贪婪等负面印象。《西游记》中刻画的猪八戒这一形象，更是将汉语文化中对猪好吃懒做、愚笨好色的认知体现到了极致。汉语里有很多以猪八戒为原型的歇后语，如“猪八戒照镜子——里外不是人”“猪八戒坐飞机——丑上了天”“猪八戒进了女儿国——不想走了”“猪八戒演讲——大嘴说大话”“猪八戒吃人参果——全不知滋味”等，这些通俗易懂的语言形式在日常生活中广泛流传，使猪的形象更深入人心。除此之外，还有“死猪不怕开水烫”“槽内无食猪拱猪”“猪鼻子插葱——装象”等隐喻表达，反映了猪赖皮、贪吃、愚笨等特点，强调的都是关于猪的贬义隐喻意义。

纵观历史，猪在中国文化中的地位经历了从高到低的变化，反映了中国社会物质生活水平的提高和认知的变化。尽管如此，在中国人的内心深处，仍抹不去最初对猪的喜爱。一些关系亲密的朋友或恋人可能称呼对方为“猪”“小猪”“猪头”等，以表达一种亲昵的情感。

英语中pig的隐喻意义与汉语有很大一部分互相对应。英语中的pig在人物域也对应“贪婪”“邋遢”“愚笨”等特征，如as dirty and greedy as a pig，eat like a pig，make a pig of oneself，teach a pig to play on a flute，“The pigs can fly.”等。

总体来说，动物“猪（pig）”的隐喻映射如表4-2所示：

表4-2　关于猪（pig）的隐喻

始源域	映射	目标域	示例
猪（pig）	→	懒惰	懒猪piggy
	→	愚蠢	蠢猪，猪头猪脑 pig-headed
	→	贪婪	吃得像猪一样多 greedy pig
	→	无药可救	母猪不会上树 teach a pig to play on a flute lipstick on a pig

4.2.1.3　猴与Monkey

猴子是自然界中与人类最具亲缘关系的动物。人类有很多习性与猴子相似，因此也自然对猴子生出一种特殊的亲近感。猴是中国十二生肖之一，猴意象在中国文化中也占据了重要的地位。汉语里，“猴”谐音古代官爵称号“侯”，喻意富贵尊荣。民间艺术还有将猴与蜂画在一起，取意“封侯”（蜂候），希望能仕途高升。名著《西游记》中塑造的神通广大、一路斩妖除魔的“美猴王”形象深入人心，对中国文化产生了深远的影响，也使猴所承载的文化意义得到充分的关注。

反映在语言里，猴子的特征主要在人物域得到聚焦。猴子聪明机警、活泼伶俐，透着一股惹人喜爱的聪明劲儿，象征着头脑灵活、思维敏捷的特点。比如中文里用“猴精”来形容精明的人。猴子虽然聪明，但是好动贪玩、性格急躁，没有耐性，一群猴子聚在一起总是喜欢做一些恶作剧捣乱，因此也被用来形容有类似性格的人，尤其常被用来形容孩子。例如，《红楼梦》中就常用“猴向”“猴在”等词描述顽劣淘气的贾宝玉的动作。“猴急”形容做事情冲动急躁；“猴头猴脑”比喻好动浮躁；“五马六猴”指代不受管束，不讲组织纪律的人；“要猴儿”指戏弄别人，恶作剧。歇后语中也有着丰富的关于顽皮的“猴子”的语料：“猴子的屁股——坐不住”“猴子的脸——说变就变”“猴子爬竹竿——上蹿下跳”“孙猴子上天宫——大闹一场”等。

英语中monkey的隐喻意义与汉语中大致一样，也常用来指代淘气、顽皮的孩童或者喜欢恶作剧的人。例如，monkeyshine是恶作剧的意思；make a monkey out of sb.表示戏弄某人，与中文的“要猴儿”意义对等。当英国人用monkey来形容一个人时，意味着这个人是性格活泼、顽皮可爱的，相当于“小淘气”，通常用来形容小孩子。总体来讲，猴在英汉两种语言中的隐喻意义还是相似大于差异，基本可以对应。

总体来说，动物“猴（monkey）”的隐喻映射如表4-3所示：

表4-3 关于猴（monkey）的隐喻

始源域	映射	目标域	示例
猴（monkey）	→	淘气、顽皮	泼猴；小皮猴儿 Their son is a little monkey.
	→	急躁、好动	猴急；猴头猴脑 monkey around
	→	恶作剧	要猴儿 make a monkey out of；monkeyshine

4.2.1.4 蛇与Snake

在东西方文化中，蛇的地位都主要经历了两个阶段——原始崇拜的图腾时期和恐惧厌恶的认知时期，所以蛇在东西方文化里都往往扮演着亦正亦邪的角色。

在人类探索充满未知的客观世界的初期，往往借助神秘力量来解释超越他们认知范畴的自然现象，因此，世界各种文化中都存在图腾崇拜的现象。关于蛇的图腾信仰是人类最古老的宗教信仰之一，几乎贯穿于各种文明。人们在距今两三万年前的欧洲洞穴壁画中就发现了蛇形符号。古老的玛雅文明中，以蛇和鸟类的结合体的形象出现的羽蛇神掌管着雨水和丰收，有着重要的地位。澳洲原住民把彩虹巨蛇尊为水神和创世者。埃及文化则更与蛇有着紧密的联系：蛇被认为是尼罗河河神的化身，眼镜蛇更是女神瓦吉特的象征，所以法老常常佩戴雕刻眼镜蛇的头饰，以示神力与权威。古希腊创世神话中也不乏蛇的身影，蛇在希腊神话中是大地之母盖亚的后代，代表着神秘和阴暗的力量。蛇在古老东方的传统文化里最初也具有类似的含义。中国的蛇图腾和蛇崇拜可追溯到上古时代。神话中人类的始祖伏羲和女娲都是以人首蛇身的形象出现的。蛇还是中国独有的虚幻神兽“龙”的主要原形，成为了皇权的象征。据传中国原始部落有飞龙氏、潜龙氏、降龙氏、土龙氏、青龙氏等以“龙”命名的氏族，然而这些“龙”据考证都是“小龙”，也就是蛇的化身。龙与蛇都象征着权力，中国古代君王自称“真龙天子”，着龙袍，而蟒蛇则是百官官服上常见的瑞兽。

随着社会的发展和人们认知水平的提高，人类通过对蛇的细致的观察增进了对这一神秘生物的了解，蛇作为图腾的意义逐渐淡化。只不过蛇出没无常，皮肤冰冷，充满危险，总是令人心生恐惧，所以在汉语和英语中，蛇隐喻的感情色彩往往偏向于贬义，如阴险、无情等。相比于汉语中诸多基于对客观特征的认知的隐喻表达，西方蛇文化意象的形成很大程度上受到宗教的影响。《圣经》一开篇，蛇就以极不光彩的形象出现，在伊甸园引诱夏娃吃下禁果，成为人类原罪的诱导者。随着基督教的兴起，蛇在西方文化里的形象变得越来越坏，成为奸诈狡猾的代表，象征着罪恶、诱惑和魔鬼的化身。

人们将对蛇的认知投射到其他领域，形成了汉语和英语中的蛇隐喻，由于两种文化对于蛇意象的负面认识，这些隐喻表达往往含有贬义的感情色彩。

总体来说，动物“蛇（snake）”的隐喻映射如表4-4所示：

表4-4 关于蛇（snake）的隐喻

始源域	映射	目标域	示例
蛇（snake）	→	阴险，狠毒的人	蛇蝎心肠；蛇鼠一窝；牛鬼蛇神 a snake （in the grass）
	→	令人恐惧的事物	杯弓蛇影；一朝被蛇咬，十年怕井绳
	→	忘恩负义	农夫与蛇；养蛇吃鸡
	→	贪婪	贪心不足蛇吞象；鲸吞蛇噬
	→	蜿蜒曲折的道路	蛇行；蛇委 The army snaked through forested mountains.
	→	细长柔软的事物	水蛇腰

4.2.2 喻体相同，喻义不同

尽管不同文化之间存在着认认知重叠情况，汉语和英语的差异性还是决定了两者在使用动物隐喻时，同一喻体对应的喻义是不一样的，同一动物可以引发不同的联想意义。情况屡见不鲜，体现了不同语言形成的必然性和偶然性因素。同一动物词在不同民族在认知发展过程中会不断对这一基本概念展开不同程度的联想，出于认知的主体性和民族文化的差异性，这些联想可能呈现出程度和范围上的差异，甚至出现完全不对应的情况。下面以狗（dog）、龙（dragon）、猫（cat）、鱼（fish）、喜鹊（magpie）、凤（phoenix）为例进行分析。

4.2.2.1 狗与Dog

狗（dog）是人类日常生活中最常接触的动物之一。狗是经过人类驯化的动物，与我们有着十分亲密的关系，在人类社会中也有着不少的服务职能，如可以作为牧羊犬、警犬、导盲犬、宠物等。然而，汉语里的“狗”和英语里的dog尽管喻体相同，其喻义却截然不同。

在中国文化中，一直将狗视为低贱的动物。旧时，通常是有钱有势的人家养狗用于看家护院、狩猎娱乐，狗的地位不高。在奴隶制和封建制社会，狗仰人鼻息、受人奴役、忠于主人的特征尤其明显，当其被投射于人物域时，形容同样地位低下的奴隶和仆人。如“犬马恋主”“忠犬”“狗马之心”等。猎犬外貌凶狠，会吠叫，有尖牙利齿，会咬人，有时会被主人用于欺压弱势群体，更使其“卑鄙”“仗势欺人”的形象被强化，产生了许多消极和贬义的隐喻意义，由此便有了“走狗”“疯狗”“狼心狗肺”“狗眼看人低”“丧家之犬”“狗仗人势”“狗急跳墙”“狗嘴里吐不出象牙”等语言表达。尽管到了现代社会，中国人对于狗的喜爱与日俱增，但依旧无法改变狗在我们的语言中的隐喻内涵。在中国传统文化里，有父母将自己的儿子称呼为“犬子”的，但这是中国特有的自谦文化下的产物，在其他情况下，在汉语中以狗喻人都是极大的侮辱。

相比之下，dog对于英国人来说，是忠诚可爱的朋友和伴侣，甚至是值得依赖、不可缺少的家人，他们对于狗的喜爱和与狗的亲密程度几乎超过了其他所有的动物。因此，英语中含有“狗”的隐喻也大多是溢美之词，例如：a jolly dog（快乐的人），the top dog（身居要职的人），an old dog（资深的人），as faithful as a dog（像狗一样忠诚），“Every dog has his day.”（人人皆有得意日），“A good dog deserves a good bone.”（有功者应受赏）等。当然，一个语言群体对于同一事物的认知不可能完全统一，英语中也有部分贬义的“狗”隐喻，如lead a dog’s life形容过着悲惨的生活，dog in the manager指代尸位素餐的人，a dog’s breakfast 形容一团糟，“Hungry dog will eat dirty puddings.”比喻饥不择食。但总体来说，英语中的“狗”隐喻主要反映的是英语民族对于狗的喜爱和褒奖。

动物“狗”的意象在英汉语中一褒一贬，差异明显，与其背后的民族认知和文化背景密切相关。总体来说，动物“狗（dog）”的隐喻映射如表4–5所示：

表4–5　关于狗（dog）的隐喻

始源域		映射	目标域	示例
狗（dog）	汉语	→	仗势欺人的人	狗嘴吐不出象牙；狗仗人势；狗胆包天
		→	地位低下，阿谀奉承的人	狗腿子；走狗
		→	疯狂，不受控制的人	狗急跳墙
		→	狼狈、落魄的人	落水物；丧家犬

续表

始源域		映射	目标域	示例
狗（dog）	英语	→	忠诚的人	as faithful as a dog; dog-like
		→	快乐的人	a jolly dog; a gay dog
		→	勤奋的人	work like a dog
		→	受喜爱的人	Love me, love my dog

4.2.2.2 猫与Cat

猫是人类社会常见的动物之一，它行动敏捷，是捕鼠能手，也是人类亲密的宠物伙伴。猫也是语言中的常见的动物隐喻素材，随着语用环境的变化，英汉文化也赋予了猫的不同的隐喻内涵。总的来说，汉语和英语里的“猫”隐喻大多产生于对猫的基本特征的联想，或者源自各自文化的宗教和文学典籍等。这些“猫”隐喻在两种语言中都有十分重要的地位和作用，体现了各自语言和文化的特征。

猫善于捕鼠，所以汉语里不少隐喻词都与猫的这一习性有关，如“猫哭耗子假慈悲”“瞎猫遇见死耗子”“老鼠见了猫”等。人们还根据猫的各种特性展开了丰富的联想，并投射到各种不同领域，比如：反映猫的外貌特征的“猫头鹰”“猫眼”“照猫画虎——差不离”；反映猫的行为特征的“猫着腰”“猫步”；反映猫的生活习性的“夜猫子”“猫腻”；反映猫的性格特征的“好奇害死猫”“懒猫”“馋猫”；反映猫在生活中很常见的“阿猫阿狗”等。

猫在英语里有着比中文更丰富的文化内涵。受宗教的影响，英语中“黑猫禁忌”的影响十分深远，黑猫成为不祥之物，经常被刻画成女巫的伴侣甚至魔鬼撒旦的化身，猫也因此被人们赋予了残忍、邪恶的意义。英语中的猫在人物域衍生出很多贬义的表达，如old cat（坏脾气的老女人），perfect cat（长舌妇），a bag of cats（坏脾气的人），a cat in the pan（叛徒），a copy cat（盲目的模仿者），a cat burglar（梁上君子），a queer cat（怪人），a cool cat（孤傲冷漠的人），a fat cat（有钱人、阔佬），a barber's cat（面黄肌瘦的人）等。英语中也有不少根据猫的特征进行联想而产生的隐喻，如a cat nap（打盹儿），cat got one's tongue（无言以对），cat and dog life（争吵不休），no room to swing a cat（极其狭窄的地方），let the cat out of the bag（露马脚）等。除此之外，文学作品更是赋予英语中的猫独特的意义，如to rain cats and dogs（狂风暴雨）这一天气隐喻就源于北欧神话，其中猫狗分别是风雨的象征。Cat's paw（被人当作工具利用）来自拉·封丹的寓言故事《猴子与猫》。

总体来说，动物“猫（cat）”的隐喻映射如表4-6所示：

表4-6　关于猫（cat）的隐喻

<table>
<tr><th colspan="2">始源域</th><th>映射</th><th>目标域</th><th>示例</th></tr>
<tr><td rowspan="8">猫
（cat）</td><td rowspan="6">汉语</td><td>→</td><td>对立关系</td><td>老鼠见了猫；猫鼠游戏</td></tr>
<tr><td>→</td><td>像猫一样的事物</td><td>猫眼；小花猫（形容脸脏）</td></tr>
<tr><td>→</td><td>像猫一样的动作</td><td>猫着腰；猫步</td></tr>
<tr><td>→</td><td>晚睡</td><td>夜猫子</td></tr>
<tr><td>→</td><td>贪吃慵懒的人</td><td>懒猫；馋猫</td></tr>
<tr><td>→</td><td>平常普通的人</td><td>阿猫阿狗</td></tr>
<tr><td rowspan="2">英语</td><td>→</td><td>形形色色的人（贬义）</td><td>a cat in the pan; old cat;
a fat cat; a barber's cat</td></tr>
<tr><td>→</td><td>天气</td><td>rain cats and dogs</td></tr>
</table>

4.2.2.3　鱼与FIsh

在种植业和畜牧业发展起来以前，鱼是人类最早在自然界中可获得的食物之一。鱼长久以来与人类生活息息相关，并随着社会的发展被赋予了许多文化内涵和隐喻意义，大大地丰富了人类语言的宝库。

在温饱之余仍有富余是古代劳动人民对于美好物质生活的期待和向往。在汉语里，“鱼”和“余”同音，寓意着物质的充盈富足，如“年年有余（鱼）”“吉庆有余（鱼）”等。南方有些地方还保留着在团圆宴上吃鱼的传统，并且不能将鱼全部吃光，须有剩余，图个“年年有余（鱼）”好兆头。长江中下游平原因物产丰饶被赋予“鱼米之乡”的美称，也与鱼（余）代表着“物质富足充裕”的认知相关。人们也观察到了鱼对水的依赖，并以此来形容亲密无间的关系或借此指代生存的必要条件，如“如鱼得水”“鱼水情深”等。许多鱼和鸟一样，需要根据季节进行长途的迁徙，古代人们因此赋予了鱼“信使”的象征身份。《饮马长城窟行》中就有这样的诗句：“客从远方来，遗我双鲤鱼。呼儿烹鲤鱼，中有尺素书”，“双鲤”和“尺素”后来都成为书信的代称。今天，人们仍用“鱼雁往来”指代书信来往。鱼的生存有脆弱性，因而也常成为人类及其他动物的食物或猎物，因此汉语中的鱼在投射至人物域时，所隐含的意义通常也比较消极被动，比如“池鱼笼鸟”“涸辙枯鱼”隐喻陷入困境的人，“人为刀俎，我为鱼肉”“鱼肉百姓”形容被剥削、被摆布的人，“放长线钓大鱼”和“鱼儿上钩了”中的鱼则是人们布下陷阱想要算计的目标。

英国有着漫长的海岸线，渔业资源丰富，人们自然对鱼有着细致的观察和充分的了解，因此fish在英语中的使用也十分频繁。首先，英国旧时有很多人从事捕鱼业，这一特征直接反映在英语的姓氏上。Whale（意为鲸鱼），Salmon（意为三文鱼），Fisher（意为渔夫）等姓氏都和鱼以及捕鱼业直接相关。人们在捕鱼的过程积累了不少关于鱼的经验，并结合这些经验来表达某些人生哲理，如：“Never fry a fish till it’s caught.”告诫人们做事不要操之过急；“Fish or cut bait.”劝诫人们做事要果断，要么全力以赴，要么干脆放弃；“It is a silly fish that is caught twice with the same bait.”提醒人们要警惕，一样的当不要上两回；“The best fish swim near the bottom.”告诉人们珍贵的东西不是可以轻易获得的，就像好鱼常在水底游；“He who would catch fish must not mind getting wet.”是指想要抓鱼就不要怕弄湿自己，想要有所收获就不要害怕付出；“Fish begins to stink at the head.”的意思是鱼如果腐烂了会从头部开始发臭，类似于中文的“上梁不正下梁歪”。英美文化还喜欢以鱼喻人，英语中的fish在人物域有着极其广泛的运用，用来指代具有各种显著特征的人，如a shy fish（害羞的人），a big fish（重要的人），a small fish（小人物），a poor fish（可怜虫），a queer fish/an odd fish（古怪的人），a cold fish（冷酷无情的人），a loose fish（放荡不羁的人），等等。英语中对鱼的特征也有很多深度的挖掘，比如as mute as a fish表示像鱼儿一样沉默；drink like a fish 比喻牛饮的酒鬼；a fish out of water表示处于逆境；to teach fish to swim形容班门弄斧。人们发现海洋里的鱼儿乎取之不尽、用之不竭，于是有了“There are plenty of fish in the sea”这样的认知，英文里常用这句话开导失恋的人，意思相当于中文的“天涯何处无芳草”。除此之外，还有一些以鱼的动作神态作为隐喻内容的，如：white about the gills本义指鱼鳃变白，可以形容人脸色苍白，面有菜色；a fishy stare指眼睛无神的凝视。

总体来说，动物“鱼（fish）”的隐喻映射如表4-7所示：

表4-7　关于鱼（fish）的隐喻

始源域		映射域	目标域	示例
鱼（fish）	汉语	→	亲密关系	如鱼得水；鱼水之情
		→	物质富足充裕	年年有余（鱼）；大鱼大肉；鱼米之乡
		→	书信	双鲤；鱼雁往来；鱼书；鱼符
		→	处于困境的人	池鱼笼鸟；涸辙枯鱼
		→	被算计的目标	放长线钓大鱼；鱼儿上钩了
		→	任人摆布的人	人为刀俎，我为鱼肉；鱼肉百姓
		→	拼死一搏	鱼死网破
		→	身份低下的人	咸鱼翻身；鱼跃龙门；鱼龙混杂
	英语	→	全力以赴或放弃	Fish or cut bait; Fish begins to stink at the head.
		→	上梁不正，下梁歪 害羞的人；大人物；可怜虫	a shy fish;a big fish; a poor fish
		→	两眼发呆；牛饮	a fishy stare; drink like a fish

4.2.2.4 喜鹊与Magpie

喜鹊在中国代表吉祥，光听它的名字就能感到喜悦欢庆。如果喜鹊唱歌，中国人相信好事即将发生。成语“喜鹊报喜”表达了与喜鹊有关的好运。汉语成语“鹊笑鸠舞”意思是喜鹊欢叫、斑鸠飞舞，旧时用作喜庆的祝辞。此外，还用“喜鹊叫，客人到”形容贵客临门。鹊桥相会是中国家喻户晓的民间爱情故事，牛郎织女坚贞的爱情是中国古代唯美爱情故事的代表：相传每年七月七日这一天，无数喜鹊汇聚，用身体搭建鹊桥，让牛郎织女可以跨越代表重重阻碍的天河相聚在一起。鹊桥也因此成了有情人终成眷属这一美好愿望的重要载体。在乡村的婚礼上，人们经常用“喜鹊登枝头”的图画来装饰婚房。

然而，在西方文化中，喜鹊并没有在中国人心中的积极形象。他们认为喜鹊只是一种吵闹的鸟，会带来坏运气。喜鹊通常比喻那些喜欢聊天、喜欢谈论别人八卦的人，比如chatter like a magpie（像喜鹊一样饶舌，喋喋不休）。

总体来说，动物“喜鹊（magpie）”的隐喻映射如表（4–8）所示：

表4–8 关于喜鹊（magpie）的隐喻

始源域		映射	目标域	示例
喜鹊（magpie）	汉语	→	喜庆的祝辞	鹊笑鸠舞
		→	坚贞的爱情	鹊桥；喜鹊登枝头
	英语	→	坏运气	chatter like a magpie

4.2.2.5 玫瑰与Rose

玫瑰（rose）是在东西方均广泛种植的花卉，作为最具代表性的欣赏花卉之一，玫瑰历来深受人们的喜爱。玫瑰娇艳美丽，芬芳怡人，极具观赏性，此外还具有很高的药用价值、食用价值和美容功效，尤其受到女性的青睐。但更重要的是，将玫瑰作为“爱情”或“爱人”象征的隐喻文化不仅存在于西方国家，也同样在中国广为流传。

其实最初是西方文化赋予了玫瑰爱情的象征色彩。在希腊神话中，爱与美之神阿佛洛狄忒与自然之神阿多尼斯相爱了。一天，阿多尼斯在狩猎时丧生，他的血流过的地方幻化出了耀眼的白色玫瑰花。阿佛洛狄忒感知到阿多尼斯遇难，就开始疯狂地寻找他。她在白玫瑰花丛中奔跑，玫瑰刺破了她的皮肤，鲜血滴在白玫瑰的花瓣上，最后染红了白玫瑰。红玫瑰是凝聚着爱与美之神和自然之神的鲜血变化而成的，因此成为坚贞不渝的爱情的象征。14世纪到16世纪文艺复兴时期，戏剧和诗歌等文学创作中大量运用“爱情/爱人是玫瑰”的隐喻，真正将玫瑰的爱情象征意义普及开来。大文豪莎士比亚的十四行诗中，玫瑰和玫瑰花蕾的隐喻就多次出现。英国文学史上重要的苏格兰农民诗人罗伯特·彭斯写下脍炙人口的诗作*A Red Red Rose*：*My love is like* ***a red red rose****, that's newly sprung in June.*（我的爱人就像红红的玫瑰，在六月里含苞待放。）

在中国传统文化中的玫瑰可没有这么浪漫的含义。其实在古代中国，比玫瑰更加广为接受的爱情花卉是并蒂莲。而玫瑰由于茎上带刺，被认为是豪迈、坚韧的象征。在古代文学中，玫瑰象征刺客，也象征性格刚强、不畏艰苦的女性。《红楼梦》中就用玫瑰花来形容贾探春：“三姑娘的诨名是玫瑰花，玫瑰花又红又香，无人不爱，只是刺戳手。”贾探春是贾宝玉的庶出妹妹，是一位秀外慧中、敢说敢为、办事达练的女性，言行举止无不飞扬着一股飒爽刚毅之气。因此曹雪芹用“玫瑰花”来比喻“才自精明志自高”的贾探春，意指她如玫瑰般美丽而带刺。

后来，随着中西文化的不断交流融合，西方玫瑰花的爱情意象逐渐传入中国。1944年，著名作家张爱玲写了一部名叫《红玫瑰与白玫瑰》的中篇爱情小说，其中运用了玫瑰的爱情隐喻，“爱情/爱人是玫瑰”的隐喻也日渐深入人心。人们借花传递心中的爱意和情感，赠送鲜花，尤其是玫瑰花给意中人也成了几乎全球通用的表达爱意的文化习俗。

4.2.3 喻体不同，喻义相同

英汉两种语言中，常见使用不同的动物喻体来表达同一意义的情况，即动物隐喻的喻体不同，喻义相同。例如，汉语中用“像蜜蜂一样勤劳”来喻指吃苦耐劳的优良品质，而英语中却用as industrious as an ant（像蚂蚁一样勤劳）来表示，两者表达同样的喻义“勤劳的人”，但分别使用“蜜蜂”和“ant（蚂蚁）”这两种不同的喻体。又如中文中的“落汤鸡”对应英文中的“drowned rat”；中文的“老黄牛”对应英文中的“workhorse”。下面以牛与horse（马）、虎与 lion（狮子）、鸡与goose（鹅）、鼠与hare（野兔）、马与sheep（羊）为例进行阐释。

4.2.3.1 牛与Horse（马）

牛在中国农耕社会是主要的劳动力之一，素来是体格健壮、默默无闻、甘于奉献的典范。马在英语国家也是服务于人类的主要动物劳动力，在交通运输、战争等场景中发挥着重要的作用。因此，英语里的horse（马）被赋予了几乎与汉语中的“牛”一样的文化伴随意义，成为不同的动物喻体在不同文化中被给予相同联想意义的例证。例如：

①表示一个人说话“夸大其词”：

中国人说“吹牛”；

英国人说talk horse。

②形容一个人“体格健壮”：

中国人说“健壮如牛”；

英国人说as strong as a horse。

③形容工作“默默无闻”“任劳任怨”的人：

中国人说“老黄牛”“孺子牛”；

英国人说 a willing horse。

④形容一个人“固执”：

中国人说“犟得像头牛”“十头牛都拉不回来”；

英国人说as stubborn as a mule（骡子为马的杂交后代）。

⑤表示“强迫”某人做某事：

中国有俗语“牛不喝水强按头”；

英语中有习语：“You can lead a horse to water, but you can't make him drink.”

4.2.3.2　虎与 Lion（狮子）

老虎是亚洲常见的山林猛兽，处于食物链的最顶端，喜欢独居，在自然界几乎没有天敌。由于老虎额头的花纹形似汉字里的“王”字，老虎在汉文化里是当之无愧的百兽之王，代表着勇猛、威严和强大的力量，如“一山不容二虎”“虎口脱险”“伴君如伴虎”“虎毒不食子”等。在西方文化中，百兽之王的角色则由被称为“king of the forest”的狮子来扮演。狮子象征着王权、勇气和力量。狮子形象也被当作皇室贵族的象征出现在英国皇室的纹章里。汉语中的“老虎”与英语中的“lion（狮子）”作为不同动物喻体被英汉民族人们赋予类似的联想意义，因此二者在汉语和英语里有许多意义相对应的隐喻表达。例如：“One should not twist the lion’s tail”对应中文的“老虎的屁股摸不得”；a donkey in a lion’s hide和汉语成语“狐假虎威”意义相当；英语beard the lion in his den与汉语“虎口拔牙”“深入虎穴”等隐喻表达相似；同样，汉语“拦路虎”到了英语里也变成了“拦路狮子”——a lion in the way。

4.2.3.3　鸡与Goose（鹅）

英语中的kill the goose that lays the golden eggs（杀鹅取蛋）和汉语中的“杀鸡取卵”都喻指贪图眼前的好处而不顾长远利益。

4.2.3.4　鼠与Hare（野兔）

在形容一个人胆小时，英语用as timid as a hare（胆小如野兔）来表达，而中文中的类似意义表达为“胆小如鼠”，因为“老鼠”在中文中是懦弱的象征，例如“抱头鼠窜”。因此，另一种动物形象“老鼠”取代了英语中的“野兔”，这两者都表示非常胆小的人。

4.2.3.5　马与Sheep（羊）

汉语里用“害群之马”来比喻“给集体带来危害的败类”，而英语中在表达同一含义时选择的是另一种动物形象——羊。a black sheep本义是指黑色的绵羊，而在英语文化中，黑色寓意不祥（正如我们所讨论过的黑猫一样），并且黑色绵羊的羊毛无法染色，商业价值不高，被牧羊人所厌弃，因此这个习语就被用来形容群体中不受欢迎的成员，等同于汉语的“害群之马”。

汉语和英语里用不同动物喻体表达同一含义的隐喻表述还有很多，例如：

a drowned rat 像落汤鸡（rat——鸡）；

eat like a horse 狼吞虎咽（horse——狼、虎）；

the Four Asian Tigers亚洲四小龙（tiger——龙）；

birds of a feather 一丘之貉（bird——貉）；

like a rat in a hole 瓮中之鳖 （rat——鳖）；

What can you expect from a pig but a grunt?狗嘴里吐不出象牙来（pig——狗）。

4.2.4 喻义空缺

有些动物形象在某种语言中有着丰富的隐喻内涵，在另一种语言中却不存在对应的认知联想和隐喻用法，我们把这一现象称为喻义空缺。以下将讲述英汉语中动物隐喻意义空缺的情况。

4.2.4.1 英语喻义空缺

浪漫含蓄的中国文化善于赋予不同的动物意象深刻的文化意义，而这些动物形象有时或者由于在英语文化中不常见，或者由于缺乏相应的认知映射，而在英语言文化中不存在对应的喻义。

鸳鸯（Mandarin Duck）

鸳鸯是中国著名的观赏鸟类，经常出现在古代文学作品和神话传说中。因为人们常常见到鸳鸯出双入对，所以中国人也常喜欢把鸳鸯看成爱情的象征，鸳鸯也成为了汉语文化里神仙爱侣的代名词。人们常用鸳鸯来隐喻情侣和那些共患难、同甘苦的恩爱夫妇，如“鸳鸯双栖蝶双飞”“棒打鸳鸯”等，以表达对忠贞感情的赞美和褒奖。在汉语里，常见的“鸳鸯”（Mandarin Duck）隐喻意义如表（4–9）所示：

用鸳鸯隐喻兄弟之情和贤士的用法常见于古代汉语，随着时代的发展，这两种用法已经慢慢淡出了中文语境。

表4-9　关于鸳鸯（mandarin duck）的隐喻

始源域	映射	目标域	示例
鸳鸯（mandarin duck）	→	夫妻	同命鸳鸯；棒打鸳鸯
	→	成双成对的事物	鸳鸯枕；鸳鸯火锅
	→	兄弟	“昔为鸳和鸯，今为参与辰。”（《苏武李陵赠答诗》）
	→	贤能之士	“鸳鸯，美贤也。”（《答陆士龙诗》序文）

在西方文化中，鸳鸯只是一种羽毛鲜艳的鸭子，并没有特殊的隐喻意义。

蚕（Silkworm）

中国人是世界上最早驯化和饲养桑蚕，并发展出丝织业的国家。蚕为人们的生活带来了巨大的福祉，在中国人心目中有着特殊的地位。人们在日积月累的蚕业活动中形成的经验反映在语言文化中，形成了独特的“蚕”隐喻文化。一只小小的蚕能产出1000多米的蚕丝，与中国劳动人民勤劳无私的形象高度吻合，“春蚕到死丝方尽”正是基于这种认知，以蚕为喻体歌颂了无私奉献的精神。在汉语里，“蚕”（Silkworm）的常见隐喻意义如表4-10所示：

表4-10　关于蚕（silkworm）的隐喻

始源域	映射	目标域	示例
蚕（silkworm）	→	无私奉献	春蚕到死丝方尽
	→	逐步侵占	蚕食
	→	蚕形或茧形的事物	卧蚕；蚕眉；磨出老茧
	→	复杂的表象	抽丝剥茧
	→	难以挣脱的困境	作茧自缚；破茧成蝶

西方的养蚕技术习自中国，蚕在英语里也不具有汉语的隐喻联想意义。

乌龟（Tortoise）

乌龟（tortoise）是一种长寿的爬行动物，耐饥饿能力强，可以数月不进食。因此，乌龟在中国传统文化中一直被视为长寿的象征。在古代，人们更喜欢用“龟龄”来描述一个长寿的人。除了长寿的喻义，乌龟也有负面的意思，有时被用于脏话，例如有人用“王八”“乌龟王八蛋”“龟孙子”来侮辱别人。乌龟还用来喻指妻子有不忠行为的丈夫，例如“怎么，他竟然不知自己当了多年的王八？”但在英语中乌龟只是一种动作缓慢、几乎没有吸引力的动物，不具有汉语的联想意义。

4.2.4.2 汉语喻义空缺

有一些动物形象在英语中具有丰富的文化内涵和广泛的隐喻表达，但在汉语言文化中却不存在对应的意义和用法，形成了喻义空缺的情况。

Duck（鸭子）

duck在英语口语中，常被投射至人物域形容各种各样的人，如该词单用可指可爱的小孩，相当于honey、dear或baby；lame duck（跛脚的鸭子）形容无用之人或者即将卸任而无实权的官员；dead duck 指代注定要失败的人或事物；sitting duck隐喻容易受骗或受攻击的目标。

在英语里，duck（鸭子）的常见隐喻意义如表（4–11）所示：

表4–11 关于duck（鸭子）的隐喻

始源域	映射	目标域	例词
duck（鸭子）	→	各种各样的人	lame duck;dead duck;sitting duck
	→	躲避，回避；推诿	duck and dive; duck and cover; duck out of something
	→	如鱼得水	take to something like a duck to water
	→	井然有序	ducks in a row
	→	小菜一碟	duck soup

然而，在汉语言文化中，鸭子只是一般的家禽，缺乏丰富的联想意义，在人物域的隐喻映射也不多，常常仅与其善游的特性相联系产生诸如“旱鸭子”之类的隐喻表达，用以形容不习水性的人。

Ostrich（鸵鸟）

在西方文化中，鸵鸟ostrich有“愚蠢”“逃避”或“胃口好”的喻义。例如to bury one’s head in the sand like an ostrich意思是“像鸵鸟一样把头埋在沙子里”，用来描述一个人试图逃避问题而不是处理问题。又如an ostrich policy（鸵鸟政策）意思是自我欺骗，ostrich belief（鸵鸟信念）指掩耳盗铃的想法。然而，中国人对鸵鸟的认知仅限于生活在遥远非洲沙漠地区的一种长脖子和长腿的外来生物，由于缺乏基于观察的了解，自然难以产生英语中那样的联想意义。

Beaver（海狸）

Beaver，中文称为海狸，或是河狸，主要生活在北美的陆地和水域。它们栖息于溪流、池塘和湖泊附近，昼伏夜出，擅长游泳，能借助爪向上攀爬，有在水道筑坝的习性。在英语言文化中，海狸通常被用来描述一个努力勤奋的人，如a busy beaver。又如：

*She has been **beavering away** at that essay for hours.*（*Cambridge Dictionary*）

她**辛辛苦苦地写**那篇文章已经好几个小时了。

然而，海狸在中国非常罕见，中国人对海狸这种动物并不熟悉，所以在汉语言文化中也没有与河狸有关的隐喻用法。

其他

英语中还有许多动物隐喻词汇在汉语中无法找到对应的表述，如：throw a sprat to catch a whale（抛砖引玉）；a fly in the ointment（一粒鼠粪搅坏一锅汤）；give a dog a bad name and hang him（欲加之罪何患无辞）；“All is fish that comes to one’s net”（抓到篮里便是菜）；“Fine feathers make the birds”（佛要金装，人要衣装）；put the cart before the horse（本末倒置）；lock the stable when the horse has been stolen（贼去关门）；“Go to law for a sheep, but you lose a cow”（捡了芝麻，丢了西瓜）；等等。

由此可见，在英汉两种文化中，动物喻体和喻义的组合方式存在差异性，在进行汉语词汇教学时要重视不同语言文化的认知倾向社会性因素，才能达到使学习者精准理解、灵活运用的教学目标。

4.3 英汉动物隐喻词汇差异原因分析

语言是文化的载体，它真实反映了限制一个民族的认知的主客观因素。不同语言中动物隐喻的形成与使用方式都基于这些认知的民族特殊性。本节主要从地理环境、历史背景、宗教习俗、社会习俗四个方面分析英汉动物隐喻差异的原因，以促进跨文化交流。

4.3.1 地理环境的影响

不同地区的民族为了适应不同的自然环境会选择不同的生活生产方式，如临海的民族善渔，生活在草原地区的民族善牧，而生活在土壤肥沃的平原地区的民族则往往农业发达。不同的生产生活方式又孕育了个性气质迥异的文化。英国是一个四面环海的岛国，对海洋有着深深依赖的同时又处处受制于海洋，这催生了其独特的海洋文化。因此，英语中许多隐喻与水生动物有关，如鱼、鲸鱼、虾、牡蛎、海狸和鲨鱼。例如："The world is one's oyster."表示一个人随便做任何事情；fish for compliments表示试图通过批评自己来让人们赞美自己；have more important fish to fry表示有更重要的事情要做。英国气候多雨，草场广阔，畜牧业发达，因此许多隐喻与动物马、牛和羊有关。例如，have a cow表示对某件事情感到非常不安、担心或生气； lock the door after the horse has bolted意思是防止已经发生的事情再次发生，与汉语的"亡羊补牢"同义；black sheep指在群体中声名狼藉的成员，类似汉语的"害群之马"。

与英国的地理位置相比，中国背靠欧亚大陆，仅一面临海。中国自古就是一个农业国家，很大一部分人口生活在农村地区，因此许多隐喻表达与家禽有关，例如"杀鸡儆猴"表示惩罚某人以警告他人。在传统农业中，最主要的劳动方式是铁犁牛耕，而牛是这种传统农业中不可或缺的劳动工具，所以牛被认为是健壮、努力和勤劳的象征，如"力大如牛"指某人的力气非常大。然而，在西方国家，马是工业的象征，因此有些隐喻表达与马有关，例如as strong as horse（像马一样强壮），work like a horse（辛勤工作，做牛做马）。

4.3.2 历史典故的影响

不同民族有属于自己的神话故事和民间传说，这是在科学技术不发达的古代，人们尝试理解和解释客观世界的主要方法。这些神话传说口口相传，流传很广，影响深远，对一个民族的性格的塑造起到重要的作用，对于语言中隐喻的产生也至关重要。除了神话传说，一些经典的文学作品对于隐喻的生成和传播也有巨大的推动作用。这些典籍对动物隐喻的本喻体的选择不仅反映了一个民族的思维和认知共性，也体现了作者在创作时其个体思维的主体性和偶然性。因此，我们可以看到有些动物形象在不同的文化里承载不同的文化内涵，代表不同的隐喻意义。例如：

汉语中的蛇隐喻“杯弓蛇影”就出自历史典故。据《晋书·乐广传》记载，晋朝时有个做官的人名叫乐广。有一天，他请朋友到他家喝酒，挂在墙上的弓倒映在酒杯里，客人见了以为酒杯里有蛇，回去疑心中了蛇毒，就生病了。后来依据这一典故形成的成语“杯弓蛇影”被固定下来，用来形容人疑神疑鬼，误把虚幻认为是事实，从而形成恐惧。汉语成语“鸡鸣狗盗”是发生在战国时的一个典故。战国时期，齐国孟尝君被秦国扣留，他的一个门客夜里装作狗潜入秦宫，偷出本已献给秦王的狐白裘，转而献给秦王的爱姬，才使孟尝君被释放。孟尝君深夜逃到函谷关，城门紧闭，他的另一个门客学公鸡叫，骗守卫开城门，才使孟尝君脱险逃回齐国。后来人们常用“鸡鸣狗盗”比喻微不足道的技能。

英语中也有很多出自文学典籍的动物隐喻。如英国著名的奇幻文学作品《爱丽丝漫游仙境》（*Alice's Adventures in Wonderland*）中就塑造了一只著名的猫的形象——the Cheshire cat（柴郡猫）。Cheshire cat是一个极富神秘感又极受欢迎的角色。它淡定自若，总是冷眼旁观；它幻化无常，可以凭空出现又莫名消失。但最具代表性的，莫过于它那张咧开嘴的笑脸形象，甚至在它消失以后，它的经典笑容仍然挂在半空中。Cheshire cat并非作者刘易斯·卡罗尔的原创（这个角色的灵感来源可能是俗语grin like a Cheshire cat），但他却真正使the Cheshire cat这一隐喻用法传播并且深入人心。因为其经典的形象，the Cheshire cat经常被用来喻指脸上固定着一个大大的笑容的人。

4.3.3 宗教信仰的影响

宗教是人类重要的集体精神产物，是一个民族主要的文化特征之一，渗透于社会生活、风俗习惯、艺术、哲学和语言文学等各个方面。每种宗教都有着自己鲜明的特点，信仰同一宗教的人总是遵循类似的行为规范和生活习惯。基督教是西方国家最主要、受众最广的宗教信仰，英语中的很多动物隐喻都来源于宗教典籍《圣经》。在《旧约圣经》记录中，龙是邪恶的代表、恶魔的化身，所以西方人认为它是一只邪恶、凶猛、残忍的野兽，《圣经》中的撒旦就被称为“dragon”。希腊神话中有：if you sow dragon’s teeth, you will reap a crop of violence（如果你播下龙牙，就会收获大量暴力）。同样“snake”在英语中也代表使坏的人，此喻义源自《圣经》的典故。亚当和夏娃是由上帝创造的，幸福地住在伊甸园里，因为蛇的引诱，他们吃了禁果。因此上帝把他们赶出了花园。所以蛇在西方成为了邪恶撒旦的象征。当用于比喻时，它通常是指坏人或有害的物体。然而，蛇在汉语中并没有什么邪恶的含义，人们只是根据其特征和外表来赋予它隐喻意义。

中国的宗教信仰有点复杂。最初，人们相信图腾；随后，诞生了本土宗教道教。在汉朝时期，佛教自印度传入中国，对中国文化产生了重大的冲击和影响。隋唐时期，佛教成为中国最大、最具影响力的宗教。汉语中有很多动物隐喻源自宗教，例如“鱼”意象就在道教中拥有一席之地。阴阳太极图是道教的重要标志，最早的太极图由一黑一白两条鱼的形象构成，白鱼表阳，黑鱼表阴。白鱼黑眼，黑鱼白目，表明了道家“阳中有阴，阴中有阳”的辩证思维。老子在《道德经》中以烹鱼喻政：“治大国，若烹小鲜。”“小鲜”即“小鱼”，说明治理大国如同烹调小鱼，应该掌握火候，适当调味。南华真人庄子也有一句著名的“鱼”隐喻：“子非鱼，安知鱼之乐？”借此来劝诫世人切勿以自身处境和主观观点妄自揣测他人。汉语中常用的动物成语“对牛弹琴”“心猿意马”等则出自佛教典籍。

4.3.4　社会习俗的影响

习俗就是习惯、风俗。习俗是在整个社会发展过程中形成的传统，包括传承的风尚、礼节、习性。任何社会中的人，都与当地的社会习俗密切相关，他的行为和经历受到了社会习俗的影响和塑造。作为文化的一个重要组成部分，语言不可避免地会受到社会习俗的影响，动物隐喻亦然了。

赛马可以追溯到中亚的史前游牧部落，它是人们最传统和最古老的体育运动之一。许多关于马的动物隐喻都源于赛马，比如hold one’s horse，它最初的意思是骑手不能在比赛开始前让他们的马跑起来，现在它意味着保持冷静。对英国人来说，马被认为是身份地位的象征，只有上层社会的人才能进入好的马场骑马。因此，许多马的隐喻源于这种社会习俗，比如get on one’s high horse就被用来形容态度傲慢。

正如前章所述，“龙”在中国的形象与在英国的形象完全不同。龙在中国总是有称赞的意义，例如，“一登龙门，身价十倍”，意思是一旦一条鱼跃过龙门，它的价值就会翻上十倍；另一句谚语是“龙眼识珠，凤眼识宝”，它指的是龙的眼睛能分辨出珍珠，凤凰的眼睛能分辨出珍宝。

中国人对龙的特殊的信仰，在一些传统的节日习俗中被传承和强化。例如，一些地方仍然保持着“耍龙灯”的传统，即在农历年的第一个月玩龙灯笼；“龙抬头”也可以作为一个例子，它是农历第二个月的第二天的节日；另一个例子是“赛龙舟”，它在中国也非常流行，是夏季的一项水上运动。

此外，中国人也会借助谐音词来表达对幸运和美好的追求。例如，汉字“福”的意思是好运，在一些地方与“蝠”发音相同，又因后者的意思是“蝙蝠”，因此，在一些古代建筑上可以看到蝙蝠的形象。另一个典型的例子是“鱼”，因为“鱼”与“富余”的“余”同音，意思是拥有丰富大量的财富和幸福，“年年有余（鱼）”“吉庆有余（鱼）”等吉利话，就是中国人想通过这些隐喻来表达祝福。

4.4 小结

一种语言中动物隐喻的产生离不开特定的文化背景。基于共同的经验，中国和英国的动物隐喻有很多的相似之处，同时，也存在差异。无论是在汉语还是在英语中，动物隐喻词汇的使用频率都很高，所承载的文化意义和隐喻意义也十分丰富，反映了英汉民族各自独特的思维习惯和认知方式。同一动物的文化象征义可能存在差异，因而在跨文化交际中常常会发生误解，造成交际障碍。从宏观角度看，汉英语概念隐喻的共性反映了认知的普遍性，包括系统性和以人为本的认知心态。从微观的角度来看，文化差异对概念隐喻有很大的影响，例如地理环境、历史背景、宗教信仰及社会习俗等。所以，针对初中阶汉语学习者，对外汉语教师需要详细讲解，分析对比同一隐喻词汇所蕴含的内涵差别，加深汉语学习者对动物隐喻词汇的理解。

第5章　中英植物隐喻词汇对比分析

在漫长的社会历史进程中，人与动植物相依共存。无论是花草、灌木抑或是高大乔木，植物与人，彼此交融、和谐共生。植物滋养着人类的生命，为人类的生存、延续和发展提供必要的物质基础。从茹毛饮血、刀耕火种的远古时期到精耕细耘的封建时期再到农业机械化的今天，人们手扶犁锄耕耘出良田万顷，种稻谷植玉米，育果木插秧苗。“春种一粒粟，秋收万颗子”，农业和种植业的发展使人类生生不息地繁衍昌荣。神农尝百草，本草录纲目，智慧使植物帮助人类治愈病痛。“天苍苍野茫茫，风吹草低见牛羊”，丰美的牧草是畜牧业发展的基础。伐木取材，不仅可以修建房屋、制作家具、打造车马船只，满足人们居住和出行的基本需求，还可以制成笔纸、乐器、棋子等，丰富人们的精神生活。茶香阵阵，禅意悠悠，捧一杯香茗，品味自得人生，又是另一种优雅和闲适的艺术享受。花卉色彩绚丽，芳香怡人，令人赏心悦目，是各国人民所钟爱的的美学使者，是装点居室的最佳选择，是各类艺术作品中常见的创作主题之一。尤其在中国，以花木为题材的诗词歌赋、小说戏剧等体裁的文学作品，简直多得不胜枚举。绵延千年，人与植物休戚与共，共衍同生。正因为人与植物关系密切，在汉语和英语中，都常常有借花草树木言志的现象。人类以植物这一具体意象为依托，根据植物的形态、颜色、功能等特点展开丰富的联想，形成了独具语言价值和文艺价值的植物隐喻，使不可言说的抽象概念变得生动可感。英汉语中的植物隐喻，既有相似之处，也有反映不同认知方式和文化价值的迥异之处。本章将选取这一类隐喻词汇为研究对象，从植物词产生的源头考察，比较中英语言中部分植物词汇的文化内涵差异，呈现这一类词隐喻发展的脉络，并在此基础上对英汉植物隐喻的认知方式略作论述，试图揭示不同语言环境中植物隐喻所蕴含的文化差异。

5.1 隐喻词汇与植物的关系

在日常生活中随处可见植物的踪迹，植物与人类的关系是密不可分的。植物满足人类衣、食、住、行的基本需要，更是人类精神文化生活的基础。

除了动物，植物是人类最熟悉的生命体，人们在漫长的生活中以植物为参照，将观察和感知体验到的植物特征与人类的某种特征相关联，通过思维加工建立了隐喻投射关系，形成了数量丰富、跨越多个认知域的植物隐喻。文学中有植物，音乐中有植物，宗教、礼仪、美学中也都有植物，不同的文化赋予了植物不同的内涵。汉语和英语中存在着丰富的植物词汇，这些词汇除了植物学范畴的意义之外，还以隐喻的形式承担着情感交流、思维表达等更深层次的作用，有着丰富的超越字面义的隐喻义。

英汉民族对植物都有深刻的感知，善于用植物的特性特征来对应人类社会的相似特性。英国语言学家帕默尔曾提出："人类有把自己陌生的东西和熟悉的东西联系起来的普遍倾向。"植物的四季变化、枯荣更迭、颜色姿态甚至植物的不同部位等都可以成为隐喻的源素材。人们通过隐喻的表达方式，将植物词语的概念结构映射到其他更抽象复杂的认知领域之中，用以丰富语言对日常生活及情感世界的描述。比如，汉语中用红豆寄相思，竹子喻高洁；英文中a white lily 指的是漂亮而纯洁的年轻女子，apple of one's eye指的是掌上明珠。又如在"他是一个**草根**明星，完全依靠自己的努力才获得成功"这个句子中，人们借草根"生长位置低、数量众多"的特征来喻指出身普通阶层，没有政治经济背景的平民大众，他们基数最大，人数最多，构成了社会基础，"草根"的说法生动形象地说明了社会阶层范畴的人物特征。无独有偶，在《牛津词典》里可以查到grassroots一词，并且其引申义项为与汉语的隐喻表述高度吻合，也表示"社会或组织中的普通人"，与领导者或决策者相区别。

植物隐喻的工作机制是通过从一个认知域映射到另一个认知域实现的。始源域与目标域之间的投射关联可能是一对一的，也可能是平行的多方同时响应的多项关联。

植物隐喻的机制是通过映射的方式，以始源域植物词的形式来理解和体验其他人或事物。始源域和目标域的某些方面可能会被突出或隐藏，以强调和突显人们想要表达的人或事物的某个方面。提及植物时，我们的大脑中产生与这种植物有关的信息，包括植物的形态、气味、生长习性、功能作用等关联性信息（图5–1）。这些信息经过映射，可喻指人或事物的相应特征，如图5–2所示。

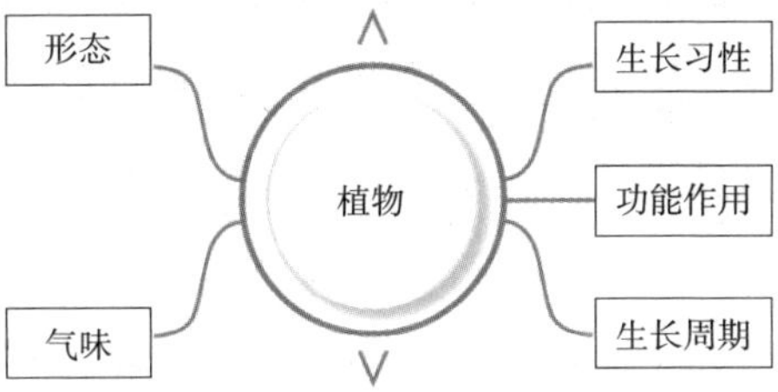

图5-1　关于植物的关联性信息

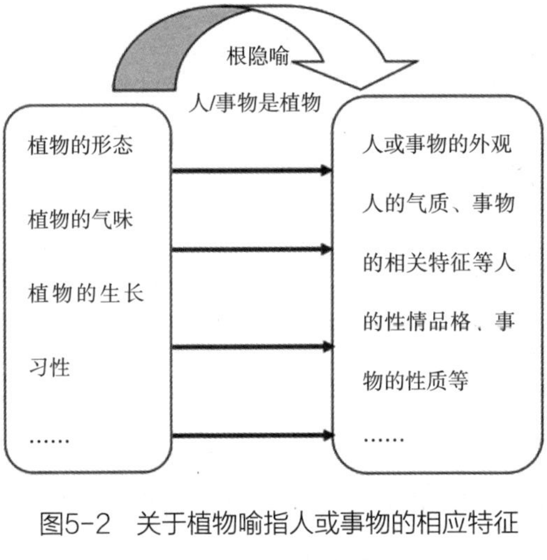

图5-2　关于植物喻指人或事物的相应特征

5.2　英汉植物隐喻词汇对比

植物的隐喻词汇在汉语和英语中都数量众多，相当普遍，并且二者有很多基于认知加工过程共通性的相似之处。然而，植物隐喻的产生受到施喻主体生产生活经验、文化背景、认知倾向等影响因素的制约，隐喻词汇的具体象征意义也可能会根据语境、环境和认知者心境的变化而变化。隐喻的始源域和目标域的选择可能会因主体差异性而呈现一定的随机性，但隐喻映射的产生绝对不是随意的，而是根植于人们的生活体验，遵循特定的认知规律。“隐喻是根据甲事物来理解和体验乙事物”（Lakoff & Johnson，1980），隐喻认知的本质就是始源域与目标域之间的相似性。事物之间的相似特征一旦被锁定并通过认知方式加以映射，隐喻便应运而生了。但世界上没有完全相同的两片叶子，事物之间的相似性也是相对的而非绝对的，不同民族对事物之间的某种相似性的聚焦和突显就带有了主观性。施喻者依据自身的文化思维习惯及个体偏好，选取事物的不同聚焦特征，使不同语言文化的植物隐喻刻上了反映某种文化特质的特殊印记。例如，同样是对“酸”这一特征的隐喻投射，汉语文化偏好选择的始源域为“葡萄”，而英语文化倾向于选择“柠檬”，这就是不同饮食习惯在语言层面的认知反应。

下面将通过具体例证阐释英汉两种语言之中的植物隐喻的异同。

5.2.1 植物的部位与隐喻

如同人会经历生老病死的生命周期，植物也有其自身的生长规律，需要经历“播种—萌芽—生长—开花—结果”的生长周期，植物的种子、根、茎、叶、花、果等组成部分对应相应的生长周期。

人们在对自然万物的体验感悟中实现了思维认知的升华，形成了系统完善的语言体系用于表达思想和沟通交流。人类的这种认知发展过程“不仅古今相通，而且中外相通”（沈家煊，1998）。人们在长期春耕秋收、春华秋实的生活体验中观察植物的生长规律，积累了大量的经验，并从植物获得了大量的灵感，以植物的生长机制和组成部分为素材创造了丰富的隐喻，如：

植物的种子→爱的**种子**（the **seed** of love）

植物的根→ 万恶之**根源**（the **root** of all evil）

植物的芽→一位**崭露头角**的艺术家（a **budding** artist）

上述例子中的英汉植物隐喻表达用法高度一致，其意象也基本相同，可以进行直译。然而中西方的地理差异和环境差异使不同地域的植物物种、生长习性和生长机制呈现许多差异，并深刻地反映在思维和语言层面。下面将对汉语和英语中的植物隐喻进行对照分析，探讨其异同及深层次的文化原因。

5.2.1.1　植物的种子（Seed）

种子是裸子植物和被子植物所特有的繁殖器官，是植物赖以生存和生长的基础。种子在一定条件下能萌发成新的植物体，对延续物种起着重要作用。美国作家亨利·梭罗（Henry David Thoreau）在《种子的信仰》（*Faith in a Seed*）中表达了对生命奇迹的赞叹和对种子的神秘力量的信仰："Though I do not believe that a plant will spring up where no seed has been,I have great faith in a seed.（我不相信没有种子植物也能发芽，我心中有对种子的信仰。）"中国古人也早就用"春种一粒粟，秋收万颗子"这样的诗句对种子的功能进行了描述。在中西方文化中，种子代表了生命的起源。种子虽然很小，内部却蕴含着惊人的强大生命力，其发展之势令人无法忽视。于是，人们用"种子"来比喻"某种变得日益强烈的感觉或影响力日趋壮大的事件的开端、萌芽"，形成了"起源是种子"的概念隐喻。如：

①播下**希望的种子**，描绘可期的未来。

②教育应该在孩子们的心中播撒**爱与善的种子**。

③*He raised questions meant to plant* ***seeds of doubts*** *in the minds of jurors.*

④*Lenin's theory of commodity economy in his late years is* ***the seed of contemporary socialism economy theory.***列宁晚年的商品经济理论是当代社会主义市场经济理论的**萌芽**。

人们通过农耕经验观察到种子是生命的初始形态，有了健康的种子，植物才有可能生根发芽、茁壮成长。种子以最原始生命形态的特征被投射到目标域中，形成了"发展潜力是种子"这个隐喻表达。

⑤他是这次锦标赛中的头号**种子选手**。

⑥*She was the* ***top seed*** *in the competition and won comfortably.*

她是这场比赛的头号种子选手，轻松胜出。

⑦*O'Neil is the first* ***seed player*** *to reach the final.*奥尼尔是首位进入决赛的种子选手。

“种子”隐喻常用于体育域。体育竞技时为了体现公平原则，避免高水平的选手在初赛相遇而遭到淘汰，无法晋级更高级别的赛事，就把他们分散编排在不同的组里，分组的参考依据是他们往届比赛的成绩和表现。这些选手就叫作top seed（头号种子）、second seed（二号种子）等。将竞技水平较高的运动员称为seed或seeded player，取其“能量惊人，潜力巨大”之意。这些运动员因为自身能力较强，很有可能在比赛中出成果，取得好的成绩，即“开花结果”。始源域与目标域之间跨域映射的相似性，形成了这个隐喻表达。

5.2.1.2 植物的芽（Bud）

狭义上，人们把植物从种子里初萌的雏形体称为芽；广义上，芽是尚未发育成长的枝或花的雏体，所有的枝、叶、花、果都是由芽发育而成的。草木初生发芽带给人们的惊喜不亚于毛毛虫破茧成蝶。新生嫩芽虽然柔弱，却昭示着蓬勃的新生命的开始。人们将这一现象映射到其他认知域，得到了“新生事物是植物的芽”的隐喻，用“萌芽（bud）”来指代有强大发展潜力的新生事物的初始状态。如：

①“故神话不特为宗教之**萌芽**，美术所由起，且实为文章之渊源。”（鲁迅，《中国小说史略》）

②看完这本成功企业家的传记，他**萌生**了奋发向上的决心。

③*the bud of a new idea.* 一个新思想的萌芽

④*While still at school she was clearly* ***a budding genius.*** 还在学校时她就已崭露头角，显示出她的天分。

⑤*“...listened sympathetically for a moment, a bemused smile* ***budding forth****”*（*Washington Post*）“……同情地听了一会儿，一丝被愚弄的笑容浮现出来。”（《华盛顿邮报》）

5.2.1.3　植物的根（Root）

根是植物的营养器官，常深深扎根于地表之下，负责吸收土壤里面的水分和养分，提供植物生长所需。根固而枝叶荣，根被认为是生命力和精力的源泉。根的特质被投射到目标域中，在英汉语中形成了“本源是根”“底部是根”“基础是根”“故乡是根”等共享的隐喻。

（1）本源是根

①历史证明，唯有**植根于**人民，服务于人民，才能真正地与人民水乳交融。

②巴西人知道石油可以是**祸根**，也可以是恩赐。

③古话说读书百遍，其义自见；而此时只能说，听道百遍，**慧根**自现。

④*Money is the* ***root of all evil.*** 钱是万恶之源。

⑤*Flamenco has its* ***roots*** *in Arabic music.* 弗拉明科起源于阿拉伯音乐。

（2）底部是根

植物的根通常是生长于植物的底部，这一空间特点被投射到其他概念域，形成了“墙根”“发根”等隐喻词汇。

①单是周围的短短的**泥墙根**一带，就有无限趣味。油蛉在这里低唱，蟋蟀们在这里弹琴。（鲁迅，《百草园》）

②*He blushed to the* ***root of his hair.*** 他的脸红到了耳朵根。

③*Cuspids have the longest* ***root of any tooth.*** 任何一个尖牙都有一个较长的**牙根**。

（3）基础是根

植物的根为植物提供必需的营养，是植物体生命得以维系的基础，对植物的生长起到至关重要的作用。“根是最重要的器官”这一意义映射到其他认知域，也可以指最根本、至关重要的事物，产生了“基础是根”的概念隐喻。

①“中华民族在几千年历史中创造和延续的中华优秀传统文化，是中华民族的**根和魂**。”

②“贾母急得搂了宝玉道：‘孽障，你生气要打人骂人容易，何苦摔那**命**

根子。’”（曹雪芹，《红楼梦》）

③这么做不能从**根本**上解决问题。

④诚实是人生的命脉，是一切价值的**根基**。

⑤*The government set out to destroy the organization* ***root and branch.*** 政府打算将这个组织连根拔起。

⑥*The main components of English words are two types of morphemes:* ***roots*** *and affixes*. 英语单词主要由两类词素构成：**词根**和词缀。

（4）故乡是根

植物的根一旦深植入土，便会盘根错节地向下生长。花、叶、果都会掉落，枝干也有可能断折，只有植物的根始终不会挪动。以植物喻人，树叶四季飘零，犹如人也会因各种原因背井离乡，四海漂泊；但故乡始终不会变，心系故土、渴望落叶归根的思乡情感也不会变。“故乡是根”的概念隐喻中，始终不移的根与植物其他部位的关系映射到不变的故乡与漂泊旅人的关系上。

①**落叶归根**，我已经在外漂泊半生，回到故乡安度晚年是我最大的心愿。

②**寻根问祖**的过程，也是寻梦之旅。它不仅仅是寻找族谱、寻找族群、寻找先祖、寻找亲人，也是寻找家族之梦、民族之梦，更是一种家国情怀。

③*After 20 years in America, I still feel* ***my roots*** *are in England.*

④*When they got to Montana, they* ***put down roots*** *and built a life.*

总体来说，植物的根（root）在中英文中共享的隐喻映射如表5–1所示：

表5–1 关于植物根（root）的隐喻

始源域	映射域	目标域	示例
植物的根（root）	植物发育的起点→	事物的本源	祸根 root of evil
	植物的根常位于底部 →	底部	牙根 root of tooth
	根是植物赖以生存的基础 →	基础	命根子;词根 roots
	根不会移动 →	故乡	落叶归根

5.2.1.4　植物的枝（Branch）

枝是植物的重要组成部分，是从植物主干上分出来的茎条。大的枝上生着小枝，小枝又生出叶、花和果实。它们均匀舒展分布，还是重要的水分和养分输送通道。

在中国古代封建宗法制度下，实行一夫一妻多妾制，正室妻子（亦称嫡妻）或继室所生子女为“嫡出”，即正宗之意；姬妾，或者非正妻的嫔妃所生的孩子称为“庶出”。由于枝通常是从树主干或大枝上长出的细长枝条，不是主干，所以中国古代用“枝”来指嫡长子（正室妻子所生的第一个儿子）以外的宗族子孙，意为非正统的、次要的族系成员，如枝庶（嫡长子以外的支系）、枝嗣（旁支的子孙）等。

受传统思想影响，许多中国人以子嗣繁盛为荣，认为人丁兴旺，家族才能兴盛，多子可以多福，显宗耀祖。这一观念也如实反映在语言当中，如“**开枝散叶**”一词用树苗茁壮成长为参天大树的态势来比喻家族子嗣繁茂，人丁兴旺的状态。同理，“**枝繁叶茂**”也被用来形容家族人丁兴旺，子孙众多。在英语当中，虽然没有宗法制度，也没有对众多子嗣的追求，但branch也有相似的隐喻意义，也被用于类似的语境中。

①*Do you know which **branch** of this powerful family you belong to?* 你知道你属于哪个家族分支吗?

②*His uncle's **branch of the family** emigrated to America decades ago.* 他叔父这一家族支系数十年前移居美洲了。

除此之外，由于植物的枝是从植物的主干长出来或分出来的，人们基于对于“枝”的这一认知形成一种跨域映射，形象地用“分枝/分支（branches）”指代从一个系统或主体中分出来的部分，如某个学科的一个次级学科、大的公司或者机构的地方办事处或者分店等。

③即使是著名数学家，如果不是专门研究这一个数学的分支的，也不一定能读懂。（徐迟，《哥德巴赫猜想》）

④*Newton developed a **branch** of mathematics called calculus.*

⑤*The company has its base in London, and* ***branch offices*** *all over the world.*

5.2.1.5 植物的花（Flower/ Bloom）

花是植物的重要器官，花朵通常颜色艳丽、形态娇美、气味芬芳，能吸引飞虫传授花粉，担负着繁衍的重要职责。花朵完成授粉之后不久便会开始枯萎，进而进入植物生长的下一环节——结出果实。所以鲜花虽美，令人赏心悦目，但花期通常很短。在中西方文化中，花卉植物一直都以其观赏性受到人们的喜爱，人们把对花的体验和感受投射在不同的领域，基于对花卉的审美情趣和情感体验创造出了许多与“花”相关的隐喻。汉语和英语中的这些花隐喻有重合的映射域也有不同的映射域。在汉语和英语文学作品，尤其是诗歌中，花意象有许多相同的隐喻表达，比如美女是花、爱情是花、人生和青春是花等。汉英常用的花隐喻中，有一部分是由于与花外在特征上的相似性而自然投射在目标域的隐喻表达，这一部分英语词汇被非常频繁地使用，逐渐固定下来，人们几乎难以察觉它们的隐喻形式。下面选取英汉语中共享的“花”隐喻进行分析。

（1）美丽的容貌是花

花朵以其独特的审美优势成为了植物生长过程中最受关注的部分，也给人们带来了视觉和嗅觉上愉悦的感官体验。花所带来的视觉体验在人类对花的情感体验中占据更重要的地位，人们很容易将对“花”的审美与对“人”的审美紧密联系起来，将花朵形态娇美可人、颜色娇艳欲滴、观赏性很强、花期短暂等外在特性映射到人物域，将对花的美好感受投射在对人的情感中，使“花”产生“美丽的人”这样的义项。“花”被用来形容人物，尤其是容貌美丽的女子。形容外在性状的义项占到了“花”的引申义项的大部分。无论是概括性的词汇“花”，还是特定品种的花——如汉语中的“艳若桃李”“花中牡丹，人中龙凤”“出水芙蓉”，英文中的rose, lily等——都可以投射到具有相应特点的人身上，用在相关的隐喻语境。如：

①**如花似玉** 像花和玉那样美好。形容女子姿容出众。

②那公主**花容月貌**，有二十分人才。（吴承恩《西游记》）

③中国古代四大美女享有“**闭月羞花**之貌，沉鱼落雁之容”的美誉。

④她是个才貌双全的好学生，被同学们誉为“才女”“**校花**”，还是校排球队的主力呢。

⑤*The rose did caper on her cheek.* 玫瑰色红晕在她面颊上雀跃。（迪金森《情人》）

⑥*His wife is not only* ***lilies and roses*** *but also intelligent.* 他的妻子不仅美貌出众，还很有头脑。

⑦*The skin loses its* ***youthful bloom****.* 皮肤失去了年轻时的光泽。（《柯林斯高阶英汉双解学习词典》）

⑧*She* ***bloomed*** *into an utterly beautiful creature.* 她出落得亭亭玉立。

“花”意象在一般语境都是用来形容美丽的女子。英文当中lilies and roses是一个名词词组，用西方文化中最受喜爱的观赏花卉玫瑰和百合来映射女子像鲜花般的绝世姿容，对应中文的“花容月貌”“艳如桃李”。具体的花意象所有细微差别，但都是以花喻容貌。英文中除了flower和具体的品种的花卉以外，还有bloom一词表示“花”或者“开花”。例⑦的youthful bloom指的就是青春的富有自然光泽的红润肌肤。

在汉语和英语中都有大量用花意象对应人物美貌的隐喻用法，这一共性也体现了两种不同文化对花卉和女性的审美标准有很高的相似性。

（2）美好的事物是花

花的颜色、形状、气味都能带给人们美好的感官体验。人们对于花盛开的状貌进行了多角度的联想。除了将花的意象投射到人物域，人们还将这种令人身心愉悦的体验投射到其他目标域，隐喻美好的事物。如：

①思念着远方的恋人，忆起**花前月下**，她不禁黯然神伤。

（花丛前，月光下，美景相伴，指环境美好，尤其用以指谈情说爱的地方。）

②祝你们**花好月圆**，白头偕老。

（“花好月圆”出自宋代晁次膺的《行香子·别恨》：“但愿花长好，人长健，月常圆。”比喻生活美满幸福。）

③上下人等打扮得**花团锦簇**。（曹雪芹，《红楼梦》）

④“**大红花轿**八人抬，一朵芙蓉今日开。左脚踩轿生贵子，右脚踩轿财运来。起轿喽——”话音落毕，唢呐声起，一支花轿队伍热热闹闹出发了。

⑤*There is* ***a flower of logical beauty*** *in literature.* 文学中就盛开着逻辑美的鲜活花朵。

⑥*The memory of Carrie stirred in his mind* ***like a flower in the morning sun.*** 一想起凯瑞，他的心中就如同晨曦里绽放的鲜花。

在英汉文化中，鲜花都是赏心悦目的美好存在，在这一点上，中西方文化认知感受是一致的。人们将鲜花的美好与情感上的相似性联系建立隐喻，于是在汉语里和英语里“花（flower）”都有象征美好的寓意。

（3）精华或鼎盛的时期是花

花期是植物生长过程中最美好也最重要的环节，承担了延续生命的重要职能。植物只有绽放花朵，以鲜艳的色彩和沁人的芬芳吸引到蜂蝶，才能完成授粉，结出果实。为了完成下一阶段的生长任务，花朵竭尽所能。开花时最为美丽迷人，可谓是植物生长周期的全盛阶段。古人将对植物这一生长现象的认知投射在其他的认知域上，使另一个认知对象也具有了花的隐喻意义。因此，花朵盛放的状态被用以指代鼎盛时期的事物，尤其是在鼎盛时期美丽光彩的事物。

①*It is a pity that she died* ***in the very flower of her youth.*** 她在**如花的年纪**香消玉殒了，真是可惜。

②*He is still very charming although he is no longer in* ***the flower of his youth.*** 他已经过了风华正茂的年纪，但依然魅力十足。

（4）华而不实的事物是花

花在很多语境中被赋予了正面的、美好的寓意，这主要是由于它的美丽；但它在自然界的主要功能还是繁衍。然而在现实中有很多因素可能导致植物开了花却未能结果。从实用主义的视角出发，人们产生了“未结果的花虽美，但却无用”的认知，并将这一概念投射到其他具有同质性的事物之上，用来形容事物空有华丽繁琐的形式，却缺乏实际的意义，形成了“华而不实的事物是花”的隐喻。如：

①他对那些描写**风花雪月**的作品完全不感兴趣。

（“春有百花秋有月，夏有凉风冬有雪”，风、花、雪、月原来是古典文学作品常描写的四种自然现象，后来被用来形容堆砌辞藻而内容贫乏的诗文。）

②她打扮得**花里胡哨**的，真让人看不惯。

③*They were using uncommonly* ***flowery language.*** 他们使用了极其华丽的辞藻。

总体来说，植物的花（flower）在中英文中共享的隐喻映射如表5-2所示：

表5-2　植物的花（flower）的隐喻

始源域	映射域	目标域	示例
植物的花（flower/bloom）	花娇艳美丽的形象 →	人美丽的容貌	花容月貌 lilies and roses
		美好的事物	花好月圆
	开花是植物生长的全盛阶段 →	鼎盛时期	flower of her age
	未经授粉的花虽好看却不能结果 →	华而不实的事物	花里胡哨 Flowery language

5.2.1.6　植物的果实（Fruit）

结果是植物漫长的生长周期的最后一个阶段。植物从种子成长成完整的植株再结出果实，需要经过漫长时间的努力，历经风霜的洗礼。结果是植物整个生长过程的结局和最终目的，预示着这一个周期的结束。在现实生活中，人们常常也需要通过不懈的努力和长时间的等待才能达到预期的成效。“植物努力生长，最终结出果实”的全过程与“人经过努力，获得某种成效，达到某种目的”的全过程存在相似性。两者的相似性经过隐喻认知的作用，形成了“结局和成效是果”的概念隐喻。汉语里的“结果”“成果”等词汇就是在这一映射机制下形成的隐喻词汇。由于人们对于这个始源域的熟悉程度和这些词汇的使用频率，这些词汇已经渐渐融入语言本身，人们几乎忘记了它们的隐喻内涵。

①爱迪生刻苦钻研，拥有一千多项发明，真可谓**硕果累累**。

②我国科学家赴南极考察，取得了丰硕**成果**。

③*After year of hard work, they can finally enjoy* ***the fruits of their labour.*** 经过多年的努力，他们终于尝到了劳动的果实。

④*I believe the effort toward the commercial cooperation between the two countries will* ***bear fruit.*** 我相信为实现两国商业合作所做的努力**会见成效**的。

即使是在同一植株上结出的果实，也会因营养分布和日照的不均衡出现个体大小和口感的差异，有的甜有的涩，有的大有的小，正如事物的结局和成效有好有坏，不可预料。于是，又有“恶果”“苦果”等词用来喻指“不好的结局”。如：

⑤是他自己有错在先，受到惩罚也不过是**自食其果**。

5.2.2 具体的植物意象与隐喻

植物的生长周期和各个部位器官贡献了大量的隐喻，具体的花草瓜果树木等植物种类也包含了丰富的隐喻内涵。人们借朝夕相处的花草树木来抒发内心的感受，表达对客观世界的理解。借助植物隐喻，人们可以表达许多抽象的思想和概念，花草树木品种也就自然而然地拥有了特定的文化意义和内涵。

英汉语中有大量的联想意义相同或是部分对等的植物隐喻，这是由中西方相似的自然环境以及中西文化在实践体验和认知规律上的某些共通点决定的。地域差异导致各个国家的植物生长状况和植物种类各异，再加上不同的思维方式和认知模式，语言中的隐喻表达出现差异也是不可避免的。经对比归纳，汉语和英语中的植物隐喻按其喻义映射情况可大致分为四类：喻体相同且喻义相同、喻体相同而喻义不同、喻体不同而喻义相同、喻体相同喻义空缺。

5.2.2.1 喻体相同，喻义相同

汉语语言和英语语言在植物隐喻方面有很多共通之处，这些形式和意义上

都高度对等的概念隐喻一定程度上反映了人类对自然世界的共同的认知体验。下面主要以玫瑰（Rose）、桃（Peach）、月桂（Laurel）和草（Grass）为例进行阐释。

桃（Peach）

阳春三月，正是万物复苏的季节，初春常见的开花果树有梨树、桃树、李子树、杏树等。桃花初开之时红白相映，枝枝夺目，朵朵灿烂。“桃花溪流共争妍，姹紫嫣红竞相呈”的景色装点了沉闷单调的大地。桃花以其俏丽的色彩、缤纷的姿态引发了人们的审美上的共鸣，激发了它“美”的文化内涵。

在中国文化中，桃花自古就和女子颇有渊源。因其娇美，人们常以桃花比拟美人，如《诗经》中的新嫁娘歌“桃之夭夭，灼灼其华”，在新婚喜庆的日子里，大家簇拥着新娘向新郎家走去，诗人看见春天鲜艳的桃花，联想到新娘的年轻貌美。英文中也不乏以peach喻女孩的例子。桃（Peach）在中西方文化中有着共同的寓意：唇红齿白、娇俏可人的妙龄少女。

①**浓桃艳李**弄芳姿，过眼春残见几枝。何似玉人含玉质，淡妆无语立多时。（清・朱晓琴《题团扇美人有感》）

②为人不言亦不笑，**艳如桃李**，而冷如霜雪，奇人也。（蒲松龄《聊斋志异・侠女》）

桃树李树同为春季开花的植物，都花枝繁茂，结果时硕果累累，李花桃花外形也近似，因此，中国人常常将桃和李两种植物意象放在一起使用，如“桃李满天下”。例①中的“浓桃艳李”则指桃花色彩浓丽，李花色泽鲜艳，比喻人容貌俊美，神采焕发。例②的“艳如桃李”也是类似的用法。桃树的果实桃子皮薄多汁，外表看着粉嫩嫩、娇滴滴，味道也很甜美，容易让人联想到甜美的少女，因此也有“蜜桃女孩”的说法。如果一个男性很有异性缘，会被称为交“桃花运”。“桃花运”指青年男子得到女子的青睐和赏识，“桃花运”中的“桃花”也指代美丽的女性。

③*Women in older times used to bathed with milk to maintain a* ***peaches-and-cream complexion.*** 从前的女人为了保持皮肤白皙曾用牛奶洗澡。

唐代诗人崔护有一首著名的以桃花喻人的诗："去年今日此门中，人面桃花相映红。人面不知何处去，桃花依旧笑春风。"在这首诗中，"桃花"与"少女"的形象相互交融，桃花映美人，美人似桃花，两个意象你中有我，我中有你，达到了高度的统一。英国翻译家贾尔斯对这首唐诗进行了英译："*On this day last year what a party were we! Pink cheeks and* ***peach-blossoms*** *smiled upon me; But alas the pink cheeks are now far away, Though the* ***peach-blossoms*** *smile as they smiled that day.*"贾尔斯对"桃花"这一植物隐喻语言采用了直译的翻译方法，直接翻译为***peach-blossoms***充分利用了英汉两种语言文化对"桃花"这一植物意象的意义联想共鸣。桃树原产于中国，公元前第二世纪之后才经由"丝绸之路"传入欧洲，西方文化对于桃的理解和认知不及中国文化深入和全面，语言中的"桃"隐喻也不如中文的丰富。在汉语，"桃"除了指美人，还可以指代爱情（桃色新闻）、长寿（寿桃）等文化内涵，而英语中没有类似的对应意义。因此，中文的"桃"与英文的peach只是部分对应关系。

月桂（Laurel）

月桂树长于地中海沿岸，是古希腊时代荣誉的象征。关于月桂树的来历，有这样一个传说：

小爱神厄洛斯（罗马神话中的名字为丘比特）有两把箭：一支是黄金制成的爱情之箭，可以使人坠入爱河；另一支是由铅制成的熄灭爱情之箭，会使人厌恶爱情。为了报复阿波罗，厄洛斯做了一个恶作剧，将爱情之箭射向了阿波罗，而将厌恶爱情之箭射向了常年生活在山林水泽之间女神达芙妮（Daphne）——罗马诸神中最美的女神之一。阿波罗果然深深爱上了达芙妮，对她展开了猛烈的追求。为了摆脱对她穷追不舍阿波罗，中了厌恶爱情之箭的达芙妮只好求助父亲河神，将自己变成一棵月桂树。阿波罗悲痛不已，跪在月桂树下哀悼："最美丽的达芙妮啊，我已永远失去了你。但你是我的树，以后我掌管的一切领域——诗歌、音乐、美术，凡是优胜者我都要为他们戴上用你的叶子编成的花冠。"于是，月桂树就成了阿波罗的圣树，月桂的枝叶也成为了"荣誉"和"胜利"的象征。

罗马帝国开国皇帝奥古斯都自称是阿波罗在人间的化身，阿波罗和他的桂冠也因此成为了罗马皇权的某种象征。罗马皇帝往往头戴月桂冠，显示其帝国军事领袖的至上地位。古罗马时代的将领如果在战役中战绩卓著，会在凯旋式上被授以月桂冠的最高荣誉就是指着胜利加冠。后世，欧洲的一些君主也开始模仿古罗马皇帝戴月桂冠，如拿破仑。

古希腊 the Poet Laureate（桂冠诗人）的荣耀也源自阿波罗的典故。英国文化深受古希腊文化影响，也有“桂冠诗人”的荣誉，并为后世大量袭用。在英国历史上，乔叟、丁尼生和华兹华斯等都曾获此殊荣。

中国桂花栽培历史也很悠久，可以追溯至旧战国时期（前475—前221），当时的《山海经·南山经》中就有记载“招摇之山多桂”。汉晋以后，中国文化逐渐以民间传说为载体把桂花与月亮关联起来，桂花也由此得名“月桂”，月亮也相应地被称为“桂宫”“花中月老”。

晋武帝泰始年间，吏部尚书崔洪举荐郄诜当左丞相。郄诜自我评价说：“我就像月宫里的一段桂枝，昆仑山上的一块宝玉。”后来人们就用“广寒宫中一枝桂，昆仑山上一片玉”来形容特别出众的人才，这也是“蟾宫折桂”的出处。传说中月宫有一只三条腿的蟾蜍，“蟾宫”就是指月宫。“蟾宫折桂”的意思是科举应试及第。在现代汉语中，“折桂”和“夺取桂冠”仍在使用，适用范围也从考试拓展到了体育竞技等方面。

虽然起源和典故不同，中西方文化都不约而同将月桂（laureate/laurel）映射到“胜利”“成功”和“辉煌”等抽象目标域。“月桂”和aureate/laurel的映射域都是文化赋予的，不能不说是一种奇妙的巧合。

①屡试不中的范进，终于听到自己**蟾宫折桂**的喜讯，竟然喜极而狂。

②我国运动员不负众望，夺得了奥运会的**桂冠**。

③*The nation's* ***pediatrician laureate*** *is preparing to lay down his black bag.* 全国**最杰出**的小儿科医生准备退休了。

④*She has rightly* ***won laurels for*** *this brilliantly perceptive first novel.* 她的处女作小说极具洞悉力，当之无愧地**赢得了荣誉**。

⑤*With so many good new actors around, the older ones are having to* ***look to their laurels.*** 新演员人才辈出，老演员必须努力地保住自己的地位。

⑥*Despite its dominance in the market, the company has never* ***rested on its laurels,*** *continuing to produce interesting and innovative designs.* 这家公司虽然在市场上占据主导地位，但没有**坐享其成、固步自封**，依旧不断推陈出新。

草（Grass）

小草是一种矮小的禾本科的植物。小草形态纤细，没有树木般高大挺拔的枝干，也没有花朵的美丽芬芳，更不能结出丰硕的果实，与其他植物相比平平无奇。草随处可见，有着“野火烧不尽，春风吹又生”的顽强的生命力。土地里、石缝中，只要有生命的地方，基本都有小草的身影。草通常长于低矮处，极易存活，所以数量众多。在中西文化中，对于草（grass）的基本认知是一致的，其“长于低矮处”“数量众多”“平平无奇”等易感知的自然特性被映射到作为“社会阶层较低，普普通通、默默无闻且数量最多的一个群体”的普通百姓上，形成了“普通人是草”的隐喻。

①他虽为一介**草民**，却心系魏阙。

②上妆是帝王将相，卸妆是**草头百姓**。戏外不想戏里事，千古悲欢由他去。（王跃文，《大清相国》）

③胸前和肩膀上缠着炫着人眼的红色标帜，真是个**草莽英雄**的气概。（冯铿，《红的日记》）

④杜甫即使年近半百，身处破茅屋，依然心系**天下苍生**。

⑤*We need support at* ***grassroots level.*** 我们需要来自**基层**的支持。

⑥*How far away is literature from the* ***grassroots*** *people?* 文学离**普通大众**到底有多远?

从上述例子可以看出，中国古代“以草喻民”的词汇带有浓重的阶级色彩，取草“数量众且低贱”的映射域。“草民”是古代无官职者在皇帝或官员面前的自称，有卑贱之意。“草莽”指杂草丛生的偏僻乡野，也隐含了粗鄙、轻贱的意思。又如“草菅人命”，对待人命如同对待野草一般轻贱不重视。英文当中还根据grassroots一词对应创造了grasstop（草根领袖）一词来指某个社区或组织的领袖。

在“普通人是草”隐喻结构中，中英文有许多共通之处，但草的隐喻内涵还未穷尽于此，中西方文化都从各自的认知角度对草（grass）展开了全方位的解读和诠释。

在中文里还有如下草隐喻：

粗糙是草——潦草;草稿

仓促是草——草率;草蹙

孝心是草——谁言寸草心，报得三春晖

美女是草——沾花惹草;天涯何处无芳草

坚毅是草——劲草不随风偃去;孤桐何意凤飞来；疾风知劲草

立场不坚定是草——墙头草

在英文中，也还有大量与中文视角完全迥异的草隐喻，体现了中西文化在思维方式和生活经验上的巨大差异。

（1）新手是草

This is a very important job, so I can't understand why they hired someone who's ***as green as grass.***

as green as grass像草一样绿，形容某人缺乏经验，是新手。英文中的颜色词green本身就有“无经验”的引申义，还可以用a green hand来比喻没经验，容易上当受骗的人。

（2）离异者是草

grass widower（离婚或分居的男子）；grass widow（离婚或分居的女子）

5.2.2.2　喻体相同，喻义不同

植物是与人类有着共生关系的生命体，人类对于植物最熟悉不过，也常常以植物为隐喻始源域，将自己所熟悉的植物的特征投射至其他抽象事物，用来理解和描述周围的客观世界。中西方文化在长期的生活经验的基础上赋予了植物丰富而深刻的隐喻意义，使其成为人们认识世界的途径和工具。经过上一

小节的讨论，我们发现，不同文化对同一植物的认知、体验和感受有时存在相通之处。但另一些时候，英汉民族对同一植物的体验感知和认知角度也有较大差异，反映到语言上，有些植物意象同时出现在中英文当中，其隐喻意义却相差甚远，甚至截然相反，此类植物隐喻喻义不对应，不能互译。下面以莲（Lotus）和柳树（Willow）为例进行分析。

莲（Lotus）

中西花卉文化博大精深，中国文人自古就爱引花入诗、借花喻人，而英语国家也深受古典神话和文学艺术的影响，有着强烈的花卉情结。莲是夏季开花的水生植物，在中国还拥有荷花、水芙蓉、芙蕖、水芝、凌波仙子等众多名称。从人们赋予莲花的无数美名雅号就可以看出莲花在中国有多受喜爱。东西方都有莲花（Lotus），但英汉民族对莲花的体验感悟却截然不同。中国人认知世界的习惯方法往往采用的是心灵直觉体验外物的方法，重直观、重悟性，这与重理性、重功用的西方文化是大相径庭的。

在中国，莲花的审美范畴远远超出了视觉嗅觉等感官的限制，人们欣赏的不仅仅是莲花表象的美，更是人为加注在莲花之上的道德情操美。中国文化对莲意象的塑造难计其数，下面选取几个具有代表性的“莲隐喻”进行阐述。

（1）女子是莲

六月盛开的莲花被誉为“六月花神”。莲花盛开之际，“接天莲叶无穷碧，映日荷花别样红”，美得清新脱俗。善于借花喻人的中国文人自然是不会错过这一隐喻素材的。唐朝诗人李白有诗云：“清水出芙蓉，天然去雕饰。”后来汉语里便用“出水芙蓉”来形容女子洗尽铅华、不加雕琢的自然美。此外，出自白居易《长恨歌》的“芙蓉如面柳如眉”，描绘了眉眼如画，皮肤如芙蓉般白皙无瑕、吹弹可破的女子，也是以莲喻美人的经典表达。

据说南朝齐东昏侯“凿金为莲花以贴地，令潘妃行其上，曰：‘此步步生莲花也。’”南齐最后一位皇帝齐东昏侯的妃子创女子缠足，齐东昏侯便将金子制成莲花形状贴在地上，让宠妃踏金莲而行，所谓步步生金莲，后人效仿。“三寸金莲”指的是用布条裹女子双足而导致的足部畸形，是封建社会对女子一种病态的审美。

（2）清廉是莲

在汉语中，“荷花”又名“莲花”，谐音廉洁的“廉”，再加上莲花“出淤泥而不染”的高洁形象，于是成为超凡脱俗和清廉高义的象征。青青莲子亦然，“青莲”谐音“清廉”。汉语谐音现象是汉语文化的重要表现形式之一，人们通过谐音的方式委婉表达内心所想，谐音式隐喻也是中国文明传承的一种显著特征和独特方式。古代文人擅长利用汉语符号的语音特征，以谐音为媒介，将一种语音符号所代表的抽象精神品质通过另一种拥有同样语音特征的具体物象表现出来。在赋予这个具体物象以文化内涵的同时，通过隐喻的方式将其与特定抽象意义的关系转化成一种特定的情感表达，并用视觉形象或叙事的方式固定下来。中国人自古以来就推崇莲花“清廉”的喻义，民间也多用《一品清廉图》寄托对从政者廉洁清正的期望。

（3）君子是莲

“莲生淤泥中，不与泥同调”，莲花长于淤泥之中，却出落得洁净无瑕，一尘不染，莲花的这一属性完全符合对道德境界有极致追求的中国人。莲花在中国文化中象征着一种理想型人格。中文将莲花的高贵节操和气质比拟为君子，周敦颐在其名篇《爱莲说》中不吝对莲花的赞美：“予独爱莲之出淤泥而不染，濯清涟而不妖，中通外直，不蔓不枝，香远益清，亭亭净植，可远观而不可亵玩焉。”在中国文学里，与莲有关的诗词歌赋不计其数。各种文学作品中将莲花高度人格化，将其高尚、高雅、洁身自好，不同流合污的至善形象表现到了极致，为莲花赢得了“花中君子”的美名。除此之外，还有用“小荷才露尖尖角”来形容初露头角的新人，用“莲花开在污泥中，人才出在贫寒家”来比喻人才，以生于淤泥的莲花来比拟出身贫寒的人才，指真正的人才不会被环境所埋没，本身的品质能力才是最重要的。

（4）爱情是莲

在中国民俗中，也有许多与莲有关的隐喻。莲花别名芙蓉，或云水芙蓉。“芙蓉”，谐音“夫容”，因此莲花是中国古代爱情观的重要象征。莲有一蒂二花者称并蒂莲，象征着“男女好合，夫妻恩爱”。二莲生一藕叫“并莲同心”。莲花也能谐音“连”，莲蓬加上莲子，寓意“连生贵子”。莲是唯一种子（莲子）与花、果（藕）并存的花卉，预兆着人寿年丰，子孙满堂。南北朝鲍令晖的《近代杂歌青阳歌曲》中描写到“青荷盖绿水，芙蓉发红鲜。下有并根藕，上生同心莲。”“并根藕”“同心莲”形象地比喻两个有情人相守成家，夫妻恩爱，永不分离的和谐场景。所以，中国民间婚嫁时，人们常常用象征爱情的荷花图案装饰新房，寓意对新人婚姻美满和爱情甜蜜的美好祝福。

如果细心观察，人们会发现藕折断了以后，在断面上总是有许多细长的略带黏性的藕丝相连，可以拉扯很长而不断。故人们用“藕断丝连”来形容男女虽然分手，彼此之间感情却难以当即割舍，总有千丝万缕的羁绊。

（5）佛教是莲

莲花在中国有深厚的文化渊源。唐代将佛教立为国教后，莲花更受世人尊崇，因莲花是佛教四大吉花之一，又是八宝之一，也是佛教九大象征之一。

根据步步生莲的典故，释迦牟尼佛的前身悉达多太子一出世就能走路，他每走一步，脚下就涌现一朵莲花，莲花因此成为了佛祖诞生的标志和象征，寺庙里佛祖的塑像也常被刻画为端坐在莲台上的形象。一些佛教徒笃信，如果诚心念佛，西方极乐世界的七宝池中就会对应地生出一朵莲花，这朵莲花或盛开膨大，或颓萎败落，直接反应的是佛教徒的修行程度。六字真言“唵嘛呢叭咪吽”中的“叭咪”代表的也是莲花的意思。

反观在英语中，并没有太多关于“荷花”的隐喻语言，尤其是在日常生活语境中。英语中“荷花”隐喻的使用频率比汉语中低很多。这是因为西方人没有发现莲花丰富的食用和药用价值，在生活中建立起与之相依相存的关系。莲花也不符合西方人的主流审美观，不是主要的观赏植物，因此西方人对于莲花没有特别的好感，不像中国人与莲花有着非常深厚的情感。英语中“荷花”隐喻在内涵上很大程度受到了古希腊罗马神话系统的影响，与汉语中美好的莲花意象相去甚远。在古罗马诗人奥维德的长篇叙事诗《变形记》中，莲花是一种吃了可以让人失去记忆的迷幻食物。虽然可以忘却烦恼痛苦，但同时也抹去了对亲人朋友的记忆，陷入一种浑噩的状态。所以在英语中Lotus-land喻指“安逸乡”，而食用了莲花的Lotus-eater就是因为失忆而“不思进取的人”。《变形记》中莲花的典故对英语语言文化产生了较大影响，英国的丁尼生和毛姆也创作了《食莲者》的诗作和小说。

中西文化对莲花的审美大相径庭。中国的荷花从喻人到喻德，再到宗教意义，有着非常丰富的文化和隐喻内涵。中西的荷花意象互相存在文化错位。

柳树（Willow）

柳树是很容易扦插的树种，它生命力顽强，垂下的枝条随风飘逸、绰约多姿，是文人墨客常常吟咏的对象。以“柳”为载体的隐喻表达屡见不鲜，也形成了许多与柳有关的民间风俗和情趣盎然的柳文化。“柳隐喻”经过长期的历史文化积淀，在汉语中大致表现为以下三类：

（1）春天是柳

民间《数九歌》唱道：“五九六九沿河看柳。”初春时节，乍暖还寒，柳树早已冒出粒粒新芽，给人们带来春的讯息。因此，人们将“柳”视为春的使者，用“柳风”或者“杨柳风”来指代春风；“柳信”则反映人们认为柳树发芽带来春的信息。

桃红复合宿雨，**柳绿**更带朝烟。（王维，《田园乐》）

在这句诗中，王维用桃红、柳绿等春季的鲜明色彩的对比以及烟、雨等自然景象，描绘了一幅生机盎然的春景图。

（2）离别是柳

中国古代盛行“折柳送别”的风俗。“柳”，谐音“留”，有挽留之意；“丝”谐音“思”，故古人在分别之时会折下柳枝互赠，借“柳”传达送别之人对离人的绵绵无限的不舍之情。此外，临别赠柳还有另外一层寓意：柳树易生速长，随插随长，借此祝愿离别的故人无论漂泊何方都能随遇而安，枝繁叶茂。

①渭城朝雨浥轻尘，**客舍青青柳色新**。劝君更尽一杯酒，西出阳关无故人（王维，《送元二使安西》）

②**渡头杨柳青青**，**枝枝叶叶离情**。（晏几道，《清平乐》）

③长安陌上无穷树，唯有**垂杨管别离**。（刘禹锡，《杨柳枝词九首》，中国诗词中常不对杨和柳作区分）

（3）故乡是柳

柳树是民间吉祥之物。古人喜欢种柳，相信柳树可以驱鬼消灾，于是在家中庭院、河畔池边遍植柳树。久而久之，柳树便成为了故乡的象征，寄寓着人们对故土、亲人的思念。柳在中国古人的心目中早已经跨越了自然的认知范畴，成为了“情思”的代名词和精神寄托。亲友离别时折柳相赠，将祈求珍重、期盼早归的千言万语和离愁别绪凝结于细细的柳枝；思念亲人、怀念故友时折柳寄情，将对远方故人的满腔的思念寄托于柳枝。

①此夜曲中**闻折柳**，何人不起**故园情**。（李白，《春夜洛城闻笛》）

②一上高城万里愁，**蒹葭杨柳似汀洲**。（许浑，《咸阳城西楼晚眺》）

③**曾栽杨柳江南岸**，一别江南两度春。遥忆青青江岸上，不知攀折是何人。（白居易，《忆江柳》）

④**羌笛何须怨杨柳**，春风不度玉门关。（王之涣，《凉州词》）

王之涣的《凉州词》描写了常年征战在外的戍边战士听到羌笛吹起《折杨柳》的曲调，勾起了深深的离愁和怀乡之情。

（4）爱情是柳

人们还以柳寄情，表达爱意。

①闺中少妇不知愁，春日凝妆上翠楼。忽见陌头**杨柳色**，悔教夫婿觅封侯。（王昌龄，《闺怨》）

②依依袅袅复青青，勾引春风无限情。白雪花繁空扑地，**绿条丝弱**不胜莺。（白居易，《杨柳枝》）

（5）美人是柳

柳树的婀娜妖娆、风情万种，和女性有着许多的相似之处。由于柳枝纤细柔软，婀娜多姿，形似体态纤细娇弱的女子，符合中国传统文化中对温柔妩媚、娇羞含蓄的女性的审美偏好，所以“柳”的女性隐喻在大量的古诗词中出现。在现代汉语中，仍不乏“美人是柳”的隐喻，如“柳叶眉”“杨柳腰”等。

①**芙蓉如面柳如眉**，对此如何不泪垂。（白居易，《长恨歌》）

②花须**柳眼**各无赖，紫蝶黄蜂俱有情。（李商隐，《二月二日诗》）

③药诀棋经思致论，**柳腰莲脸**本忘情。（韩偓，《频访卢秀才》）

汉语中，“柳”隐喻虽涵盖的语义极广，但大多数是象征美好的感情和事物；而在英语文化中，人们对柳树缺乏像汉文化一样的充沛情感积淀，“柳”的隐喻内涵因此大不相同，往往只象征死亡、悲伤和哀情。

（6）悲伤是柳

在西方文化中，柳树常见的喻义为悲伤，尤其指失去恋人的悲伤。英国诗人艾德曼·斯宾塞的史诗《仙后》（*The Faerie Queene*）中就已经出现“憔悴的柳树也为孤独的情人悲伤”这样的表述。《威尼斯商人》中也有“在这样的夜晚，迪多手持柳枝站在海边，等待着她的恋人重回迦太基。”（Shakespeare, 1991）英语谚语“wear the willow”，也作“wear the green willow”表示为失去恋人或求而不得的恋情而悲伤。可见，柳树传统上是与悲伤联系在一起的。如：

①*My grandmother has been* ***wearing the green willow*** *ever since my grandfather died.*

②*I* ***wore the green willow*** *after my true love married another man.*

在英语中，willow（柳）的隐喻意义大多与“死亡”和“哀悼”等悲伤的场景相关联。根据英美国家的旧习俗，人们在葬礼上佩戴柳叶编成的花圈来表示哀悼，所以英语习语wear the willow的本义就是“戴孝服丧”。佩戴柳枝表示失去亲友，所以人们将葬礼上的悲伤情绪与williow这一具体的植物意象联系起来形成隐喻映射关系，得到了“悲痛是柳”的概念隐喻。

事实上，中文也有以柳喻死亡的情况，如“柳衣”指出殡时柩车上覆棺的布帷，与英文中的映射域有一定相似性，但并非常用的隐喻表述。总之，汉语中的柳意象极富弹性，与英文当中的柳隐喻相比，它具有更多层次和角度的丰富内涵。

5.2.2.3 喻体不同，喻义相同

英汉两种语言中都存在着大量的植物词，汉语和英语中的植物隐喻词汇是各自文化的承载者，有着许多截然不同隐喻表达形式和独特的文化内涵。位置、气候、水土等自然环境的差异造成了植物生长和物种分布的地域性差异，所以当地人对于植物隐喻始源域素材的感知体验和选取也不可避免地呈现出地域性差异。人们只能对身边可以接触到的、熟悉的植物进行认知加工，所以不同语言中可能出现用不同的植物意象来对应同一抽象认知域的情况，即当汉语和英语要表达同一喻义时，它们选取的喻体（始源域）会随可用原材料的不同而出现区别。

Mushroom与竹笋

蘑菇是英国人经常食用的菌类。英国气候湿润，常年多雨，是喜欢阴暗潮湿的蘑菇理想的生长环境。蘑菇的生长速度也很快，只要温度适宜，每一场雨水都可以催生山林里的野生蘑菇。往往在夜雨过后，树林里便会悄无声息地冒出一地撑开的“小伞”。人们观察到这一现象，于是便用mushroom来隐喻事物发展壮大得十分迅速，令人应接不暇。如：

①*Self-professed writers started appearing* ***like mushrooms*** *with the advent of the blog.*

②*Even though I'm constantly tending to my garden, the weeds just* ***spring up like mushrooms*** *nonetheless.*

中国也有蘑菇，但人们并没有赋予它与英语中对等的隐喻意象。在汉语中也有类似的喻体，但选用的是另外一个植物形象——笋。中国人熟悉竹子。众所周知，竹子是世界上生长速度最快的植物，尤其在雨季时，竹子的生长速度大约可以达到每昼夜150—200厘米。因此，中国人用“雨后春笋”来比喻新生事物迅速大量地涌现出来。虽然意象不同，但与英语的mushroom在隐喻义上巧妙地对等起来。

Potato与山芋

Potato土豆是西方人重要的主食之一，而山芋是在中国广为栽培的一种根

茎类作物，与土豆类似，都是薯芋头类植物。土豆和山芋的块茎都可以食用，最简便的方法就是去皮蒸煮以后享用。但是中西方的厨师在日常烹饪中肯定都遇到过被熟土豆或熟山芋烫伤的情况。尤其是热山芋质地更黏腻，不但烫手甚至粘手，更易将人烫伤。因此，中英语中不约而同将烫手的山芋和烫手的土豆（hot potato）映射到了“难以对付的、棘手的人或事”上，看来不论是烫手的土豆还是山芋，都令厨师头疼不已。

①他很巧妙地就把这个**烫手山芋**推给了对方。

②*The issue of immigration became a* ***political hot potato.***

Willow与草

杨柳有着长而下垂的枝条，春风一吹，柳枝随风飘荡。看到这一场景，中国人感知到的是美，是婀娜多姿，而西方人观察到却是柳条柔弱无骨，毫无定力，风吹向哪边，柳条便飘向哪边，就像立场不坚定的人一样。“一千个人眼中就有一千个哈姆雷特”，对同一事物和现象的不同感知不仅来源于不同的思维方式和思考角度，也深深扎根于文化背景。

①*If you change your messaging this close to the election, the electorate might start to see you as* ***a willow in the wind.***

②*Julia has always been* ***a willow in the wind****—we can definitely get her to side with us on this.*

在英文中willow in the wind（风中的柳树）用来映射没有主见，极易改变立场或信仰的人。中文中用植物隐喻来形容这样的人时，选取的植物是草。

③他是个标准的墙头草，哪方对他有利即倒向哪方的小人。

Pumpkin与木瓜

欧美人喜欢用南瓜烹饪食物，许多重大节日的餐桌上都少不了南瓜做的美食。根据万圣节的习俗，人们会将南瓜掏空，制成可怕的人脸形状的南瓜灯（Jack-O'-Lantern）。南瓜灯是万圣节的重要标志物之一。南瓜笨重，表皮粗糙，而且南瓜灯的果肉被掏空，内部空空如也，人们将南瓜灯的这些特征映射到人物域，得到了“愚笨的人是南瓜”的隐喻。pumpkin head就被用来形容没有智慧的傻瓜。

Why did I ever hire that ***pumpkin head?*** *He can't do anything right around here.*

中文当中形容一个人反应迟钝，通常会说“木瓜脑袋”，因为木瓜与其他瓜果不同，果实成熟后内空，因而被用以喻指没头脑的人。

5.2.2.4 喻义空缺

隐喻是人们特定的认知和思维方式的外在反映，是人们以有限的认知去感知无限的客观世界的重要途径之一。不同民族通过互动在现实世界中产生的经验有互为交集的部分，也有互相平行的部分，于是产生了相同的或者不同的认知概念。“橘生淮南则为橘，生于淮北则为枳”，植物的生长很大程度受环境的影响，不同的水土气候会孕育不同的植物，这也导致了不同国家民族的植物隐喻会存在地域性差异。“中国人不会拿阿波罗的七弦琴作喻体，正如西洋人不会用孙悟空的金箍棒作喻体一样。”（倪宝元，1983）

5.2.2.4.1 英语喻义空缺

英语喻义空缺是指一些植物形象在一种语言文化中具有丰富的隐喻意义，而在另一种语言文化中却不存在相对应喻义的情况。

梅（Plum）

梅、兰、竹、菊四种植物在汉语里被称为“四君子”，这在推崇“君子”人格的汉文化里意味着极高的文化地位。梅之傲、兰之幽、竹之坚、菊之淡正是中国人赋予它们的拟人化品格特征，也是人们向往的人格境界。梅、兰、竹、菊四种植物意象是文学、绘画中的常见题材，代表着中华文化所独有的植物意象，包含其他文化所无法复刻的隐喻内涵。

（1）傲骨是梅

梅是中国的十大名花之首，既是“花中四君子”之首，又与松、竹并称为“岁寒三友”。梅的独特在于在严冬中凌寒独放，开百花之先，独天下而春，显得那样与众不同，令人无法忽视。梅花的独特个性被历代文人赋予了丰富的哲理内涵和高格逸韵。文人墨客对于梅花冰霜傲骨的喜爱，从诗词歌赋中可见一斑：

①墙角数枝梅，**凌寒独自开**。遥知不是雪 ，为有**暗香来**。（王安石，《梅》）

②驿外断桥边，寂寞开无主。已是黄昏独自愁，更著风和雨。**无意苦争春，一任群芳妒**。零落成泥碾作尘，**只有香如故**。（陆游，《卜算子·咏梅》）

③吾家洗砚池头树，朵朵花开淡墨痕。**不要人夸颜色好，只留清气满乾坤**。（王冕，《墨梅》）

梅花有两大自然特征：一是不畏严寒，凌寒盛放，超凡脱俗；二是低调不张，它的阵阵幽香被称为暗香。人们自然而然将这些特征与坚贞不屈、超凡脱俗的品格联系在一起。梅花的傲骨凌然象征着中华民族独立不屈的气节，是中华民族精神世界的重要代言人。弘扬梅花不求清誉、不畏困难的傲骨凌然仍具有时代意义。

（2）隐者是梅

南宋时期，受道家逍遥自适的人生哲学的影响，加之社会动荡、国势飘摇，许多文人寄情山林，渴望过一种与世无争的隐居生活。文人墨客将梅花洁白无瑕、清香怡人的形象映射到宁静淡泊、洁身自好的隐士身上，体现了对个人精神自由的向往和追求。如：

①不受尘埃半点侵，竹篱茅舍自甘心。（王琪，《梅花》）

②本来淡薄难从俗，纵入纷华亦绝尘。（韩元吉，《梅花》）

③幽香淡淡影疏疏，雪虐风饕亦自如。正是花中巢许辈，人间富贵不关渠。（陆游，《雪中寻梅》）

例③前两句写梅花任凭风吹雨打仍然傲然开放，凛然不屈。后两句引用了巢父和许由两位隐士的典故:相传尧帝将天下让给巢父，巢父不受，又让予许由，许由也不肯受，甚至立即到河边洗耳，怕被这世俗之言污染心性。称梅花为花中巢许，托物言志，表达了自己不贪慕俗世虚华，高洁坚定的思想情操。

北宋时期著名的诗人林逋在杭州西湖孤山过着栽梅养鹤，与世隔绝的隐居生活，得名“梅妻鹤子”。他的咏梅诗“疏影横斜水清浅，暗香浮动月黄昏”也流传至今。此后，“梅妻鹤子”就用来表达隐士的清雅绝俗、闲适旷达。

（3）美人是梅

梅花独特的气质和形象是比拟美人的绝佳意象，因此梅花自古就有“霜雪美人”的隐喻意义，诗人也爱将梅花比拟为气质高冷的“冰雪美人”或仙子。

①皎皎仙姿脉脉情，绛罗仙萼裹瑶英。（晁端友，《梅花》）

②玉立寒烟寂寞滨，仙姿潇洒净无尘。（朱熹，《次韵列秀野前树梅》）

（4）友情是梅

①忆梅下西洲，折梅寄江北。（南朝民歌）

②携手江村，梅花飘裙。情何限，处处消魂。（苏轼，《行香子》）

③岭北霜枝最多忍，忍寒留待使君来。（苏轼，《次韵杨公济奉议梅花十首其一》）

在以上诗句中，梅花俨然便成了驿使的代称，是人们传达友情的信物。

（5）吉祥喜庆是梅

梅作为传春报喜的植物，一直被认为是吉祥喜庆的象征。中国文化也赋予了梅花许多吉祥的寓意。

古人认为梅具有“元亨利贞”四德：初生为元，开花为亨，结子为利，成熟为贞。宋代大儒程颐在《程氏易传》中解释说：“元亨利贞，谓之四德。元者，万物之始；亨者，万物之长；利者，万物之遂；贞者，万物之成。”“元亨利贞”就是天地变化的规律，见于《易经》。祝颂语“梅开五福，竹报三多”中的“梅开五福”意指梅花有五片花瓣，分别承载了快乐、幸福、长寿、顺利与和平的五种寓意，梅花盛开象征着五福的福气即将到来，会为人们带来好运。

兰（Orchid）

兰花花色丰富，品种繁多，在中国有一千余年的栽培历史。兰花没有硕大的花叶，却有质朴文静、淡雅高洁的气质，很符合东方人的审美。因此，“四君子”之一的兰花也成为了诗词歌赋、音乐绘画描绘赞颂的主角。中文中包含“兰”的词语，都指美好的事物。如：“兰烟”指芬芳的烟气，“兰章”喻文辞之美，“兰交”喻知心好友。

（1）君子是兰

兰花素来被誉为君子之花，其香幽远，有“香祖”的美誉。“芝兰生于深林，不以无人而不芳；君子修道立德，不为穷困而败节。”（《孔子家语·在厄》），孔子这段话托物言志，教导子路也抒发自己的志向和感情：兰花无论长于何处都依然芬芳，君子无论身陷何等境遇，都一样不改变气节。

兰花多生于空幽的深谷山岩，色淡香清，与世无争，常被看作是谦谦君子的象征。汉民族常以兰花的淡雅喻人品格的高雅。“幽兰生前庭，含熏待清风。清风脱然至，见别萧艾中。”陶渊明自喻幽兰，见别于世俗萧艾，借此抒发自己的情怀，表明了他看破世俗的归隐之心。人们也把隐居于山野的高人贤士称为“空谷幽兰”。还有“兰蕙”连用以比喻贤者；“椒兰室”喻贤士所居之处；“兰芝常生”比喻高尚的美德长在；“芳兰竟体”比喻举止娴雅，风采极佳；“麟凤芝兰”比喻品德高尚、气质优雅的人中龙凤。

（2）女子是兰

女子也常常成为兰花隐喻的本体。人们常把心地纯洁、品格高雅的女子形容为“蕙心兰质”。蕙和兰都是香草的名字，借此比喻女子心地纯洁，性格高雅。“兰风蕙露”比喻女子有像蕙兰一样的高风亮节。“如兰之馨”顾名思义就是像兰花一样芳香，高洁清幽，遗世独立，不为世尘所染。“吹气如兰”借兰花气味香的特点，比喻女子口气芬芳。还可以比喻文章辞藻华丽。“蕙损兰摧”形容女子夭折。也有借兰来表达纯洁的爱情：“气如兰兮长不改，心若兰兮终不移”“寻得幽兰报知己，一枝聊赠梦潇湘”。

（3）知己是兰

“义结金兰”是旧时汉民族社会的一种交际习俗，如为人所熟知的《三国演义》中著名的“桃园三结义”场景，刘备、关羽及张飞三人在桃园焚香祭告，结为异姓兄弟。“金兰”一般指结拜为兄弟姐妹，也指情投意合、志趣相同的朋友。“金兰之交”最早出自《周易系辞上》：“二人同心，其利断金；同心之言，其臭如兰”。“金”泛指金属，至坚之物，如若同心协力，便可“断金”，克服巨大的困难；兰清雅淡泊，志行高洁，同心同德的友谊如同兰花，历久弥香。类似的表达还有“契若金兰”。用气味喻人物的脾气秉性，这种隐喻用法深入人心，引申的用法还有“臭味相投”，形容两个人的不良思想作风彼此迎合，是贬义的用法。而“难言兰臭”指志不同道不合，很难结下友情。

竹（Bamboo）

竹子也是备受君子文人所爱的植物。苏东坡就曾说过：“宁可食无肉，不可居无竹。无肉使人瘦，无竹使人俗。”足见他对竹子的喜爱和重视。人们将竹子区别于其他植物的显著特征，如“四季常青”“高直有节”等投射于品德域，使其成为“正直”“坚贞”“有骨气”等品格的物质载体和拟人化象征。人们对竹子的特征加以联想，映射到目标域，从而形成了固定隐喻义和文化意象。

竹子是中华传统美德的物质载体，是君子的象征，广受仁人志士喜爱。竹子枝干挺拔，无旁逸斜出，刚直修长、清雅淳朴，象征着刚正不阿和高雅脱俗的高风亮节。竹子经冬也不凋，自成一派，常被看作不同流俗的潇洒处事之风。竹子的高洁品格不胜数，历为中国人所称道。

①劲直忠臣节，孤高烈女心。四时同一色，霜雪不能侵。（朱淑真，《咏直竹》）——忠贞刚烈

②竹生空野外，梢云耸百寻。无人赏高节，徒自抱贞心。（刘孝先，《赋竹》——孤高自傲

③众木尽摇落，始见竹色真。（孟郊，《献汉南樊尚书》）——铮铮骨气

④咬定青山不放松，立根原在破崖中。千磨万击还坚劲，任尔东西南北风。（郑板桥，《竹石》）——坚韧不拔

⑤一节复一节，千枝攒万叶；我自不开花，免撩蜂与蝶。（郑燮，《竹》）——谦虚有节

⑥风味既淡泊，颜色不妩媚。孤生崖谷间，有此凌云气。（元杨载，《题墨竹》）——宁静致远

除了文化赋予的独特意象之外，汉语中还有许多不成体系的竹隐喻。

菊（Chrysanthemum）

除了以上的梅兰竹外，“四君子”中的另一个代表菊也承载着重要的文化意义。菊又称为寿客、金英、秋菊、陶菊等。菊花盛开在晚秋时节，因此又被称为“晚艳”。

菊花凌霜绽放，艳于百花凋后，不与群芳争艳，故被中国文人认为具有怡然自处、傲然不屈、孤高自傲的高尚品格。唐代诗人郑谷就曾寄情于菊花，留下了“王孙莫把比荆高，九月枝枝近鬓毛。露湿秋香满池岸，由来不羡瓦松高”这样的名诗，表达了自己不趋炎附势、不攀附权贵，淡泊高雅的志向。苏轼用“荷尽已无擎雨盖，菊残犹有傲霜枝”来赞美菊花傲霜斗寒的气节。郑思肖以“宁可枝头抱香死，不曾吹落北风中”来表明他坚毅不屈的民族气节。宋代的韩琦写道：“莫嫌老圃秋容淡，且看寒花晚节香。”用“黄花晚节”比喻人至暮年仍旧能够保持高尚的情操和品格。晋代诗人陶渊明归隐后更是以菊为友，菊、酒、琴、书是他的生活志趣，淡泊明志是他的人生追求。一句“采菊东篱下，悠然见南山”道出了他超然出世的生活态度。那时起，文人们就喜欢用“东篱菊”“篱菊”等词来表达隐居遁世之心，如周敦颐《爱莲说》中的“予谓菊，花之隐逸者也”。“菊”常用来表达远离世俗，高雅隐逸的生活情趣。

梅兰竹菊在汉语里是四种极为重要的文化表征，浓缩和承载了数千年中华文明的精神追求与审美情趣，有着卓然的文化地位，然而在西方社会里，它们只是四种普通的植物，并无特殊的隐喻文化内涵。

红豆（Red Bean）

一提起红豆，相信大多数中国人脑海中首先会浮现王维那首咏物寄相思的名诗《相思》（又名《江上赠李龟年》）：“红豆生南国，春来发几枝。愿君多采撷，此物最相思。”红豆主要产自中国南方地区，饱满浑圆、鲜红艳丽、色泽晶亮犹如珊瑚，常被用以制作饰物。相传古时候有一名痴情女子，丈夫征战疆场久而未归，她不分昼夜终日盼望祈祷，在村口树下郁郁哭泣。泪水泣干，滴下了鲜红的血滴，化为红豆。红豆在中国文化中本就是讨喜的植物，再加上民间传说的渲染，更备受欢迎，被人们称作相思子，成为爱情的象征。

上至王公贵族，下至平民百姓，都有收集红豆赠与亲友的习惯。有些地区的民间婚俗中，新娘会穿戴红豆制成的手链和项链等饰品，婚后也会将红豆置于夫妻枕头底下，寓意“执子之手、与子偕老”的美好祝愿。在汉语语境中，“红豆”形象是恋人间相思的美丽象征，红豆的这一文化意象流传千古，为国人所普遍接受。

葱（Shallot）

在汉语中“葱”有着美好的隐喻意义。《孔雀东南飞》中“指如削葱根”一句千古流传，“葱根”指的就是女子修长纤细的玉手。葱还指青绿色。“葱茏”是草木青翠茂密，充满生机的样子，引申为“旺盛、美好”等意义。

①他的寓言多是由他那**葱茏的想象力**所构造出来的。（郭沫若，《蒲剑集·庄子与鲁迅》）

②我要借绿色来比喻**葱茏的爱**和幸福，我要借绿色来比喻猗郁的年华。（陆蠡，《囚绿记》）

③**葱茏岁月**，以梦为马。

④20年光阴，从**青葱少女**至不惑之年，弹指一挥间。

“葱茏岁月”意指过去如草木般葱郁的青春岁月，年少轻狂的少年时光。“青葱少女”指的是青春期的少女。

⑤老君赶上抓一把，被他一捽，捽了个**倒栽葱**，脱身走了。（《西游记》）

⑥这样不顾大局，不识大体的人，早晚会**倒栽葱**的。（顾工，《翻案》）

葱头圆大，长在地下，“倒栽葱”是戏谑的说法，形容人摔倒时，头先着地，双脚朝上，令人捧腹的样子。“倒栽葱”也用来形容惨重的失败，如例⑥。

梨（Pear）

梨谐音“离”，是预示分离的不祥之兆，所以梨花虽美，对它的颂扬不及其他植物。但作为国内十分常见的植物，中文里也有不少关于“梨”的隐喻表达。

梨花常用形容美人，如美人哭泣，谓之“**梨花带雨**”。“梨涡”是微笑时，脸颊上出现的浅坑，能为笑容增添娇俏灵动之美。“梨涡”本来是指宋代名妓黎倩脸上的酒窝，后来被用来指代美女的酒窝。

苦瓜（Bitter gourd）

苦瓜本身是一种蔬菜，表皮粗糙，果味苦涩，人们通常将其与“苦难”“难受”等感觉相关联，常见于人物域的映射，比喻“穷苦的人”。如：

①“南关有座天齐庙……满城的**苦瓜**，都来把香烧。”（《白雪遗音・马头调・逛庙》）

②我下课回来，看到舍友耷拉着一张**苦瓜脸**，一副无精打采的模样。

“苦瓜脸”指闷闷不乐、不悦的模样。

石榴（Pomegranate）

石榴大约于汉朝时传入中国。石榴花的花色艳红，人们依据“红色→红红火火”的认知加工过程赋予石榴的这一特征“繁荣昌盛”的隐喻内涵。石榴果实多籽的特征在汉语文化中也非常讨喜，由于谐音“多子”非常契合传统文化中“多子多福”愿景，石榴便有了“儿孙满堂，家族兴旺”的吉祥内涵。

①接翠萼于绿叶，冒红芽于丹顶。**千房同膜，十子如一**。（潘岳，《河阳庭前安石榴赋》）

此外，石榴还喻指美人。梁元帝的《乌栖曲》中有“芙蓉为带石榴裙”的描述，形容女子跳舞时舞姿曼妙，红裙飘逸，如同绽放的石榴花那么美。古代贵族年轻妇女喜欢穿着艳丽的石榴红色的衣裙，而当时的红色染料是从石榴花中提取的，因此人们也将红裙称为“石榴裙”。久而久之，“石榴裙”就成了美女的代名词，在现代汉语中仍有沿用。

②风卷葡萄带，日照**石榴裙**。（何思澄，《南苑逢美人》）

以上这些植物隐喻只出现在中文里，因为它们是以我国文化传统和认知经验为基础的，具有深刻的民族特征。

5.2.2.4.2　汉语喻义空缺

汉语喻义空缺是指一些植物形象在英语言文化中具有丰富的隐喻意义，而在汉语言文化中却不存在对应喻义。

Daisy（雏菊）

雏菊是世界上最美丽、最常见的花朵之一，它与世界各地的文化有着密切的联系，它可爱的小花瓣所承载的象征意义往往超出了人们想象。雏菊盛开在早春时节，给人带来春的希望，也给人以一种简单、积极的感受。以下是英语语言文化中雏菊的几种隐喻内涵。

雏菊象征着天真和纯洁。这源于古老的凯尔特一个苦乐参半的传说。根据这一传说，每当婴儿死亡（特别是在分娩时），上帝都会将雏菊撒在地上，让悲伤的父母高兴起来。

在北欧神话中，雏菊是女神芙蕾雅（Freyja）的圣花。芙蕾雅是爱神、战神与魔法之神，也是掌管丰饶、生育的女神，十分慈祥美丽，因此雏菊象征着分娩、母性和新的开始。雏菊有时被用作婴儿新生时赠送给新妈妈的礼物。

在古英语中，雏菊被称为“day’s eye”（白昼之眼），因为到了晚上，雏菊的花瓣会合拢，盖住黄色的花蕊，白天再重新打开，就像眼睛一样一闭一睁。习语“as fresh as a daisy”（像雏菊一样清新）由此而来，意思是经过休息放松，精神焕然一新。如：

①*After getting some sleep,* ***I was as fresh as a daisy.***

②*Now that I’ve showered, I’m* ***fresh as a daisy.***

在基督教传统中，雏菊一直与圣母玛利亚联系在一起。这是因为它的含义是天真、贞洁和谦逊。相传小耶稣喜欢雏菊，圣母玛利亚用黄色和白色的丝线为其绣制雏菊图案。一不小心扎到了手，鲜血染红了丝线，于是雏菊有了红色和粉色的花瓣。之后耶稣愈发喜爱雏菊，将雏菊栽种在拿撒勒城。

雏菊及其意义也激发了历史上著名作家和诗人的灵感。英国浪漫主义诗人，曾获桂冠诗人之称的威廉·华兹华斯（William Wordsworth）就毫不掩饰他对雏菊的欣赏，并写下了在流行诗*To the Daisy 1*（《致雏菊1》）。

由于西方的坟墓附近常常生长雏菊，因此雏菊的形象被用于习语，委婉地指代“死亡”。例如：“to count daisies”“to grin at the daisy- roots”“to hide one’s name under some daisies”“to kick up daisies”“to push up the daisies and to turn up one's toes to daisies"（刘重德，2006）。

Lemon（柠檬）

柠檬口感极其酸涩，几乎无法直接入口食用，人们通常认为这种酸涩体验难以忍受。事实上，当一个人咬了一口柠檬，他会酸得不由自主地闭上眼睛皱起眉头，因此在英语中柠檬的隐喻意义为"令人生厌的人或事物"。如：

He was stuck with a ***lemon*** *on his way to school.* 上学路上，他遇上了一个烦人的家伙。

"柠檬"还用于表示有缺陷或以次充好的商品，其中一个非常典型的用法就是将存在严重质量问题的二手车描述为"柠檬"（lemon）。

①*It sounded like a good deal at the time, but you bought* ***a total lemon.*** 当时看起来好像是笔不错的交易，但你买的其实是堆破烂货。

②*Considering how often that car breaks down, I think the dealership* ***handed you a lemon.*** 这辆破车老是坏，车行买了辆次品车给我。

从柠檬"无价值，令人生厌"的隐喻义，还衍生出一个英语习语"when life gives you lemons, make lemonade"（如果生活给了你一个又酸又苦的柠檬，那么把它做成好喝的柠檬汁），比喻在逆境中，也要保持积极乐观的心态。

在汉语里，柠檬仅为普通水果，并没有什么特殊隐喻义的引申。

Lily（百合）

对西方人来说，百合的意义不仅仅是一朵花。百合花频繁出现在各国的神话中，具有非常丰富的文化内涵。通常，人们将百合花的色彩和形态与人的情感和美德联系起来，用它象征女性美、纯洁、爱情和悲伤。因此，百合可以赠送亲友，也可以赠与爱人；百合花出现在欢庆的婚礼上，也出现在悲伤的葬礼上。这些看似矛盾的文化内涵完美地融合在百合这一花卉形象上。

浪漫主义诗人威廉·布莱克（William Blake）写过一首小诗*The Lily*（《百合花》）：

The modest Rose puts forth a thorn,
The humble sheep a threatening horn.

While the Lily white shall in love delight,

Nor a thorn nor a thread stain her beauty bright.

（译文：玫瑰端庄，长有刺芒；绵羊温顺，犄角曲长；百合花在爱情里陶醉，无刺无角让她的美纯粹。）

在诗中，威廉·布莱克不吝啬于对百合的赞美，通过对比的手法描写了甜美而天真，美丽而不带锋芒的百合。

百合姿态优雅，颜色淡雅，气味芬芳，是女性气质的理想象征，常被作为女性形象的代表物。根据希腊神话的记载，百合是从天后赫拉的乳汁中长出来的，这一百合花的起源故事更为百合的女性气质增添了一抹神话色彩。古希腊和罗马的新娘就常将百合花环戴在头发上，象征着纯洁，预示婚后多子的幸福生活。

百合在基督教的信仰中象征圣洁和童贞。百合也被称为圣母百合花，象征圣母玛利亚的纯洁高贵和光辉四溢的灵魂。正因为如此，百合花经常出现在婚礼上。基督教婚礼教堂装饰着美丽的含苞待放的白百合花，保护已婚夫妇免受罪恶之苦，并使他们忠于圣母玛利亚。

中世纪的欧洲流行为钟情的女士献上粉红百合以示爱意，这种做法在维多利亚时代尤为普遍。以直白表达情感为耻的贵族试图赋予每一朵花以意义，并让鲜花成为他们的代言人。百合花，尤其是粉红色的百合花，是他们传达爱意的花卉使者。罗马人也把百合花和爱联系在一起。百合花无论是在过去还是现在，都是爱情和浪漫的象征。

百合花不仅仅可以表达快乐或愉悦，还可以表达无尽的哀伤。在英国，百合是在葬礼和纪念活动中使用最多的花。白色代表和平与宁静，而短暂的花期则代表着人们对生命逝去的无奈和悲伤。百合花还有种强烈而宜人的气味，人们认为这象征着一个逝去的灵魂离开肉身，回归纯洁、无辜和不朽。

在语言学层面，lily一词有“白色”的义项。如：

①*The girl has peachy cheeks and* ***lily-white skin.*** 这个姑娘面若桃花，**皮肤白皙。**

②*He hates **lily-livered** politicians and permissive judges.* 他恨透了那些**胆小怯懦**的政客和放纵的法官。

中国人认为胆是勇气来源，而西方文化则认为勇气来源于肝脏。健康的肝脏应该呈现深红棕色，例②中的lily-livered指的是而因血液含量少而颜色发白、不健康的肝脏，肝脏不够健康自然不够勇敢，于是便产生了“胆小怯懦”的意思。根据同样的隐喻认知模式，lily-handed可以用来形容白嫩纤长的手。

英语中还有习语“gild the lily”，意思是“给百合花镀金，多此一举”。这一表达源自戏剧大师莎士比亚的历史剧《约翰王》:

To gild refined gold, 给金子镀上金箔，

to paint the lily, 给百合涂上颜色，

to throw a perfume on the violet, 给紫罗兰喷洒香水，

to smooth the ice, 把冰打磨光滑，

or add another hue unto the rainbow... 给彩虹增添颜色，

*is wasteful and ridiculous excess.*是多此一举的。

“paint the lily”后来还衍生出“gild the lily”，两者为近义词，如:

③*My wife is so gorgeous that putting her in a fancy gown would just be **painting the lily.*** 我太太艳光四射，让她穿上这件华丽的袍子简直是**多此一举**。

④*Why add a filter to your photo of the rainbow? **No need to gild the lily.*** 为什么要给你那张彩虹照片加滤镜啊？**不需要画蛇添足**。

Apple（苹果）

美国人对苹果情有独钟。据统计，美国的苹果产量占了全世界产量的近四分之一。西部大开发时期，美国民间英雄苹果佬约翰尼（Johnny Appleseed）用了40年时间穿过西部边界种植了约30万株苹果树，使美国西部荒野之地变成了香甜的苹果园，开创了美国中西部苹果种植的黄金时代。美国向世界出口最多的苹果品种是蛇果。这是当年在艾奥瓦州培养出的品种，1893年参加密苏里州路易安纳镇一次比赛时，获得了头奖，因而被命名为蛇果（Red Delicious），意为“美味的红果子”。

苹果形状近乎球体，象征着一个整体。它是伊甸园里的命运之树结出的智慧之果，也是世俗欲望的象征，或是对这种欲望的放纵。在《圣经・创世纪》中，亚当和夏娃受到引诱，偷吃了伊甸园中的善恶树上的果实，被上帝逐出了伊甸园。善恶树上的“禁果”就是苹果。在英语中，男人的喉结一般被称为“Adam’s apple”（亚当的苹果）。因为据说亚当在吃苹果时被上帝发现，情急之下苹果核卡在喉咙中，于是形成了喉结。

英语中有“An apple a day keeps the doctor away.”的谚语，反映了英语国家的人们认为苹果营养丰富，有益健康，应经常食用。所以也在日常生活积累了不少与苹果有关的隐喻词汇，其中最常见的就是 the apple of one’s eye，例如：

①*Flower of this purple dye*，*Hit with Cupid's archery, Sink in apple of his eye.*（莎士比亚，《仲夏夜之梦》）

②*The old couple brought her up like the apple of their eyes.* 这对老夫妇把她抚养长大，视若掌上明珠。

apple因形状的相似性被用来喻指瞳孔，人们珍爱眼睛，尤其是认为瞳孔很重要，所以the apple of one’s eye这个成语常用来比喻像眼珠一样珍贵的人或事物，其隐喻意义为“心肝宝贝”“掌上明珠”等。

apples and oranges也是一个常用习语，表示“风马牛不相及的人和事物；天差地别的事物”，在美式英语中十分常见，有时也写作apples to oranges。如：

③*You can't compare your job as a doctor to mine as a musician—that's comparing apples and oranges.*你是医生，我是音乐家，我们俩的工作**没有可比性**。

④*Oh, you can't compare those two companies, that's apples to oranges.*这两家公司**天差地别**，你没法把它们放在一起比较。

rotten/bad apple 本义是“烂/坏苹果”。根据生活经验，将一个烂苹果放在一堆好苹果中间，好苹果堆中马上就会出现许多烂苹果。坏苹果的这一传染性映射到其他认知域，就得出了“害群之马”的隐喻义。

⑤*Jim is really* ***a bad apple.*** *After five minutes with my usually well-behaved kids, they're all acting out.* 吉姆真是个**害群之马**。乖孩子们跟他待上五分钟就全

乱套了。

⑥*Helen is **the rotten apple that spoils the barrel** in our office. Everyone sees her come in late to work and take long coffee breaks, and they think, "Why can't I do the same?"*海伦**把我们办公室的风气都带坏了**。大家都看到她上班迟到，悠闲地喝上好一会咖啡，他们会想："为什么我不能像她一样呢？"

Cabbage（卷心菜）

cabbage（卷心菜）在英文里的隐喻意义为"钱"和"愚笨的人"，常用于口语。英语短语 cabbage head 的隐喻意义源自十七世纪末的一首古老歌曲："I ought to call him a cabbage head, He is so very green …"，表示"头脑愚钝"得好像一颗卷心菜。而当我们形容一个人not as green as （one） is cabbage-looking，意思是某人事实上"比看起来的样子要聪明"。

①A: *"Hey, that dopey intern did a great job on this report."*

B: *"I guess he's not as green as he is cabbage-looking."*

A："嘿！那个实习生看起来傻乎乎的，报告却写得很不错哦！"

B："我猜他应该**比看起来要聪明**。"

②*Oh please, I don't have **the cabbage** to buy a fancy car like that!* 我没有**钱**买那么豪华的车。

Potato（土豆）

土豆在英语中也有很多隐喻意义。土豆是植物的块茎，给人笨拙不灵巧的感觉，因此人们用couch potato来形容"成天坐在沙发上，看电视、吃零食的胖子"。如：

①*Lisa wants to date a man who loves to travel and explore, not **a couch potato** who watches television all the time.*

随着时代的发展，又出现了mouse potato一词来形容"成天坐在电脑前不运动的人"。

②*I've been playing this addictive online video game, and it has turned me into a total **mouse potato.***

small potato形容“小人物，小场面”。

③*I'm only a small potato in the company.* 我只是公司里的小人物。

土豆和肉是西方人餐桌上的主食，meat and potatoes也因此用来比喻“最基础、最重要的事物”。

④***The meat and potatoes of this game*** *is keeping possession of the ball.* 这项运动的**核心要领**就是对球的控制权。

⑤*Too much information will overwhelm the new intern, so just give him* ***the meat-and-potatoes introduction.*** 太多信息会让实习生应接不暇的，只要给他最基础的指示就好了。

其他

英文中，香蕉、坚果等植物都可以映射到人物域。top banana指“头号人物，顶头上司”。

①*The young man is the* ***top banana*** *in the company.* 这个年轻人是这家公司的**老板**。

②*For many years Doctor Henry Kissinger has been* ***a top banana*** *in American foreign policy.* 多年来，亨利·基辛格博士在美国外交政策方面是**最高级的一位官员**。

nut则被用于形容“神经质、疯狂的人”。

③*My friends think* ***I'm nuts*** *for saying yes.* 朋友们认为我答应是**疯了**。

上述植物隐喻表达是英语中特有的语言现象，汉语并不存在对应的表达形式。英汉植物隐喻之间的异同反映的是语言背后更深层次的文化与认知层面的异同。通过对英汉植物隐喻的比较和对其差异原因的分析，我们可以了解不同文化中的意义结构。

5.3 英汉植物隐喻词汇差异原因分析

隐喻是人类认识客观世界的一种方式，人们将始源域的概念系统经由某种相似性关联的建立投射到目标域，从而以全新的方式获得对目标概念的理解和诠释。体验认知是人类共有的思维发展模式，英汉民族对植物的体验和感知也具有相似性，在一致的映射机制的作用下，中英文当中产生了一系列本体和喻体完全对等或部分对等的植物隐喻。但是同时，我们还看到在两种语言体系中存在大量无法共通共享的植物隐喻表达。是哪些深层次的因素造成了这些差异？本节主要从地理环境、历史渊源、宗教信仰、传统文化等方面分析其原因。

5.3.1　地理环境的影响

植物的生长对环境的依赖不言而喻。不同国家由于所处地域不同，土壤、海拔、气候等自然条件也天差地别，相应地，植物的种类和数量等方面必定出现明显的地域差异性。

中华文明发端于黄河流域，后遍及长江流域，幅员辽阔，物种丰富。中国古代社会主要以农耕文化为主，与各种植物有着天然的亲近关系和深厚的感情。中国人民还根据四时变化的规律和作物种植生长的关系创造了农耕文明的“时间智慧”——二十四节气，它是中华民族在数千年间与自然和植物互动的经验总结和智慧结晶。西方文明起源于地中海，受地中海气候的影响，这里夏天干燥炎热，冬天温暖湿润。地中海气候地区的光热充足，盛产柑橘、无花果和葡萄等亚热带水果以及橄榄。而英国地处大西洋沿岸，是典型的温带海洋性气候。

地理位置和气候的差异导致了自然环境和植被分布的巨大差异。热带海岛的居民深知四季常青的棕榈树的生命力，却无法理解生长于沙漠的仙人掌有多抗旱耐热；草原的游牧民族熟谙牧草的坚韧，却无法欣赏水中睡莲的娇态。不同地区的人们只能认识和理解在他们所处的自然环境中广泛存在的事物，并将这样的认知反映在语言层面。有些植物意象出现在某种语言文化，而在另一种语言文化中缺席，其根本原因可能是受生长条件的限制。植物的生长是受到特定的温度、湿度、土壤等自然条件的约束的，有些植物适合在温暖的环境中生长，而另一些适合在寒冷的地域生存。植物的地域性特征如此显著，以至于我们在看到某些植物时，会潜意识地给它打上“东方植物”或“西方植物”的标签。因此，地理环境的差异是中英文中植物隐喻差异产生的主要原因之一。

5.3.2 历史渊源的影响

人类所掌握的隐喻式认知思维模式和运行机制本质上是相通的，它能够跨越民族和文化的界限，具有共性。然而，不同民族对同一认知工具的使用场景和本喻体源素材的选取是存在差异的。选用哪一喻体、表达何种概念，取决于不同民族的历史人文、风俗习惯等因素。文化对语言的影响是深远的，每种语言现象都萌芽和成长于其所根植的民族和文化。每一种文化都有其独特性，我们要完全理解一个词汇，除了了解字面意义（Lexical Meaning）之外，更应关注其文化意义（Social-cultural Meaning）。

汉语和英语中很多植物隐喻追根溯源都与神话传说、民间故事或文学作品有着千丝万缕的联系。神话故事是人类对世界起源的探索和理解，人类对神不仅仅是精神上的崇拜，还有对神物化形象的膜拜。比如，古希腊神话中太阳神的形象与月桂融合在一起；而橡树则被人们认为是主神宙斯的物化形象。中文中的很多植物隐喻来源于民间传说和文学典故。例如，梅兰竹菊“四君子”就是中国古代文人雅士所追求的极致精神世界的实物载体；痴情女子泣血化为红豆的民间传说更为“红豆寄相思”的寓意增加了厚重的文化底蕴。

中西方文化从历史本源上就存在着巨大的差异。受此影响，对植物认知的方式和角度也不尽相同。东方文化中的植物词汇多以“拟人化”“品格化”的方式产生隐喻义；西方文化中的植物隐喻词汇则多发生于“拟神化”的过程。

5.3.3 宗教信仰的影响

宗教文化也给植物意象增添了许多神秘色彩。宗教对一个社会群体世界观、人生观、价值观的形成有着重要而深远的影响，进而影响人们的生活方式和思维习惯。不同宗教折射出不同的文化背景和文化特征。中国历来深受儒家思想的影响，佛教传入中国以后，与中国本土的儒、道相互融合，不断壮大。许多佛教理念和儒道思想对语言中的植物意象也产生了影响。如莲花在佛教中就蕴含了佛教宣扬的处世哲学。西方人大多数信仰基督教。基督教典籍《圣经》中有许多关于植物的描述和隐喻，对后世的植物认知产生了很重要的影响，如诺亚方舟的故事里就有关于橄榄寓意和平的记载。

5.3.4　传统文化的影响

我们在认识和了解植物时，会不自觉地带入所属民族的心理情感、思维方式、价值取向和审美情趣。因此，中西植物隐喻的差异还体现在传统文化所赋予的意义上。“西方文化主要在对物，可谓是科学文化。中国文化主要是对人对心，可称之为艺术文化。”（钱穆，1993）。与西方直白、实用、客观的隐喻表现形式相比，中国文化善于根据直观经验，通过主观思维的加工将植物意象化，并通过发掘某种较为隐性的关联，把始源域与目标域相互联系起来，借景抒情、托物言志、借物比兴，使情景交融，形成一种浑然一体的独特映射。这种映射关系是富有中国特色的，缺乏中华文化的语境，几乎无法被其他文化借鉴，因而也很难在异质文化中找得到对等的文化意象。

5.4　小结

由于人类隐喻认知模式的共性，汉语和英语中的植物隐喻在较大程度共通共享，但同时也在某些具体的用法和语言形式上表现出明显的民族差异性。通过上文的对比分析，我们了解到英汉语中的植物隐喻综合地反映出一个民族的思维模式、思想观念、价值取向、风俗习惯、社会风貌等信息。由于不同民族所处的自然环境、社会制度和历史背景各不相同，并受到不同的宗教信仰和社会习俗的浸染，他们与外部客观世界的互动方式也形式不一，并产生了不同的认知经验和感受体会。因此，不同的文化和民族从同一植物意象衍生出不同的认知，或在理解和解释同一现象或概念时使用了不同的植物意象，就不足为奇了。在不同语言中，同一植物的文化象征义可能存在差异，因而在跨文化交际中常常会发生误解，造成交际障碍。深入了解英汉植物词及其隐喻意义，对于更好地增进理解、促进不同文化的交融和沟通、提升语言教学效果及提高二语学习者的跨文化交际能力具有现实意义。

第6章　中英“水”隐喻词汇对比分析

隐喻与人类活动密切相关、互相影响，反映了人类在客观与物质世界的基础上理解与描述抽象思维世界的过程；是人类基于生活经验，通过建立事物之间的相似性，以某一领域的经验来说明和理解另一领域的认知活动。

水是万物之源，滋养和维系着地球上的一切生命。水是人类赖以生存的物质基础。自古以来，水与人类的生存和发展息息相关，人们总是择水而居，村庄屋舍通常是依水而建。水保护、哺育了人类，是人类繁衍生息的生命之源。可以说，没有水，就没有生命，更不可能有人类文明。水是人们最依赖也最熟悉的基础物质之一，“水”这个词也是人类社会最先创造出来和最频繁使用的词之一。因此，“水”也常常被人们用来概念化其他事物，是隐喻中重要的始源域，由此衍生出许多关于水的隐喻投射。无论是在中文中还是在英文中，都存在着大量与“水”有关的隐喻表达，它们被广泛运用于文学作品和日常用语，很多已经被普遍认可和接受，成为固定的表达流传下来，演变成了民族文化心理的一部分。

6.1　英汉“水”隐喻词汇的对比分析

隐喻往往以具体事物来映射抽象事物，隐喻存在的前提是“两事物的合成相似性（Synthetic Similarity）”（赵艳芳，2001）。人们预先在认知领域将两种看似毫不相干的事物进行相似性的联想类比，从而在隐喻结构中实现了以这种相似性的联想为基础的认知投射。“一般来说，隐喻结构的源范畴总是我们熟悉的、具体的。这些范畴源于人们与世界的相互关系，是人们最基本的经验。”

6.1.1 汉语和英语中共有的“水”隐喻

语言是人类思维的载体和外在呈现形式，东西方民族虽然生长于不同的自然环境，浸润于迥异的文化背景，但某些共同的生理机制和生活体验使他们对某些事物，尤其是基础性物质，有着相同或相似的体验和认知，“人同此心，心同此理，人的认知心理不仅古今相通，而且中外相通”（沈家煊，1998）。水具有单向流动性、形态多变性等特点和深浅、清浊等属性。对于水的这些基本特征和属性，即使是不同的民族和文化，也大抵会有相同的认知和体验。随着人类社会的发展以及人们认知水平的提高，新生事物和新兴概念不断涌现，人们逐渐将对于水的基本认知和其他事物联系起来，用水来理解和阐释抽象概念，产生诸多水的概念隐喻（黄兴运，覃修桂，2010）。水是隐喻中重要的始源域，无论是在中文还是在英文中，都存在着大量与水有关的隐喻表达。下面具体考察“水”这一概念在汉语和英语中的隐喻投射及其认知基础。

6.1.1.1 似水流年——时间是水［TIME IS WATER］

流水淙淙，不舍昼夜。江河奔流到海无法回头。时光亦匆匆，岁月流转永不停歇。水的流动有声有形，可以具体感知；而时间的流逝无形无象，无法具体感知。借用水单向流动的特征来隐喻飞逝的时光，可以使无形转为有形，使无法感知变得可以感知。汉语中“时间是水”的概念隐喻最早见于孔子的“逝者如斯夫，不舍昼夜”（《论语·子罕》）。“水”这一具象的喻体可以赋予抽象的时间以具体的丰富的外在形象。在汉语和英语中，都有大量用“水”来喻指“时间”的隐喻映射。如：

①晃眼间鬓生华发，才觉得**年华逝水**，光阴虚掷。（*Streaks of grey hair begin to appear in the blink of an eye, then I find time passes like water and I wasted time.*）

②浮云一别后，**流水十年间**。（韦应物，《淮上喜会梁川故人》）

③**黄河之水天上来，奔流到海不复回**。（李白，《将进酒》）

④**时光荏苒，流年匆匆**。（惯用语）

⑤***Much water has flowed under the bridge*** *since she graduated from college.* 她大学毕业已经好多年了。

水的流逝与光阴的无情流逝，这二者的高度相似性是“时间是水”[TIME IS WATER]这一概念隐喻存在的前提。中英文化都不约而同地将流水作为表达时间概念的始源域之一，是基于人们对二者相似性的认知。汉语中人们常说的“似水流年”“逝水年华”等，指的就是如同匆匆的流水一般易逝的时光，化虚为实，生动形象。英语中也常用“水”来描述时间。water under the bridge和water beneath the bridge等表达，字面意思是河水从桥下奔腾而过，一去不返，其实背后也暗含桥上观水之人心中生出的“无法挽回”之无奈感，一如汉语中的“覆水难收”。中文和英文中的“水”都隐含了“时光易逝，无法挽回”隐喻内涵，体现了两种文化对于“水”的隐喻认知的相似性以及这折射出的文化共性。

6.1.1.2　财源滚滚——金钱是水［MONEY IS WATER］

在中英两种语言中，“水”还常常被用来隐喻金钱或经济状况等经济领域的概念。水和金钱属于完全独立的两个认知域，二者之间之所以形成隐喻认知投射，是由于人们对水与金钱的特性的认知基本一致：水有流动性，钱有流通性；水能够贮存，钱也可以储存。这些相似性构成了“金钱是水”[MONEY IS WATER]概念隐喻的认知基础。例如，水的流通性和金钱（货币）的市场流通性之间的相似映射关系一旦建立，人们便自然地将水的流动用于金钱域，有了货币、资金等可以“流通（flow）”的表达。汉语里，我们用“花钱如流水”来形容一个人不节俭，花钱大手大脚。英语也有类似的表达spend money like water。“水”和“钱”的可储存性也体现在[MONEY IS WATER]的概念隐喻系统中，如英文中“河堤”与“银行”共用“bank”一词。这种相似的认识外延实际上体现出不同民族共有的思维方式。

①**资本流动**可以增强，企业越有活力。

②**金钱如流水**。

③让企业最快倒闭的不是亏损，是**现金流**枯竭。

④肥水不流外人田。

⑤*She* ***spends money like water.*** 她花钱如流水。

⑥*Let' s* ***make it rain*** *at the club tonight, fellas*！伙计们，我们今晚好好在俱乐部挥霍一把吧！

例④的“肥水”与“油水”意义相近，指富含油脂等营养素的水，隐喻义是与金钱利益相关的好处。除了以上表达，英语里还有其他描述金钱与财务状况的“水”隐喻，如in dead water喻指经济困难，如一潭死水，毫无生机；in low water字面意思是水域清浅，隐喻意义指经济不宽裕，没有过多的流动资金。汉语里也有“外水”（指外快，既正常的薪酬以外的收入）、“薪水”“汇水”（指银行汇款手续费）等表达。这一系列表达极为生动形象地展现了人们的经济活动。make it rain字面意思是“使下雨”，但在口语中是指“撒钱”，是不是很像中文中的“花钱如流水”呢？钱如雨下，颇有挥金如土的意味。

英汉语系统中对“金钱是水”［MONEY IS WATER］这一隐喻的基本认知是高度一致的。我们现在使用的很多词汇都源于这一隐喻。由于流传使用甚广，该隐喻认知框架下的许多词汇已经渐渐由一般词汇演变为了基本词汇。始源域的概念系统单向地映射到目标域当中，体现了莱考夫和约翰逊提出的结构隐喻（Structural Metaphor）的特征。

6.1.1.3 川流不息——交通是水［TRAFFIC IS WATER］

街道上车来车往、人潮涌动的场景与河流奔涌不息的样子很相似。车辆、人群按照一定的规律朝着特定的方向行进，因此人们想到了用水来隐喻繁华城市的交通状况。汉语和英语在“交通是水”[TRAFFIC IS WATER]的概念隐喻上也有着相同的认知机制。

①身居繁华热闹的城市，走在**川流不息**的人群中，她却感受到前所未有的孤独感。

②每逢节假日，客运总站总是**车水马龙**，异常繁忙。

③入夜，年轻人们将这里挤个**水泄不通**，狂舞通宵。

④清明小长假期间，高速公路单日**车流量**明显增加。

⑤疫情期间，博物馆采用预约制对参观游客进行**限流**。

⑥*Hopefully, the new transportation system will speed up the* ***traffic flow.***（希望新的交通系统可以加快交通流速）

⑦*Keep the* ***traffic flowing.***

⑧*A steady* ***flow of the traffic.***

汉语用“车水马龙”“川流不息”这样的成语，将车辆、人群的前行比作流动的水流，来描绘街道上繁忙的交通。基于“车辆是水”的认知，汉语中用“车流”来形容道路上奔驰前行的车辆，英语中也有flow of traffic的表达。同样的，基于“人群是水”的概念隐喻，汉语还用“人流”“人山人海”来形容人来人往的热闹景象。“水泄不通”是形容某地十分拥挤或被包围得非常严密，好像连水都不能泄出。

6.1.1.4　文思泉涌——思想是水［IDEARS ARE WATER］

“水”也常常被当作始源来隐喻“思想”这一抽象概念。人们发现了水的属性与人的思想的诸多相似之处：水有源头、会流动扩散、深浅不一、清浊有别，有喷涌之时，也有阻塞之时；而思想也如同流动的水一样，会随情绪、心情、灵感的变化而起伏。水有源，长流不息；思有源，文思泉涌，于是有了“脑海”“绞尽脑汁”“文思泉涌”“悬河泻水”等隐喻词汇。汉语和英语在都认知图示中把水和思想联系在了一起，建立了“水”与“思想”的合成相似性，形成了“思想是水”[IDEARS ARE WATER]的结构性概念隐喻，用具体的“水”来喻指“思想或想法”。如：

①意外的消息在职工中引起了一阵**思想波动**。

②古典主义是十七世纪欧洲的主要**文学思潮**。

③*The* ***stream of thought*** *is just the thought that is going.* 思想流即进行中的思想。

④*She was the only dissenter in the group that was going against* ***the flow of opinion.*** 她是这个团体里唯一一个逆意见之流而上的反对者。

在上述例子中的，“思想波动”“思潮”与英文中的“flow/stream/wave of thought”都体现了目标域“思想”与始源域“水”相似的流动、起伏、蔓延等特征。

⑤文章的得意之处，必是**思如泉涌**时而作。

⑥度过最难熬的时间，您的精神会格外地清新，**思路开阔而流畅**。

⑦由于摒弃马克思主义，西方人的**思想源泉严重枯竭**。

⑧*My* ***ideas flow so rapidly*** *that I have not time to express them.*（*Jane Austen*, *Pride and Prejudice*）

水流有流动性的特征，也会有流畅、阻塞和枯竭等状态，不会一成不变。人的思维、思想也一样不断起伏变化，有时活跃，有时阻滞，有时灵感枯竭。汉语在思想状态的隐喻表达上比英语更丰富生动。

⑨**思想的深度**决定了人生的高度。

⑩*I was wrong for taking you as a* ***shallow*** *man, incapable of a logical argument.*

⑪*The* ***depth of thought*** *stems from the pain of life.*

山有高低，水有深浅。人的思想也是一样，因此就有了用“有深度”“浅薄”等词来形容人的思想的表达。

“清澈”“浑浊”等词汇形容水质的纯净度。同理，在“思想是水”的概念隐喻中，一个人的思想也可以如水一样“纯净”“肮脏”或者“浑浊不清”，如：

⑫*That weren't me who thought that, it was Emma's* ***dirty mind.***

⑬*Clear? Maybe still a little* ***muddy.***

⑭他当时还没有进入状态，那些课真是听得**一头雾水**。

⑮有些只是躲避战祸的可怜人，但大多数都是**一肚子坏水**的家伙。

汉语里用“一肚子坏水”形容人不怀好意，心有邪恶或不好的意图。这一隐喻表达建立在人们认为不干净的水（坏水）可能有毒、会致病的主观印象之上；“一头雾水”喻指“思路不清，逻辑混乱”的精神状态，犹如雾气升腾，什么都看不清楚。

6.1.1.5　平淡如水——平淡是水 [PLAINNESS IS WATER]

由于其无色无味的性状，“水”在汉英语中也被用来隐喻平淡的口味或平凡的事物。如：

①饮食**清淡**些更有利于身体健康。

②**君子之交淡如水**，小人之交甘若醴。（《庄子》）

③只见她一件简单的白衬衫，配上**清汤挂面**的发型和淡妆，有点白衣校花的味道。

④这个话题这些年来已经翻来覆去讨论了无数次了，早已经成了一杯**白开水**。

⑤*He just gave me a **watery** smile.* 他只是冲我淡然一笑。

⑥*His speech was nothing but **milk and water.*** 他的演讲平淡无奇。

⑦*But now，life is like **the plain water.*** 现在的生活平淡无味。

“清淡”本指汤中含油脂盐分少，口味平淡，也可以隐喻清新淡雅的风格或者平淡、变化少的状态，如“这两天顾客不多，生意比较清淡。”“清汤寡水”与“清淡”意义接近，指菜肴中水太多，佐料少，没有味道。例②中的“君子之交淡如水”说的是君子之间的交往不在于形式上的繁文缛节、酒酣耳热，表面上看起来似乎平淡宁静，不温不火，但只有这种不含任何功利之心的纯粹友谊，才能久处不厌，长久而亲切。“清汤挂面”字面意思是用水煮的面条，不加调料和油，味道平淡。由于形似，又被用来形容女生的长直发，也有天然去雕饰”的意思。“白开水”因无色无味，也被用来形容平淡无奇的事物，这与英文中的plain water在意象和意义上都高度一致。从上述例子中我们不难看出，汉语与英语中“平淡是水”的隐喻用法在形式和意义上高度趋同。英语的watery是指像水一样的，由于水分过多而味道或颜色寡淡稀薄的，引申义为平淡的、无趣的、乏味的。而牛奶和水都是日常之物，因此英语短语milk and water在“平淡、乏味”的基础隐喻意义之外，还隐含了软弱无用、无益的意思。

值得注意的是，汉语和英语中虽然有匹配度极高的“平淡是水”概念隐喻，但两者对于“平淡”的内涵认知和认同度却大相径庭。西方文化认为平淡即乏味、平淡即无用；而中国文化受到道家学派“道法自然”思想的影响，独有以淳朴自然为美的审美取向。庄子说：“朴素而天下莫能与之争美。”平淡中见含蓄安详，平凡中见自然超脱，是完全区别于西方文化的精神境界。

6.1.1.6 风雨飘摇——困难是水［DIFFICULTY OR TROUBLE IS WATER］

虽然水对于人类而言不可或缺，但水作为自然界的产物，对人类社会具有双重影响：可以孕育生命，创造无限可能；亦深浅难测、变化无常，可摧毁一切。从古至今，人类经历过无数次水患。圣经中有关于洪水灭世的传说；中国历史上也有黄河决堤的记载和大禹治水的传说。缺水干旱也是人类面临的主要自然灾害之一，即使在科技发达的今天，它造成的后果仍然十分严重。严重缺水的国家和地区，农田荒芜，饥荒随之而来，甚至影响到人们的基本生存。所以人类对于水也存在着依赖与敬畏的双重情感。人们被困水中时，受阻难行甚至面临溺亡危险的真实体验与现实生活的其他困境或险境相联系，形成了相关的“水”隐喻。如：

①人生就像饺子，无论是被**拖下水，扔下水**，还是自己**跳下水**，一生中不**蹚一次浑水**就不算成熟。

②由于长期的内战，该地区的人民生活在**水深火热**之中。

③今燕虐其民，王往而证之，民以为将拯己于**水火之中**也。（《孟子·梁惠王下》）

④虽然一路走来**风雨飘摇**，但他终究是撑了过来。

⑤今天这场比赛一定要赢，大家要**背水一战**了！

⑥*Be careful,or we'll* ***get into deep water****.*

⑦*The business was easy at first,but we are* ***in hot water*** *now.*

⑧*The counselor* ***poured oil onto troubled waters****.*

⑨*Wade not* ***in unknown waters****.*

⑩*The boy who tries to succeed today without an education is* ***swimming against***

the stream.

⑪*I missed my train this morning, lost my wallet and split coffee all over myself.* ***It never rains but it pours.***

从上述例子可见，英汉两个民族在隐喻认知层面上都存在“困难是水”[DIFFICULTY OR TROUBLE IS WATER]的隐喻投射，但两者的具体表达在意义上不完全对等。汉语中不仅用落入水中时缺氧无法呼吸的生理困境来映射其他困难险阻，表达时更将“水”与其他自然景象和事物，如“火”“风”等进行了关联，有了“水深火热”“风雨飘摇”这样的隐喻表达。例⑤中“背水一战”的典故出自《史记·淮阴侯列传》，楚汉相争时，韩信背后临近河水摆阵，迎战赵王二十万大军。背水布阵因后无退路，向来是兵家大忌，后来人们用“背水一战”来形容指处于绝境之中，为求出路而决一死战。除此之外，在“乘风破浪”“急流勇退”等语境中，风浪、急流等也常被指用来指代风险、困难、阻力等。

英语中的deep water和hot water喻指身处困境（或麻烦、耻辱）的情景。虽然这两种表达字面形式上恰好与汉语的“水深火热”相对应，但事实上两者的意义相去甚远。be in hot water是一种有500年历史的古老的表达方式，来源于守城将士用滚烫的热水击退攻城敌人的防御手段。虽然现在已经不再需要这种战斗方式了，但它形容“难受的处境”的表述却深入人心，一直沿用至今。另一方面，汉语的“水深火热”“风雨飘摇”等表达则更着重映射国家社会“动荡无序”，人民群众“受苦受难”的状况。在例⑧中pour oil onto troubled waters意为“息事宁人”。troubled waters指的是海上汹涌的波涛，隐喻危险。公元八世纪时，英国神学家比德（Bede）在《英吉利教会史》（*Ecclesiastical History of the English People*）中记载了一个故事：一位牧师要为一位新娘护航。临行前，主教艾丹（Aidan）给了他一瓶圣油，希望能帮助他在遇到风暴时渡过难关，平安抵达目的地。不久，船果然在海上遇到了大风浪。牧师想起主教赐予的圣油，将其倒入波涛汹涌的海中。不一会儿，海面果然慢慢恢复平静。之后，英语中便用pour oil onto troubled waters来形容息事宁人或调解纷争。例⑨

中的英语谚语unknown water指由于水域的深浅未知，因而可能具有一定的危险性。英汉民族都对未知事物有着本能的警惕心理，由于水域的深浅不可目测，贸然涉足无疑是以身犯险的行为。如《西游记》第七十四回中的“这和尚**不知深浅**，那三个魔头，神通广大得紧哩！”一句，这里的“不知深浅”形容不懂得事情的利害，不知事物的危险程度，行事鲁莽。例⑩的swimming against the stream/current指逆潮流行事，与汉语的“逆水行舟”相似。无论是行船还是游泳，如果与水流相向而行，违背自然规律，必定会阻力重重的。在例⑪中，It never rains but it pours中的rain（雨）也引申为“麻烦事，倒霉事”。出问题的时候，麻烦事往往是扎堆来的，真是“祸不单行”“**屋漏偏逢连夜雨**”。英国天气多变，时晴时雨。雨天常常给人们带来生活出行上的不便利，户外行程也可能因为突如其来的雨水而被迫取消，所以rain在英文中常被用来指代麻烦。这种基于生活经验的日常认知反映在语言上，就有了非常生动的隐喻映射。又如习语rain or shine意为无论晴天雨天，也引申为无论顺境还是逆境。

6.1.1.7 竹篮打水——虚幻易逝的东西是水［FUTILITY IS WATER］

古代先哲对水的多重自然属性特征进行抽象化提炼，使得“水”具有了多个维度的抽象特征，然后将这些抽象特征以隐喻的方式表达出来，即构成了水的概念隐喻（方芳，2016）。基于对水“是流动的液体，没有具体的形状，无法抓握、易洒落、易挥发”等特点的认知经验，英汉民族还进一步把“水”喻为“虚幻易逝的东西”。如：

①由于决策的失误，他们所有的投资都打了**水漂**了。

②“这样一来，该有多少官员是**竹篮打水**，一场欢喜一场空。”（熊召政，《张居正》）

③你的这片苦心可真是**竹篮子打水——一场空**呀！（歇后语）

④所谓荣华富贵只不过是**镜花水月**，功名利禄有如海市蜃楼，娇妻美妾好比骷髅白骨，一切如梦幻泡影。

⑤他自己也知道，没有正式工作，要找个如意对象，等于**水中捞月**。

⑥***Limn on water***.（转瞬即逝，徒劳无益）

⑦*I've told him that he's heading for trouble, but he doesn't listen —— it's just **water off a duck's back**.*

⑧*I was just **treading water** in that company.* 我在那家公司毫无长进。

“虚幻易逝的东西是水”[FUTILITY IS WATER]的概念隐喻在汉语中十分常见，如“打水漂”“镜花水月”“竹篮打水”等。“打水漂”是在水面上投掷扁石子以激起水花的一种游戏，在隐喻结构中被用以形容投入了大量的金钱和精力，却毫无收益。水域宽阔，深不可测，石头投入水中往往只能激荡起一点涟漪，随后便沉入水底，消失得无影无踪，正适合说明投入与产出不成正比，徒劳无益的情况。这个认知过程聚焦了“水花是虚幻易逝、没有价值的”这一特点。歇后语“竹篮打水一场空”也比喻白费力气，劳而无功。有很多缝隙的竹篮自然是无法盛住水的，使用的工具不对，无论多么努力，最终也只能是一场空。例④和例⑤ 的“镜花水月”和“水中捞月”一样，突显的都是水的镜像功能。水和镜子一样，能映照事物的影像，但倒影只是倒影，幻象自然是不能与实物相提并论的。镜里的花、水里的月亮，都是虚幻景象，并非真实存在的事物，可望而不可触。虚幻的目标，无论多么努力地去追逐，结果只能是白费力气、无功而返。

6.1.1.8 “水货”——虚假是水（WEAKENING OR FAKE THINGS ARE WATER）

在“虚假是水”[WEAKENING OR FAKE THINGS ARE WATER]的概念隐喻结构中，水的基本物理属性“无色无味”和“能稀释”及其社会属性“价格低廉”和“易获取”成为认知焦点，从而投射出“被削弱”“虚假”“不实”的隐喻内涵。

在其他液体或者物体中注入水分，势必造成液体浓度下降或者固体物质量虚高的结果。日常生活中，人们对水的稀释功能的认知通常是负面消极的，如兑水的酒味道上会变淡，酒精度会降低，酒劲儿也会相对削弱。水相对海鲜、肉类而言价格低廉许多，卖家在酒中兑水或在海鲜、肉类中注水，可以在过秤时占取消费者便宜，从而获取非正当利益。无论是液体还是固体，加水都使质量低于原有水平，给人以“不实在”“不达要求”“滥竽充数”“弄虚作假”等感觉。因此，水的稀释功能在英汉两种语言中都能用于隐喻被“削弱”的事物，即相对“真材实料”的事物而言的“假货”。如：

①他的话**有水分**。

②这种在统计数字里**掺水**的行为实在是为人不齿。

③他虽然名声在外，但却没有什么实力，是个十足的**水货**。

④深入研究了关于这两家公司的新闻报道的评论后，他们怀疑两家公司都雇用了**水军**与对方打口水战。

⑤***A watered-down version*** *of the original.*

⑥*It is the dread of "**water**" that is now keeping the foreign investor out of Wall Street.*正是对“掺水股”的担心使得投资者远离华尔街。

在中文里，与“水分”相对而言的是“干货”，“水分”越多，意味着实实在在的“干货”就越少，可信度也就愈低。“水分”“掺水”“水货”中的“水”喻“不实”，指质量不达标或水平不到位；英文中的watered down是以“水”来隐喻“削弱、淡化”。例④中的“水军”是指在网络上“灌水”的人。“灌水”指在网络平台中发布大量无意义的帖子，英文名叫bump。

综上所述，英汉民族对“水”的大部分特征的体验和感知是相似甚至完全重合的，因此也产生了许多形式和意义都基本相同的隐喻表达。以“水”的无色无味、流动性的、易变化、不可预测性等特点为基础产生了十类“水”隐喻，它们同时存在于英汉两种语言系统中，具体包括时间是水，金钱是水，交通是水，思想是水，平淡是水，挑战是水，标准和层次是水，困难是水，虚幻易逝的东西是水，虚假是水（图6-1）。尽管由于语言体系的差异和表达习惯的不同，这些隐喻在具体表述形式和内涵延伸的对应性上依然不可避免地存在着某些差异，但它们都是建立在“水”较为客观、显著的特征之上的，因而呈现出大致对等的关系。这是因为人类具有相同的身体构造和感知器官，面对相同的物质世界，具备相同的感知、认知能力，一定能够获得相似的概念结构（赵艳芳，2000）。由于英汉民族对“水”的体验认知具有较高的共性，这些相似的感知体验也如实地反映在语言层面上。

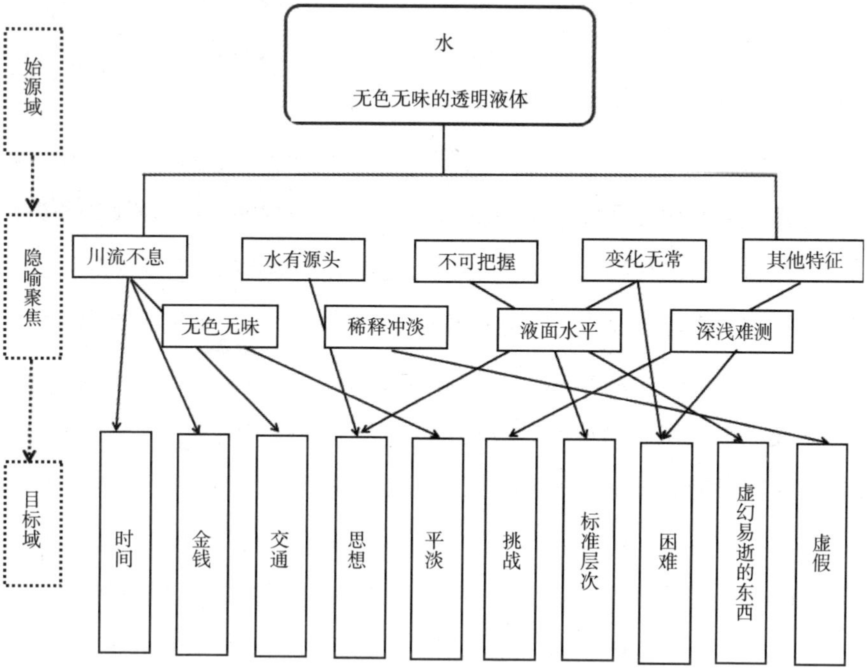

图6-1　英汉“水”隐喻的共享投射域

上文中阐释了中西方文化基于认知层面的共性而产生的共享的“水”隐喻投射，但中西方认知在本质上仍存在着诸多差异，这些差异在关于“水”的概念隐喻中如何具体呈现？下文将就此展开阐述。

6.1.2　英语中独特的“水”隐喻

事物与事物之间的差异性是绝对的，而相似性却是相对的，隐喻的构建就是在异中求同，即在事物绝对的差异性中寻求某种共性的特征。人类作为隐喻的施喻者，在本喻体的选取和相似性的构建中体现了人类的主体性。“所谓主体性，是指认知主体表现出有别于他者的个体特征，具有独特的自由意志、理性反思和审美价值判断，是个性的张扬和个体力量的释放。”（王文斌，2006）在认知活动中，聚焦某一事物某方面的特征进行隐喻投射，很大程度取决于施喻者的个体选择。人们对某一事物的认知会因为认知的焦点不同而产生差异，同理，对于同一始源域或目标域的认知也常常会因主观原因产生差异，从而生成不同的隐喻结果。隐喻选择事实上是一种主观判断。因此，隐喻既有跨文化的普遍性又有特殊的民族性。

孕育了古埃及文明、古巴比伦文明、古希腊文明三大璀璨古代文明的古地中海文化是人类文明发展中不可缺少的一部分。英语的发源地英国也与海洋有着深厚的渊源。英国独特的地理环境和历史背景，使英国文化历来带着鲜明的海洋文化特点，因此英文中的“水”隐喻也充分体现了当地人对于海洋的认知特点。比如英语中“乘船”除了by boat，更常表述为by water或者by sea，因为人们意识到了水上交通的本质：离开了水，船只没有任何意义，是水赋予了船只交通工具的功能，水才是水路交通的根本保障和必要条件。又如例句“***Salt water*** *and absence* ***wash away*** *love*”。古代航海技术落后，渔夫出海打鱼动辄数月。salt water既可以指代海洋阻隔产生的空间距离，又包含长时间无法相见产生的时间距离，这两者都可以导致情感日渐生疏，就像被海浪抚平的沙滩一样。将始源域“水”（海洋）映射到目标域“距离”，是人们基于对海洋生活的认知和了解而产生的。

英语中的“水”隐喻也深受宗教的影响。在《圣经》中，水被赋予很多的象征意义，其中尤以生命、圣洁与惩罚最有代表性。“《圣经》所描写的水主要有三个方面的含义: 生命、再生、罪与罚。”（蒋栋元，2010）下面我们来一起探讨英语当中与宗教文化密切相关的独特的“水”隐喻。

6.1.2.1 LIFE IS WATER（生命是水）

古希腊“七贤”之一的泰勒斯（Thales）认为“水生万物，万物复归于水”，水是万物的本源。《圣经》似乎也持相同观点。

《圣经·创世纪》中提到：“*In the beginning God created the heavens and the earth. Now the earth was formless and empty darkness was over the surface of the deep, and the Spirit of God was hovering over the* ***waters****.*”根据《圣经》的记载，在创世之初，世界上就已有水的存在。创世的第一天，上帝创造了光；第

二天，上帝创造了空气。第三天，上帝说：天下之水要汇于一处，使干涸土地显露，于是土地就出现了。称旱地为地，称水的聚处为海。第四天上帝又造就了无数的星斗。第五天，上帝又创造出了鱼和水中有生命的各种动物。

水是孕育生命的摇篮，海洋及各种动植物的出现都离不开水。在许多文化的创世神话中，水在创世之初都起着不可替代的作用。在古希腊神话中，海洋之神奥克安诺创造了世界万物。古埃及和巴比伦神话也都提及，泰初之世，一切皆水，水为原始的混沌状态，万物皆由水生。这和《圣经》中对创世之初世界即有水的描述一样，均体现出水是万物的起源，水彰显出它的新生意义。

《出埃及记》中，生活在埃及的以色列人受尽了埃及人的欺压与折磨。为了控制激增的以色列人口，埃及法老下令杀害新生的以色列男婴。一位色列妇女在诞下一名男婴之后，偷偷地将其放到箱子中顺水飘走，希望能救他一命。这个男婴就是后来著名的以色列民族领袖摩西。他被埃及法老的女儿所救，幸存了下来。摩西这个名字便由此而来。在希伯来语中“摩西”的意思是从水中拉上来，意味着一个本已结束的生命得以延续并开始新生。因此，水不但象征着生命的源泉，还代表着生命的延续。宗教赋予了“水”再生的内涵。

6.1.2.2　SAINTLINESS IS WATER（圣洁是水）

水本身的洗涤洁净的功能在西方宗教里被赋予了特殊的内涵。在宗教典籍《圣经》中，水被赋予了“基督精神”。《圣经》中将耶稣称为“活水的来源”（The spring of living water），他给予众生的 living water 象征着耶稣的教义和恩赐会使信徒获得永生。living water 在西方宗教中，指为受洗仪式提供的洁净的水，具有圣洁的含义，象征上帝的关爱与救赎，能洗净人们灵魂上的罪恶。

基督教入教时须施行洗礼。行礼时，主礼者口诵经文，向受洗人头部注水，表示洗罪，并授以洗名。也有将受洗人全身浸入水中的，名浸礼。基督徒相信，洗礼是用上帝赐予的水洗去受洗者身上的原罪，受洗者经过特殊仪式的“水的洗礼”，借着洗礼不可磨灭的神印，灵魂得到上帝之水的涤荡，从而获得了救赎和永生。

*She was **baptized** when she was a month old and confirmed when she was thirteen.* 她出生一个月时受**洗礼**，十三岁时受坚信礼。（选自《牛津高阶英汉双解词典》

“baptize”（洗礼）一词源自希腊语，意为“洗”或“洗净”。在西方文化中，“圣洁是水”的隐喻表达有着深刻的文化与宗教的烙印。

6.1.2.3 PUNISHMENT IS WATER（惩罚是水）

在世界各地的民间传说或神话故事里，几乎都有关于灭世大洪水的说法，洪水起因也几乎都是上天对人类降下惩罚。古巴比伦的记史之始最早的文献追叙至大洪水时期，其洪水传说和《圣经》中诺亚方舟（Noah's Ark）的典故如出一辙，与古希腊的洪水再生神话更是惊人地相似。

根据《旧约·创世纪》的记载，当上帝发现人类世界不断败坏，罪恶在世间横行，信徒背弃信仰时，决定不惜以洪水灭世来洗清人类的罪恶。大洪水到来之前，上帝提醒诺亚造船避难。

*Seven days from now I will send **rain** on the earth for forty days and forty nights, and I will **wipe** from the face of the earth every living creature I have made.*

因为再过七天，我要降雨在地上四十昼夜，把我所造的各种活物都从地上除灭。（《创世纪》7:4）

一切生灵都灭绝了，唯有诺亚以及方舟里的动物们活了下来，它们成为后来人类的祖先。因此，在西方文化中，洪水常被喻作一种强大的毁灭性的神力，是神对人类劣行的惩罚。为什么采用洪水的方式对人类进行惩罚呢？为了洁净人间。根据《圣经》创世之初，世间万物皆诞生于浩瀚无涯的原始大水之中。上帝选择了创世之初的原始状态，用维持生命的圣洁之水做工具，淹没、毁灭是为了洁净和重生。圣经中，人们经过洗礼就重新获得了生命。所以水是惩罚，更是为了重生的救赎。

“水”在西方文化中是源自古代的宝贵资源，是权力和恐惧的源泉，是解脱和惩罚的手段，也是宗教崇拜的重要元素。

6.1.3　汉语中独特的“水”隐喻

“水”隐喻是一种根隐喻。“根隐喻往往是隐含的，常常反映了人类对自然和世界的早期认识。它是概念化隐喻的轴心。”（束定芳，2000: 55）在认知语言学的基础上，我们并不难理解汉语和英语中共享的关于“水”的概念隐喻。除了共性的隐喻表达之外，汉语中还存在着许多区别于英语的独特的隐喻形式，隐藏在这些差异性背后的深层文化原因值得我们进一步探讨。隐喻对我们理解一种文化的作用更为重要。对于崇尚自然的中国文化而言，“水”早已经不单纯是一个物质概念，而是反映人类精神世界非常重要的一部分。我国古代对“水”的认知不仅仅体现在日常生产生活层面，更是深入哲学、政治、伦理道德、美学等更高的层次。透彻理解“水”这一中国文化的根隐喻，就为走入中国文化的深层精神境界开启了一扇门。

6.1.3.1　人是水

在中国传统文化中，“水”极大程度地被赋予了人格化特征。“水”也被用来隐喻特定的人群。汉语中常见的人物隐喻如“母亲是水”，特有的人物隐喻有“女子是水”“人民是水”等。

（1）母亲是水

人类文明的起源、进步与发展都与水密切相关。四大文明古国，无一例外地都诞生和发展于大河流域：尼罗河孕育了绚烂多彩的古埃及文明，馈赠了人类历史上的厚礼；饮誉世界的幼发拉底河与底格里斯河，孕育了璀璨夺目的古巴比伦文明；玄奥神奇的古印度文明兴起于印度的恒河流域；黄河流域则是华夏民族的发祥地，在这里诞生了灿若星斗、一脉相承的中华文明。这些流域的命运也直接决定着这些古代文明的历史演进和发展。山河湖海孕育了生命、城市和文明，成为各种文化的发祥之地，繁衍出灿烂的人类文明。

我们中华民族就常常把流淌于国土上的黄河水比作自己的母亲，例如：

黄河！你是我们的母亲河，你是中华民族的**摇篮**，你**甘甜的乳汁**哺育了一代又一代中华儿女，**孕育**出灿烂的华夏文明。

除此之外，也常见将其他水域比作母亲的例子，如歌曲《大海啊，故乡》里唱的："大海啊大海，就像妈妈一样，走遍天涯海角，总在我的身旁。"

水孕育滋养了万物，又以海纳百川的博大的胸怀包容万物，给人们提供饮水、食物、资源，也给人们提供便利的水上交通；一如给予我们生命的母亲，用甘甜的乳汁哺育我们，用无私包容的爱呵护我们。将"水"比作"母亲"，给人以贴切自然之感。"母亲是水"概念隐喻中，始源域"水"滋养、包容的特性与目标域"母亲"温柔、无私、包容的特点构成了相互映射的关系，这一映射关系是建立在理性思维的基础性之上的。

（2）女子是水

中国古代的阴阳学说认为："阴阳相冲化万物，世间万物，皆有阴阳之道。"女性为"阴"，具有安静、柔和等属性；男性为"阳"，具有活跃、刚强等属性。"水"和"女子"同属"阴"，"山"和"男子"则同属"阳"。水给人的感觉往往是纯净清澈、温柔多情的，人们很容易将水与温柔婉约的女子联系起来。中国古代就有"弱水三千"的表述。《诗经》有云："蒹葭苍苍，白露为霜。所谓伊人，在水一方。""水"成为塑造女性形象不可或缺的重要意象。

①"**女儿是水做的骨肉**，男人是泥做的骨肉。"（《红楼梦》）

②**清水出芙蓉**，天然去雕饰。（李白，《经乱离后天恩流夜郎忆旧游书怀赠江夏韦太守良宰》）

③**双眸剪秋水**，十指剥春葱。（白居易，《筝》）

④她长得特别**水灵**，尤其是一双**水汪汪**的大眼睛仿佛会说话。

以"水"喻女子，取其柔弱之态、楚楚动人之姿。女人既然是水化身，梨花带雨地流泪的模样便自然成了女人"柔情似水"的专利了。"秋水"是一个美丽的意象，将美人的眼睛比作秋水，取的是"水"温柔、清澈、纯净的意象，这一隐喻不仅刻画出了眼睛的清澈明亮，还写出了眼眸盈盈的灵动之美，十分贴切。

随着社会的发展，不同的时代也将自己的思维意识和审美情趣融进了女子“水性”的内涵之中，“女子是水”的概念隐喻也逐渐产生了一些微妙的变化，产生了许多新的表达，其中不乏一些贬义的表述。比如“红颜祸水”“水性杨花”等。孙子曰：水无常势。“水性”是指流水变幻无常，难以琢磨，就像人们经常说女人心海底针，捉摸不透。而“杨花”，事实上指的是柳絮，柳絮随风飘忽不定。古人便用“水性杨花”来比喻妇女在感情上不专一，这其实是封建社会男尊女卑的观念下，对女性的束缚和贬斥。

（3）人民是水

①“臣又闻古语云：‘君，舟也；人，水也。**水能载舟**，**亦能覆舟**。’陛下以为可畏，诚如圣旨。”（《贞观政要 · 论政体》）

②横断山，路难行。天如火，水似银。亲人送水来解渴，**军民鱼水一家人**。（毛泽东《四渡赤水出奇兵》）

著名的“君舟民水”政治理论是先秦荀子提出的。“水能载舟，亦能覆舟”的理论将统治者隐喻为船，将百姓隐喻为水。水既能让船安稳地航行，也能将船推翻吞没，沉于水中，君王与百姓之间的关系也是如此。百姓拥护统治者，就如水用浮力簇拥托举起小船；老百姓起义推翻暴君之政，就像水上的风浪波涛，掀翻倾覆小舟。在这一隐喻表达中，“老百姓”和“统治者”是两个相对的概念，体现了古人对水的两面性和君民关系的深刻认识。中国历代王朝的更迭变化无不揭示着“水能载舟，亦能覆舟”这一亘古不变的真理。历代明君贤臣对“水能载舟亦能覆舟”这一政治理念无不引以为鉴。“水能载舟亦能覆舟”的隐喻表达固定下来，沿用至现代汉语。“得民心者得天下”，中国的“民本”思想[1]深深影响了中国几千年的历史。西周有“敬德保民”的政治主张；孟子“民贵君轻”的政治秩序理论也认为“民为贵，社稷次之，君为轻”。现代的“军民鱼水情”依旧是以“水”喻人民，但与“舟”相比，“鱼”对“水”的依存关系更紧密，也更融洽，更真实地反映了中国人民解放

[1] 民本思想是指中国古代的明君贤臣为维护和巩固封建帝王统治而提出的一种统治观，主要表现为重民、贵民、安民、恤民、爱民等。

军和中国人民的关系。

上述由“水”衍生出的概念隐喻，侧重点和突显的水的特征不尽相同；当人们选取水“孕育生命、无私给予”的特征并将其加以突显时，我们便得到“母亲是水”的概念隐喻；当水“清澈纯洁、温婉柔和”的特征得到突显时，我们便得到“女子是水”的概念隐喻；而当水的两面性以及和其他事物之间的关系得以突显的时候，我们又得到了“人民是水”的概念隐喻。水的多维特征经过人的主观截取和突出，让概念隐喻呈现出多层次的意义。这些隐喻生动形象，被人们广泛接受和使用。

6.1.3.2 忧愁是水

中国传统文学喜欢托物言志、借景抒情，在客观事物上融入主观情感，创造出一定的意象。这些包含着主观情感的事物带着特定的寓意逐渐被固化下来，在吟咏特定的场景时被触发。中国古典诗词作品中就有非常丰富的“水”意象：“春水”“秋波”“江水”“惊涛拍岸”的水、“一泻千里”的水，各自带着某种特殊的隐喻内涵。

中国人在忧愁等情绪的表达上极为含蓄内敛，通常会将失意怅然的愁绪隐藏在对景物的描绘上。水因其斩不断、流不尽、深不可触等特征，常常被用来形容绵绵无尽的愁绪。如：

①花红易衰似郎意，**水流无限似侬愁**。（刘禹锡，《竹枝词》）

②问君能有几多愁？**恰似一江春水向东流**。（李煜，《虞美人》）

③自在飞花轻似梦，**无边丝雨细如愁**。（秦观，《浣溪沙》）

④离愁渐远渐无穷，**迢迢不断如春水**。（欧阳修，《踏莎行》）

⑤**抽刀断水水更流，举杯消愁愁更愁**。（李白，《宣州谢朓楼饯别校书叔云》）

⑥闲愁朝复暮，**相应两潮生**。（贺铸，《鸳鸯梦》）

⑦我住长江头，君住长江尾。**日日思君不见君，共饮长江水。此水几时休，此恨何时已**。只愿君心似我心，定不负相思。（李之仪，《卜算子》）

刘禹锡的“花红易衰似郎意，水流无限似侬愁”是对景抒情，用了两个比喻：花喻爱情，水喻愁。花红易衰，就像男子对女子的爱情，虽然甜蜜，但不久便会厌倦；而流水滔滔不绝，就好像女子的无尽愁苦。这一缕淡淡的清愁，就像这绕山流淌的蜀江水一样，无尽无休。南唐后主李煜的《虞美人》中描写深切悠长的亡国之痛的名句“问君能有几多愁，恰似一江春水向东流”，正是从这一句“水流无限似侬愁”而来的。

古人的满腹忧愁，有离愁别绪，有壮志未酬的苍凉悲壮，有恋而不得的惆怅，都寄托于有形的“水”，或绵延不断，或挥之不去，或澎湃难宁，使得“愁”这一抽象无形的概念清晰具体起来。

6.1.3.3 心境是水

水无常态，变幻无穷，有时水波不兴、波平如镜，有时水波荡漾、涟漪阵阵，有时却惊涛骇浪、波涛汹涌。人的心境也是一样，有时神怡心静，不以物喜，不以己悲；有时情思起伏，患得患失；有时情绪激昂，不能自已。人的心境就如同水一样，是多变的，水是我们心境的真实写照。

①非**淡泊**无以明志，非宁静无以致远。”（诸葛亮，《诫子书》）

②在城市的繁华喧嚣中，他渴望自己能**淡泊名利**，不随波逐流，尤其向往那种**心静如水**的境界。

③静观默察，**心如止水**，谦虚谨慎，则事易成。

④任凭媒人说破了嘴，她依然**古井无波**，就是不答应这门亲事。

⑤回忆往事，我的心中**泛起阵阵涟漪**。

⑥他每每想起自己入党宣誓时的情景，就不禁**心潮澎湃**。

人们基于对水或平静或汹涌的多变性的体验认知，用“水”来映射各种心境。心境平和时，有“淡泊名利”“心静如水”“心如止水”“古井无波”等表达，都是指内心坚定平和如同纹丝不动的水面，不受外界事物的影响和干扰。“心中泛起阵阵涟漪”形容原本平静的心绪被某些事、某些人所影响而有所触动，好似水面起了涟漪，不再平静。而“心潮澎湃”则是心里像浪潮般翻涌，形容心情十分激动。

6.1.3.4　品德是水

汉语当中，“水”常被用于抽象思维域，形容一种境界、一种智慧、一种处世之道。汉语以水喻道，喻君子的品德。如：

①**水滴石穿**

②**静水流深**

③**滴水之恩，当涌泉相报**

④**从善如流**

中华传统文化源远流长、博大精深。自西汉以来，儒家思想一直是中华民族的主流价值观，对中国产生了极其深远的影响。“水”是以孔孟为代表的儒家思想中非常重要的意象和哲学隐喻。儒家经典著作中经常以水喻德，给予“水”的德性以至高的评价。古代先哲试图构建“水”意象与人类道德精神的内在联系，并由此推衍出世间万物的运作规律以及君子修身立世的准则和规范。

孔子曰：“智者乐水，仁者乐山。”这一名言引起了后世的无尽解读。孔子“见大水必观焉”，并在长期的观察思考中得到关于人格修养的哲学感悟，所以说“夫水者，启子比德焉”。水能够让君子以此类比自己的德行修养，从而得到启发。孔子对水的性质、运动、影响、状态进行了细致而多样的观察和感悟，赋予水多种君子德行（《孔子集语》）：

⑤**遍予而无私，似德**

水遍布天下，润泽万物，不偏不倚，毫无私心偏袒，有如君子的道德。

⑥**所及者生，似仁**

水所触及之处，万物生长，有如君子的仁爱，惠及众生。

⑦**其流卑下，句倨皆循其理，似义**

水自上而下流淌，随物赋形，谦卑曲全，不怕弯曲迂回，随遇而安，有如君子的高义。

⑧**浅者流行，深者不测，似智**

水在清浅处流动不息，深处渊然不测，有如君子的大智慧。

⑨**其赴百仞之谷不疑，似勇**

水奔赴万丈深渊，毫不迟疑，有如君子的临事果决和勇毅。

⑩**绵弱而微达，似察**

水看似绵若无骨，实则无微不达，可深入微小的缝隙，有如心细如尘、明察秋毫的君子。

⑪**受恶不让，似包**

即使蒙受恶名，亦默不申辩，清者自清，有如君子海纳百川、明月入怀的豁达胸怀。

⑫**蒙不清以入，鲜洁以出，似善化**

水能涤荡不洁之物，即使混浊入流，仍然是一泓清水，有如君子明澄如水，善于教化他人。

⑬**至量必平，似正**

水装入量器，水面一定是保持水平的，有如君子的立身正直，身正为范。

⑭**盈不求概，似度**

水满则溢，过犹不及。遇满则止，处事有度、讲究分寸才是君子之风。

⑮**其万折必东，似意**

河流不论有多少曲折，最后都东流汇入大海。有如君子“万折必东不回头”的坚定信念和意志。

孟子、荀子等诸位先哲也都曾以“水”为喻来阐述人性道德。道家同样以水喻德、以水喻道。老子《道德经》中也曾提到“**上善若水，水利万物而不争**”，将自然之水善下、不争、柔弱、滋润万物的自然属性提升到道德的高度，正是大道的德行。“天下莫柔弱于水，而攻坚强者莫之能胜”，道家学派认为水是柔弱不争的，但却又善利万物，攻无不克，可以以柔克刚。除此之外，“以水喻德”的水文化在易学、兵家、墨家中也广泛存在。受到传统思想的浸润，“品德是水”的根隐喻也深入了现代人的思维图式和日常语言。基于对始源域“水”的整体认知及对其多重特征的全面开发，人们得到了对应水的不同侧面的多重目标域。它们与始源域“水”的映射关系部分表现如表6–1所示：

表6-1 关于“水”的映射关系

始源域	投射关系	目标域
水	水流向下	为人谦逊
	水滋润万物，包容一切	心胸宽广
	水养育万物而无所取	无私奉献、与世无争
	水柔弱而有持久动力	以柔克刚、持之以恒
	静水流深	低调谦和，大智若愚
	水满则溢	处事有度
	水奔流入海，不畏路遥险阻	锐意进取
	……	……

在中国古代先哲的挖掘下，“水”与“君子的品德”之间的相似性几乎是无穷尽的，水的特点几乎可以涵盖古人所推崇的君子品行的方方面面。根据布莱克的激进创造性假设，“在某些情况下，与其说某种相似性原本就存在，倒不如说这些隐喻创造了某种相似性，这种创造对人更具有启发性”（Black M，1962:37）。“品德是水”概念隐喻的生成和使用也充分体现了民族文化的认知选择性。

6.1.3.5 人际关系是水

此外，在汉语里“水”还常常被用来形容人与人之间的关系。“人际关系是水”是独见于汉语的隐喻表述。

①他已经钟意她许久了，只可惜**落花有意流水无情**。

②**萍水相逢**，尽是他乡之客。（王勃《秋日登洪府滕王阁饯别序》）

③完善的制度，使得公司里的领导干部和员工的关系有如**水乳交融**。

④我们是兄弟，**血浓于水**的亲兄弟。

“落花有意流水无情”，比喻男女双方的爱情之路充满着曲折，一方情意深长，而另一方却无动于衷。喜欢的人并不喜欢自己，相当于我们现在所说的单相思、一厢情愿。在男女婚恋关系上，“落花有意流水无情”表达的是“我本将心向明月，奈何明月照沟渠”的无奈怅然。

“萍水相逢”，比喻原本并不相识的人因机缘巧合偶然相遇，就如同那生于水面的浮萍，随风漂泊、逐流而去，聚散不定。偶然的邂逅，或许只是一面之缘，没有机会发展更深入的交情。

“水乳交融”是指像水和乳汁那样融合在一起，配合默契，你中有我、我中有你，比喻关系非常和谐融洽，不分彼此。

“血浓于水”，顾名思义，血的浓稠度和密度高于水，比喻有血缘关系的人之间应该比没有血缘关系的人之间更为亲密。由生育而产生的血缘关系是人类社会最早形成的基本人际关系之一。中国社会一向重视血缘关系，血缘关系在社会上发挥着重要功能。中国古代，亲人若失散，往往采用滴血认亲的方式相认，认为若有血缘关系，滴入的血就会冲破水的阻隔融合在一起。人与人之间的友情是水，而父母兄弟的亲情则浓稠似血，不可分离，因为亲情关系是靠血脉来联系的。血浓于水，也就是说亲情之浓厚无法因外力而阻隔切断，血浓于水的亲情因此可以凌驾于“淡如水”的君子之交之上。

6.1.3.6 优越条件是水

水是强大的自然力，这是人类的共识。“水可载舟，亦可覆舟”，人类很早就对水产生了既依赖又敬畏的矛盾心理。人类在寻求适合自身生存发展的客观条件的过程中，得到了借助水的自然力的经验认知，这也直接反应在“条件是水”的隐喻表达中，这些隐喻借助“水”来说明有利于事物产生和发展的优越条件。

①我们的祖先依据祖国各个地区的自然条件，**靠山吃山，靠水吃水**。（郭沫若，《中国史稿》）

②按说，**近水楼台先得月**，有如此优越的条件，当地农民早该得到实惠，早就该富裕起来了。

③问题一个个解决之后，**水到渠成**，最终形成了总体方案。

④李力到生物研究所去工作了，这一下他真如**蛟龙得水**，大可以施展一番了。

山和水，在中国人的生活和文化意识中占有极重要的位置，其象征意义和符号意义极强。可以说，中国人有着强烈的山水情结，在挑选居所之时，山环水抱的地理环境往往被认为是难得的风水宝地。依山傍水，是得天独厚的地理优势。此外，山和水都蕴藏着丰富的自然资源，因此便有了用“靠山吃山，靠水吃水”来比喻“周围有什么现成的有利条件，就充分利用这些条件”的表达方式。

近水楼台”是指临水的高大台榭，原句出自俞文豹的《清夜录》：“范文正公镇钱塘，兵官皆被荐，独巡检苏麟不见录，乃献诗云‘近水楼台先得月，向阳花木易为春’。公即荐之。”靠近水边的楼台没有遮挡，通常视野更好，更利于观赏美景，尤其是观赏夜景。古人赏景讲求意境，天上的月亮和水中的月亮遥相呼应，相映成趣，更适合休憩小酌，吟诗赋词，因此亭台楼阁大多依水而建。“近水楼台”因是赏月的绝佳位置，也被引申用于比喻由于地理优势而获得优先的机会。蛟龙栖于水中，得水后自然就能兴云作雨、飞腾升天，因此“蛟龙得水”比喻有才能的人获得施展的机会。与之相似的表达还有“如鱼得水”等。汉语中将始源域“水”投射到目标域“有利条件”的例子比比皆是，如“水到渠成”“下水行船”“久旱逢甘露”，无一不体现出“只要具备了水这一优势条件，事物就会朝着好的方向发展”的想法，也从侧面体现了中国文化对于水的依赖，对大自然馈赠的感恩之情（王寅，2008）。

水的特性是多维的，从概念阐述的标准来看，水的动静、清浊、深浅、冷热、浓淡、多寡、损益等特点无论在汉语中还是在英语中都产生了丰富的隐喻，这些概念隐喻既有相同之处也有不同之处。“当水的特性得到不同侧面的突显时，通过视角转变（Perspective Shift），可以构建不同的概念隐喻。”（曾侨骄，于善志，2009。）汉语和英语中关于“水”的概念隐喻投射也因此呈现出“同中有异，同大于异”的分布特点。

6.2 中西方“水”隐喻词汇的文化差异分析

汉语和英语中对于“水”的基本性质的认知呈现高度的一致性，如水可以流动、水域有深有浅、水变化无常、水有源头、水无色无味、水纯净无瑕、水有稀释作用等。英汉民族对水的这些显性特征的相似经验决定了其思维认知的共性，这些共性的认知通过隐喻投射形成了概念化的隐喻表达，因此在汉语和英语里有许多具有高度对应关系的“水”隐喻。但是，隐喻概念化的过程是认知主体心理加工的主观过程，这就意味着概念不可能是客观世界的镜像反映，它必定具有较强的主观能动性（黄兴运，覃修桂，2010）。英汉两个民族不仅在自然环境、宗教信仰、社会历史等方面存在着巨大的差异，由这些差异所导致的思维加工方式的不同也影响了隐喻概念化的过程。“水”隐喻的认知映射，也必定会是反映各自文化特征的差异化的隐喻表达。

本小节我们将重点对比汉语和英语中“水”的概念隐喻的异同，并讨论其背后的文化根源。为了更直观，我们现将英语和汉语独享与共享的“水”隐喻投射域以图的形式呈现，如图6–2所示：

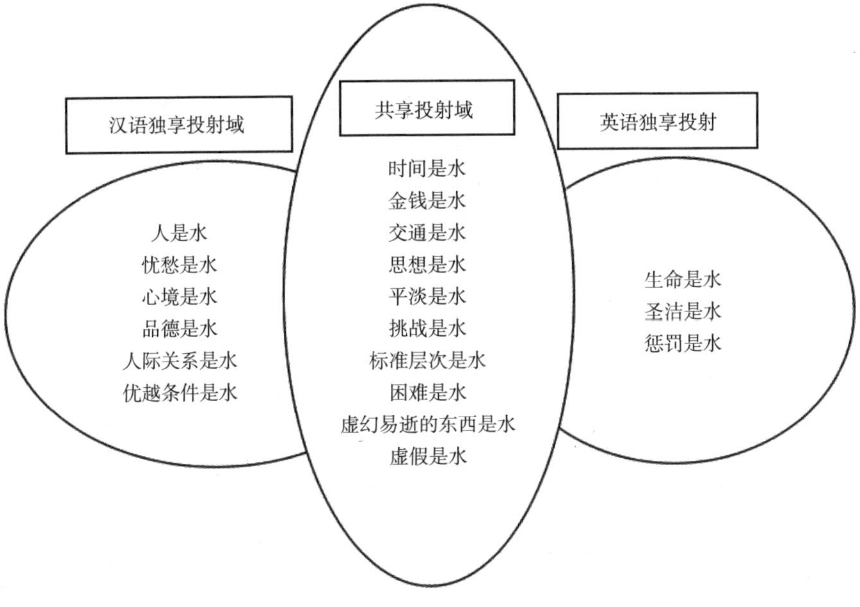

图6–2　汉语和英语中“水”概念隐喻投射的异同

从图6–2可以看出，汉语和英语中存在诸多共享的隐喻投射，同时也存在不少各自独享的隐喻投射。相比较而言，汉语中隐喻投射的范围相对英语更广。两种语言中隐喻投射的诸多共性源于两个民族对现实世界的共同体验和相似的思维认知模式，但不同民族对“水”的认识和关注角度又不尽相同，于是形成了反映各自民族个性的独特而丰富的“水”隐喻。这些语言的差异性，是受多方面原因的影响而形成的。

6.2.1 地理环境的影响

从人类学和历史学中，都能找到大量关于地理因素对一个国家文化的形成有重大影响的论述。这种影响力在古代社会尤为明显。在古代，人们的生活方式、生产方式和社会规范在很大程度上依赖于自然环境。因此可以说，地理环境是民族精神和民族性格形成的基础。

从地理上讲，无论是对英国文化影响极深的欧洲大陆，还是与其隔海相望的英伦之岛，其历史都与海洋及航海活动紧密相关。整个欧洲大陆被诸如地中海、黑海等内陆海分隔开来，呈陆海交错分布状态，实际上更像是一个由若干小半岛组成的巨大半岛。除了向东之外，无论欧洲人向哪个方向扩张发展——向北、向南抑或是向西——在发展贸易和拓展生存空间的过程中，他们都不得不与海洋发生联系，去面对变幻莫测的大海。欧洲人利用这一特殊的地理条件大力发展航海事业，也孕育了西方独特的海洋文化。古希腊的大多数哲学家都有航海经验，因此，他们不仅是哲学家，而且是航海家、冒险家，有时还是科学家或商人。海上航行充满了危险，但同时也充满机遇和诱惑，这形成了欧洲民族的冒险精神。由于航海生活危险重重，自然力量神秘莫测，水也自然成了灾祸的根源。因此，西方的“水”隐喻也常常选择性地突显水的破坏性特征，如troubled water、dangerous water等表达都是建立在对水的危险性的认知之上的。而东亚大陆陆地面积辽阔，除了相对较浅的渤海之外，几乎没有封闭的内陆海。中华文化主要发祥于两河流域，是一种大河文明。这里土壤肥沃，气候温和，非常适宜发展内陆农业；由此发展起来的农业文明自然离不开水的滋养，也摆脱不了对水的高度依赖。长久以来，人们择水而居，繁衍生息，在这种与水的共生关系中逐渐形成了一种集体无意识。汉语中“母亲是水”的概念隐喻就是这种依赖的典型体现。人们对水怀有一种深切的情感。因此，中华民族对水的特点的认知选择更容易聚焦在水的创造力以及水对人类社会发展的助力方面。

6.2.2　宗教信仰的影响

隐喻是用已知事物代指未知事物，其喻体的象征性和通俗性非常适于解释抽象深奥的宗教教义，因此隐喻成为了宗教经典不可替代的表达形式，被广泛运用于宗教文本。英语以水喻基督精神、喻惩罚、喻神圣。这些特有的水喻都能在西方宗教信仰中找到依据。“生命是水”“圣洁是水”“惩罚是水”这三则隐喻均取源于西方的宗教观。在《圣经》中，有许多将水和生命力联系在一起的隐喻表达，认为水是一切生命的源泉，如水被喻为生命之河（River of life）。洪水在西方文化中常被比喻为既有强大的毁灭力又孕育着强大新生命的自然力量。洪水是各个文明的神话都有一个共同的主题，即世界万物皆诞生于浩瀚无涯的原始大水之中，又毁灭重生于洪水之中，水既是惩罚，又是洗净罪孽重获新生的契机。受基督教原罪论的影响，在西方宗教的仪式里，人们也需要经过洗礼就重新获得了生命。

6.2.3　哲学思想的影响

汉语中“品德是水”“人是水”“心境是水”等独特的“水”隐喻都能在中国历史文化的发展中找到依据。水喻是中国文化的根隐喻，“品德是水”体现了中国文化哲学观。水是中国古人直面自然寻求哲学概念而建立的本喻（艾兰，2010）。自先秦诸子时期开始，中国自古便流传着丰富的“以水喻人”的思想。中国文化哲学“近取诸身，远取诸物”的认知特征，使“水”这一人们所熟知和依赖的自然事物进入中国的哲学文化域，成为诸子百家哲学隐喻系统的主要本体之一。以道家、儒家为代表的中国古代哲学思想深刻影响着中国文化和中国语言的发展。道家基于对水的整体认知和把握，把水的性状、特点、功能等映射至为人处世规律的领域中，以水来喻“道”。老子提出的“上善若水”的理念涵盖了以下七个方面的内容，每个方面都对应水的一种物理性质或实用功能："居善地，心善渊，与善人，言善信，正善治，事善能，动善时。"儒家学派以水喻"君子"，认为君子应具备"仁爱，高义，智慧，果敢，明察秋毫，包容，正直，处事有度，意志力"九大与水相关的德行。以水喻德、以水喻道、以水喻心境、以水喻境界，诸子百家对水进行了多角度的精准剖析和解读，形成了属于中华民族的独特的"水"文化，使"水"意象成为中国传统意义上完美人格的象征之一。"品德是水"的概念隐喻源于这些深深根植于中国文化的哲学观，反映了中华文化的精神内核。与之相比，英语中缺乏对水整体认知的隐喻途径，"西方文化在构建水的隐喻时，以水的自然特性而非水的概念化特征为认知基点，映射到相对狭窄的目标域，激活的是相对松散，非系统化的水意象"（方芳，2016）。

6.2.4 民族性格的影响

由于思维习惯和认知角度的差异，不同民族在看待始源域的角度以及对本体和喻体之间对应关系的选择上也体现了各自的认知模式。即便是始源域和目标域完全相同，隐喻投射的认知加工过程中仍然可能存在细微的差别。语言中的隐喻现象真实地反映了人们对客观世界的认知，汉语和英语中"水"隐喻的认知投射也印证了这一点。

传统的农耕文化使汉族人在长期的小农耕作中安居乐业，养成了小富则安的生活态度，追求安稳和平的生活状态；再加上儒家思想的浸润，形成了儒雅谦恭、尊崇中庸之道的民族性格。水利万物而不争，与汉民族的民族性格不谋而合，水也因此成为了"君子人格"的最佳表征。汉民族对"水"的认知主要聚焦于水"柔而不骄""以柔克刚""包容大度"等特征，体现了与世无争、淡然处世的生活哲学和民族个性。与之相反，西方民族为了生存，长期处于征服自然和民族征战的过程中，于是形成好胜、外露的民族性格。在适者生存、胜者为王的法则下，西方民族崇尚刚强的武力。因此，我们也不难理解为何柔弱无争的"水"会被西方人当作"无用"与"困境"的代名词了。

总而言之，汉语和英语中水隐喻投射的共性源自于人类对客观世界的共同体验和感受，差异化的个性则反映了各个民族所特有的文化特色和思维方式。英汉语中水概念隐喻投射的共性和个性，源自两个民族地理环境、传统哲学文化和民族个性方面的共通点和差异。

6.3　小结

本章通过大量的中英文语料，从文化角度对两种语言中“水”的隐喻义进行了全面的对比研究。本章的举例并未穷尽“水”在英汉语言中的所有隐喻义，但通过对比分析，我们可以看出：

英汉民族拥有共同的生理和认知机制，因此汉语和英语中对于“水”意象的原型的认知是基本相同的，而两种语言对“水”的语义延伸和隐喻表达则呈现出了不少差异。英汉“水”隐喻的差异化过程，其实是文化和思维方式的不同对隐喻投射的认知加工的影响过程，既反映了施喻者的主体性，也有着深深的文化烙印。隐喻是一种思维认知方式，也是丰富人类语言的重要工具和有效手段，它不仅在有限的认知范围内极大地丰富了语言表达的多样性，还为人类进行更深刻、更抽象的思维活动提供了可能。对英汉“水”隐喻表达的对比，能够帮助我们分析不同民族认知模式、思维特点及回答语言与思维的关系等重大问题。当然，本章对于“水”隐喻的讨论还仅限于常用词汇层面，诸多深层次的语言学和文化问题还有待进一步探讨和研究。

第7章　中英“火”隐喻词汇对比分析

“火”是一种重要的自然力量，人类对火的认识、使用和掌握，是人类认识自然，并利用自然来促进生产生活的重要实践。在人类文明的发展史上，火对人类的生存和演化至关重要，对技术、文化与社会制度的发展也有着深远的影响。人类自学会使用火之后，生产力不断提高，社会随之进步。作为人类改造自然、发展文明的重要工具，火对人类生活、文化、政治、经济、军事、历史等各个方面的影响和意义早已远远超出“促进人类进化”的单一范畴。在漫长的岁月里，人类积累了大量关于火的知识和经验，为了在日常交往中表达与其相关的概念，各个民族创造了相应的语音形式和书写符号。随着认知的进步，人们在“火”的基本意义以外，通过隐喻的方式赋予“火”这一概念更多的引申义，并根据引申义开发出一系列新的表达方式来表述遇到的新事物和抽象的概念。“火”隐喻活跃在中英文的语言系统中，帮助人们理解其他事物。这些隐喻语言无处不在，是人们隐喻思维的外在表现形式。中英文中的“火”隐喻有异有同，是英汉民族对客观世界认知范畴化的结果。

7.1　英汉“火”隐喻词汇的对比分析

隐喻是隐藏在我们日常语言背后的一种概念化的认知框架。从具体的始源域到抽象的目标域，万事万物皆可成为隐喻的载体。人们“参照熟知的、有形的、具体的概念来认识、思维、经历和对待无形的、难以定义的概念，形成了一种概念之间相互关联的认知方式”（赵艳芳，2001）。“火”作为人类最早了解和掌握的自然现象之一，其概念也成为我们认知、思考和描述这个世界的重要工具之一。英汉两种语言中“火”作为始源域在隐喻投射上存在着共性和个性。下文将对比分析汉英两种语言中“火”隐喻的异同，并试分析其产生原因，以期进一步了解隐喻的本质。

7.1.1　汉语和英语中共有的“火”隐喻

火是物质在燃烧过程中产生的现象及其伴生物，如光、热、烟、雾等。汉语和英语里都有“火”（fire）这一个词语，它最初被用以表示一种可见可感的现象或物质，后来被引申至情感、颜色等多个抽象领域，这就是概念隐喻的认知结果。汉语和英语里的“火”（fire）尽管在语言表现形式上不尽相同，但却有着多个基础意义之外的共享隐喻投射域，例如二者都可以表示炽热的爱情、愤怒的情绪，都含有“危险”的意思，也都可以用来表示战争或者冲突矛盾。火是明亮的，可以在黑暗中带来光明和希望；火是热烈的，可以在寒冷中带来温暖。然而，火势一旦失去控制，就可能演变成灾难，所以“火”可以在不同的语境中表示积极或消极的含义。人们基于对“火”（fire）的基本认知经验， 在“火”（fire）的概念结构上运用联想和想象，实现顺畅的意义推理，在汉英两种语言中得出了一些相同的隐喻投射。

7.1.1.1　爱恨情仇——情感是火［EMOTIONS ARE FIRE］

情绪和情感是人类经验的重要组成部分。中国古代将人的情感总结为“七情六欲”，一般来说，七情是指喜、怒、哀、惧、爱、恶、欲这些与生俱来的情感表现或心理活动[1]，六欲是指人的眼、耳、鼻、舌、身、意的生理需求或愿望，如食欲、好胜欲等。不同学派对七情六欲内容的描述略有不同。

在西方，德国著名的心理学家罗伯特·普拉切克（Robert Plutchik）开创了情绪的心理进化理论，他认为人的基本情绪共有8种，而其他情绪都是在8种基本情绪的基础上混合派生出来的。这八种基本情绪分别是：愤怒（anger）、厌恶（disgust）、恐惧（fear）、悲伤（sadness）、期待（anticipation）、快乐（joy）、惊讶（surprise）和信任（trust）。

可以看出，情感是人类所共有的，中西方理论对于人的基本情绪情感的

---

[1] 《礼记·礼运》：“喜，怒，哀，惧，爱，恶，欲，七者弗学而能。”

描述也是有一定共通性的。喜怒哀乐等人类的微妙情感从本质上来说是抽象的、难以言说的，为了准确地用语言传达这些情感，最好的办法莫过于将其隐喻化，借助隐喻的方式生动形象地将其表达出来。人类天生会用隐喻来思考，并在每天的日常用语中不自觉地使用隐喻。“情感隐喻是概念隐喻的重要分支之一，具有对人类情感进行概念化的功能。”（罗晓燕，2010）日常语言中用“火”来表达人的情感的现象在英汉两种语言中都相当普遍，这些隐喻表达使语言充满了活力和洞察力。

（1）愤怒是火

愤怒是人类基本的情绪之一。英汉民族将“愤怒”概念化的过程在很大程度上是通过“火”来实现的。根据kovecses提出的情感隐喻和转喻生成原则，英语会用情感的生理效应表示情感（陈文萃，2004）。我们可以发现汉语亦然。也就是说，情感隐喻的生成是基于人类的生理机制的。无论是哪个民族的人，愤怒时都会有一些相似的生理反应，如情绪激动难以自控、体温升高、面红耳赤、呼吸急促、血压上升等。而火具有火光强烈、高温炽热等物理特征。“愤怒是火”的概念隐喻来自将“火”的物理特征对应到人类愤怒时的生理反应，形成始源域（“火”）到目标域（“愤怒”）的映射。中文中“愤怒是火”的概念隐喻的例子有“怒火中烧”“火冒三丈”等。英语和汉语一样，愤怒情绪的概念化在很大程度上也借助于隐喻，如“She was breathing fire.”

①他一听这话，一股**无名火**直往上蹿，无论如何也按捺不住。

②他听了，不由得眉头一皱，一股**怒火**从两肋噌的一下蹿了上来。

③大伙儿越说**肝火**越旺，怒气三千丈，简直要把屋顶掀翻。

④我被这伙人嘲笑了一番，心中十分**恼火**。

⑤当时我的脑袋嗡的一声，**愤怒的火在胸中燃烧着**。

⑥小张赶忙上前打圆场：“他不是这个意思，班长你**消消火**。”

⑦*He is **burning with rage**.* 他气得火冒三丈。

⑧*Your silence just **added fuel to the fire**.* 你的沉默只能是**火上浇油**。

⑨***A flame*** *of anger* ***lighted in her heart***. 她**怒火中烧**。

⑩***Smoking was coming out of her ear.*** 她都**气得冒烟**了。

⑪*I am* ***burned up***. 我很生气。

将抽象情感“愤怒”概念化为有形的具体事物“火”，形成[ANGER IS FIRE]（愤怒是火）的隐喻，属于把情感外化为实体的实体隐喻过程。人愤怒时与燃烧的火焰相似的生理和心理反应构成了英汉两个民族以火隐喻愤怒的共性基础。

（2）激情是火

火的煽动性传递使其成为热情的理想喻体。火是光和热的来源，一个满怀激情的人就像熊熊燃烧的火焰一样散发能量，这种能量和火一样，能照亮他人、温暖他人，也能感染他人。因此“火”被人们用来隐喻像“热情、激情”一样的强烈的情感。例如汉语里的“热情似火”“热火朝天”，又如：

①她这个人啊，就是个**炭火盆**。

②赛场上的运动员们用他们的**激情温暖了这个冬日**。

③经过这次事件，我的心中已**不再有火花**。

④曾经的盖伦**热情似火**，愿意为朋友两肋插刀，对邪恶势力嫉恶如仇。

⑤他让整个晚会现场**火**了起来。

炭火盆是中国古代的一种冬季取暖工具。在火盆中添加木炭，木炭燃烧产生热量，为房室升温。在暖气和空调普及之前非常常见。将人形容为“炭火盆”，喻指其为人热情，能像火盆一样在寒冷的环境中成为火源，温暖别人。火遇到合适的燃烧条件便会燃烧，燃料越足火势越猛，但是一旦燃料耗尽或氧气不足，火势便会减弱直至熄灭。相似地，激情往往发生在强烈刺激之后，其爆发时势不可挡，但难以持续很久。例②中“激情温暖了冬日”指的是“激情之火”能激发出人内心的巨大潜能，这股能量极具感染力，可以影响到身边的人，令身边的人感觉充满能量。例③形容激情退去后的样子，就像燃料耗尽的火焰，即使再施以火种，也“不再有火花”，形容心如止水，不会再起涟漪。

英语中也有大量“激情是火”[ENTHUSIASM IS FIRE]的隐喻表达。如：

⑥*His speech* ***lacked fire*** *and I was unimpressed* . 他的演讲**缺乏激情**，我听得毫无兴致。

⑦*Her eyes were* ***full of fire***. 她的双眼**充满激情**的火花。（选自《牛津高阶英汉双解词典》

⑧*The appearance of the movie star* ***fanned the flames of the crowd's enthusiasm*** . 电影明星的出现**煽起了众人的热情之火**。

⑨*He was* ***burning with excitement.*** 他异常兴奋。

⑩*He began to study Esperanto in the second year and* ***took fire with it*** *soon afterwards.* 他二年级的时候开始学世界语，不久就**全情投入**了。

⑪*He also* ***has a fire in his belly***：*“I'm passionate about what I do.”* 他的心里也有一团火：“我对我的工作充满激情。”

⑫*arla* ***is no ball of fire****, so make sure you remind her to do that assignment—I doubt she's even started it.* 卡拉不是一个精力充沛的人，所以你一定要提醒她去做那个任务——我怀疑她根本就没有开始做。

英语和汉语都用“火”这一概念与人的心理特征相联系来喻意“激情”。有些习语虽没有直接出现fire一词，但用与fire相关的一系列词汇如 burn、flames 等来形容enthusiasm的抽象概念。

（3）快乐是火

火光闪耀，常常给人以温暖、明亮的感觉，给人带来舒适和愉悦，因此“火”也可以喻指幸福快乐。

①孩子们手拉着手，**兴高采烈**地一起去郊游。

②*The* ***brightest happy flame*** *is probably ignited by an accidental spark. - Jose Johnson*

最明亮的欢乐火焰大概都是由意外的火花点燃的。——塞缪尔·约翰逊

③*I was having a rough day until thoughts of our upcoming beach vacation* ***fire d me with joy.*** 我这一天过得很糟糕，直到想到我们即将去海滩度假，我才**高兴**

起来。

眼睛是心灵的窗户，开心喜悦时，人的眼中神采奕奕、闪耀光彩。以闪耀的火光来隐喻人的眼神，实现本喻体在“发光”这一特征上的认知映射，生动传神，体现出孩子由内而外散发的喜悦。当火的光芒与人的神情、气质、影响力等外显特征建立起概念隐喻关系时，人们就可以借助对火的直接感官体验来理解和表达抽象情感。

（4）爱情是火

“爱情是人类高级情感的一种，是人类独特的、也最为珍贵的情感体验。”（冯英，2009）爱情也是人们用火来隐喻的强烈的情感之一。在“爱情是火”的隐喻框架里，火的起因、火势的强烈程度、火易烧伤等特征被投射到爱情域，用以描述抽象的爱情的起因、情感的强烈程度和爱情可能造成的心理伤害等。如：

①影片中的男女主角在拍摄过程中**擦出了爱情的火花**。

②男青年**被爱情烧灼着**，每天忍不住要写一封甚至两三封**热得烫人**的信寄给她。

③**爱情的烈火**在心中迸发，片刻之间将他燃为灰烬。

④他为幸福陶醉，被**爱的烈焰**吞没。

⑤他渴望被爱，可是在火光迫近的时候，又担心着自己**被这爱的火焰灼伤**。

⑥一再遭到姑娘的拒绝，他心中**爱情的火焰**开始渐渐**熄灭**。

日常生活经验中，我们知道用火柴头轻轻擦过火柴盒上的红磷便能生火。例①中，“擦出了感情的火花”隐喻爱情的产生。男女主角因频繁互动互相萌生了爱的情愫，“擦”字生动形象地呈现了男女主角之间这一微妙的过程。火柴通过摩擦可以产生“火花”这一人们可以具体感知的事物形象，隐喻爱情的初始阶段双方对彼此产生好感。这种情感关系的走势并不明朗，就像“火花”一样，可能转瞬既灭，也可能在易燃的介质上引发熊熊大火，发展态势不得而知。而例②中，男青年正处于情感热烈的热恋期中，用旺盛的火势来隐喻青年的爱情之热烈十分合适。从“燃烧”“热得烫人”等描述可见青年的情感十分投入，感受非常强烈。例③和例④中的“爱情的烈火”“爱的烈焰”也体现出，强烈的爱情感受会让人冲昏头脑、失去理智、不能自已，其侵略性犹如熊熊烈焰，容易令人迷失其中。火焰温度极高，如果靠得太近容易烫伤。“火”的高温和危险性被映射到爱情域，用火导致的生理伤害来隐喻爱情带来的心理伤害。

爱情是人类永恒的主题，汉语和英语中都不乏“爱情是火”[LOVE IS FIRE]的概念隐喻。在“爱情是火”[LOVE IS FIRE]根隐喻下，产生了一系列的英语表达：

⑦*That **kindled love** in his heart.* 那**点燃**了他心中的爱。

⑧*There were **sparks** between them.* 他们之间有**爱的火花**。

⑨*My heart's **on fire**.* 我的心中燃起了**爱情之火**。

⑩*She is his latest **flame**.* 她是他最近的**爱人**。

⑪*She **carries a torch for** him.* 她**单恋**着他。

⑫*I don't want to **get burned** again.* 我不想**再次受到伤害**了。

⑬*He was **consumed by love**.* 他**为爱情所累**。

⑭*I am **burning with love.*** 我**为爱所煎熬**。

⑮***The fire slowly went out.*** **爱情之火渐渐熄灭**。

与fire相关的一系列词汇和词组kindle（点燃）、spark（火花）、on fire（着火）、flame（火焰）、torch（火炬）、burn（烫伤）、fire goes out（火熄灭）被用来描述与爱情（love）有关的抽象概念，隐喻爱情的起因、感情的状态、爱情的伤害以及爱情的不同阶段等概念。这一系列的概念隐喻帮助我们以“火”的具体形象来构建抽象的爱情域，使抽象的“爱情”变得可感知、可体验。

（5）友情是火

火给原始人类带来了烤熟的食物，从而结束了人类长久以来茹毛饮血的生活方式。不仅如此，火对人类的精神意义也至关重要。火能驱散野兽和寒冷，给人类带来光明、温暖和安全感，尤其在寒冷的冬夜。人类倾向于靠近火源取暖，无论是石器时代还是农业社会，人们都喜欢聚集在篝火前，舞蹈、祭祀或交谈，让彼此形成一个紧密的共同体。因此火也被人们赋予了亲近、融洽的意义。

①他们俩年纪相仿，不多一会便**打得火热**。

②**友谊之火温暖**了朋友受伤的心，**照亮**了迷途者前进的方向，**驱散**了孤独者心中的阴云，**点燃**了失败者的希望。

③*I can't wait for you to meet Mark, I just know the two of you will* ***get on like a house on fire.*** 我都等不及让你见见马克了，我知道你们俩一定会**一见如故**的。

④*Love is friendship* ***set on fire****.* 爱情是**点燃的友谊**。

⑤***The flame of friendship*** *burns bright. Each passing of day and night. Thoughts of reunion delights. Waiting never felt so light. Absence grows a heart fonder. Others say it goes yonder. This flame I behold in wonder. Abounds in space ever brighter.*

⑥*Sometimes our light goes out but is blown into* ***flame*** *by another human being. Each of us owes deepest thanks to those who have* ***rekindled*** *this light.*（*Albert Schweitzer*）

汉语中用“打得火热”来形容两个人关系非常亲密融洽，英语里的get on like a house on fire也与之相似，表示双方一见如故，关系迅速融洽。火（fire）光明、温暖的属性被投射到友情域（friendship），用来隐喻真挚温情的亲友关系。

（6）仇恨是火

憎恨是指对人或事物表现出极大的不满。恨是与爱相对应的一种强烈的情感，当被仇恨的情绪控制时，人们的身体便会不由自主地出现与愤怒时相似的生理反应，例如体温升高、面红耳赤、心跳加速、身体抽搐等。如果得不到平复，这种情感会日积月累，当其爆发时，生理上的反应也会愈来愈强烈。与激情或爱情等正面的情感不同，作为负面情感的仇恨一般导向复仇，对复仇者和被复仇者都造成伤害，正如火不可预测、难以控制的破坏力。火高温热烈、破坏力强等特征被映射到强烈的仇恨中，形成了“仇恨是火”[HATRED IS FIRE]的概念隐喻。

①他的眼里迸出**仇恨的火花**，在黑黑的屋子里闪烁着光辉。

②他说话的时候咬牙切齿，眼里燃烧着**熊熊的仇恨之火**。

③慢慢地，死灰开始在他眼中复燃，不过燃起的不再是光明，而是**仇恨的火焰**。

④*When I came to my senses, I realized that the whole country and the hearts of the people had been* ***scorched by the fire of hatred****.*

⑤*The* ***fire of hatred*** *burns you, not the enemy.*

（7）嫉妒是火

嫉妒是对才能、境遇、财富、样貌等方面超越自己的人怀有的一种不甘和怨恨的情感。当意识到自己在某一方面与他人存在巨大落差时，嫉妒往往就会产生，嫉妒心强的人常常会对别人的优势分外眼红，产生排斥甚至敌对情绪，陷入一种“妒人之能，幸人之失”的扭曲心理状态。嫉妒介于羡慕和仇恨之间，轻微的嫉妒心可能会转化成动力，但过分嫉妒是一种不健康的消极情绪。如果处理不当，严重的嫉妒心会使人失去理智，鲁莽行事，严重的甚至会上升到仇恨的层面，驱使人对对方实施报复，于人于己都有害无益。火也因具有强大的摧毁力而有消极一面，因此火可被当作始源域，嫉妒情感作为目标域，两者之间负面毁灭力的共性产生了映射。

①终于有一天，他在**嫉妒之火**的驱使下铤而走险。

②**嫉妒是一把火**，可以烧掉一切美好。

③*The* ***fire of envy*** *consumes the body and excessive jealousy is like a raging fire.* **嫉妒之火**吞噬身体，过度的嫉妒就像熊熊的火焰。

④*Jealousy is the* ***fire of envy*** *that seeks to destroy another's beauty rather than to create its own.* 嫉妒是之火，它试图破坏他人之美，而非创造自己的美。

（8）欲望是火

人类孜孜不倦地追求物质和精神进步，这是人类社会前进的不竭动力，但也可能成为庸人自扰的麻烦来源。当人渴望拥有某一事物时，就会产生强烈的欲望。欲望（desire）是世界上所有动物最原始的、最基本的一种本能。佛教将人的欲望归为五欲，即财欲、色欲、名欲、食欲和睡欲。欲望本身无善恶之分，关键在于如何控制。有节制的欲望，是人的力量来源，但是过度的欲望就是火，可能酿成大祸。在“欲望是火”[DESIRE IS FIRE]的隐喻框架中，火的强烈程度和破坏力再一次被投射到了情感域，用来隐喻欲望的强烈程度及由此可能产生的不良后果。

①面对召唤，他们无法**浇熄**胸中再次**燃起**的冒险欲望。

②网贷，点燃了**欲望之火**，**熊熊火焰**将透支的“明天”燃为灰烬。

③*Kindle it with the* ***burning fire of desire****!* 用熊熊的渴望之火把它点上吧！

④*Become the person you were meant to be,* ***light your inner fire*** *and follow your heart's desire.* 成为你想要成为的人，点燃你**内心的火焰**，追随你内心的渴望。

⑤*Love is a* ***burning desire*** *that makes your heart* ***light on fire****.* 爱是一种**燃烧的**欲望，它使你的心**熊熊燃烧**。

罗伯特·弗罗斯特（Robert Frost）是美国著名诗人，曾四次获得普利策奖，被称为“美国文学的桂冠诗人”。其诗歌《火与冰》（*Fire and Ice*）中有一个非常著名的“火隐喻”。罗伯特假想世界毁于两种极端的自然力量——“火”象征着激情的欲望，而“冰”隐喻着冷酷的仇恨。

Fire and Ice

Some say the world will end in fire;

Some say in ice.

From what I've tasted of desire

I hold with those who favor fire.

But if it had to perish twice,

I think I know enough of hate

To say that for destruction ice

Is also great

And would suffice.

火与冰

有人说世界将毁于烈火，

有人说毁于冰。

我了解欲望的滋味，

所以我赞同毁于火的一方。

但如果世界不得不消亡两次，

那么对憎恨我也懂得不少，

可以说，论破坏力量，冰

也同样酷烈，

足能胜任。

由于人类的情感是抽象的、主观的、无形的、程度无法测定的，因此，人们常常将情感进行隐喻化处理。在上述“情感是火”[EMOTIONS ARE FIRE]的概念隐喻中，火被用来隐喻各种不同的情感。火是始源域，情感是目标域。火的起因、火的温度、火燃烧的强烈程度是我们可感知的物理属性，我们用这些熟知的火的属性来隐喻人的情感，使情感变得可感知、可理解。“情感是火”[EMOTIONS ARE FIRE]这一概念隐喻的映射关系如表7-1所示：

表7-1　关于“情感是火”的隐喻映射

始源域	投射关系	目标域
火（fire）	火的起因（点燃、摩擦、kindle、light up、fan）	←情感的起因
	火的形态（火花、烈焰、spark、flame）	←情感的状态
	火的燃烧的程度（熊熊、full of fire）	←情感的强烈程度

续表

始源域	投射关系	目标域
火 （fire）	火的光亮（兴高采烈、bright）	←情感给人的感受
	火的温度（温暖、热得烫人、burning）	
	火的负面效应（吞噬、灼伤、get burnt、consumed by fire、scorched by fire）	←负面情感带来的伤害
	火的熄灭（消消火、go out）	←情感的消逝
	……	……

7.1.1.2 光明重生——希望是火［HOPE IS FIRE］

火为人类提供光和热，成为驱散黑暗、获得光明的重要手段。在黑暗中，即便只有一点微弱的火光，也可以照亮前路，给人带来希望和信心。理想和信念也有着跟火一样的属性，可以为人们驱散前进道路上的黑暗，赶走萦绕心头的困惑迷茫，指引人们前行的方向。从这个意义上来说，理想和信念就是精神层面的“火”。火光明的属性与希望给人带来光明的特征相对应，形成“希望是火”[HOPE IS FIRE]隐喻。

①**中国革命的火种会被传承下去**，继续照亮我们实现伟大复兴的道路。

②如果我们的**希望之火熄灭**，一切都将陷入黑暗。

③*Let's show we can* ***light an endless fire of hope*** *to live on and brighten our hearts an souls.* 让我们证明我们可以**点燃无限希望之火**，照亮我们的心灵和灵魂。

④*We are* ***relighting the fire of hope*** *for all generations—past, present and future.* 我们正在为过去、现在和将来世世代代**重燃希望之火**。

在汉语和英语里，“火”的照明功能都与“希望”给人带来光明、指引方向的特征形成了映射关系。而熄灭的火意味着事物衰退、败落、结束、消散。无论是生命体征的消失还是情感的退潮，都是一把即将熄灭的火。因此例②中“希望之火熄灭”，会导致“一切都将陷入黑暗”，是指没有了希望信念，人生也就没有了奋斗的动力和目标，毫无意义的人生与暗夜行走无异。基于对火相同的认知，英文中[HOPE IS FIRE]的隐喻映射和表达与中文“希望是火”的隐喻高度一致。

7.1.1.3　刀山火海——危险是火［DANGER IS FIRE］

一方面，火是美好的，它加速了人类的文明进程，可以给人类带来温暖和希望；另一方面，火又是可怕的，火的高温会灼伤皮肤，浓烟滚滚令人无法呼吸，蔓延的火势难以控制，所过之处一切化为焦土，会带来毁灭性的灾难。火与人类的生存纠缠在一起，人们对于火既崇拜又畏惧。基于火的危险性和破坏力，人们也趋向于用火来隐喻“危险”“麻烦”“灾祸”“困难”等不好的事物。

①“此事已经如此紧迫，你就是让我**上刀山，下火海**，我也得干了。”（《刘公案》）

②广大官兵为了国家和人民的利益**赴汤蹈火**、在所不辞，真是令人感动。

③有些人知法犯法，这不异于**飞蛾扑火**，自取灭亡。

④“劳苦大众无论由农村跑到城市，或由城市跑回农村，满地荆棘，都是**火坑**，真所谓‘走投无路’。”（邹韬奋，《我们的灯塔》）

⑤“台独”势力妄图分裂中国，只能是**玩火自焚**。

中国民间有一种被称为“上刀山，下火海”傩技绝活，表演者赤脚踩着锋利的刀子做成的梯子向上攀行，赤脚从被火烧得通红的铁犁上划过，却能毫发无伤。

人们相信这种仪式性的火的洗礼，可以消灾解难，带来五谷丰登。后来，人们用“上刀山，下火海”来形容不畏艰险险阻，克服一切困难达成目标。与之相似的，“赴汤蹈火”也隐喻克服重重困难。反向运用这一隐喻，例③中的“飞蛾扑火”比喻自取灭亡。飞蛾原本依靠天然光源指引飞行，如日光、月光或星光。当以遥远的天然光源为参照物时，由于参照物极其遥远，飞蛾可以直线飞行。而当近处的火焰成为光源时，飞蛾如果继续按照固有的飞行角度，飞出的路线就不是直线，而是一条不断接近光源的曲线，最终会飞至光源，丧命于火中，这就是人们常说的“飞蛾扑火”，隐喻自取灭亡。例④的“火坑”本义是指大火弥漫的沟壑，比喻极为悲惨痛苦的生活境地。“挖火坑”指故意制造麻烦构陷他人，“跳出火坑”指脱离危险痛苦的境遇。除此之外，汉语“危险是火”隐喻框架中还有非常丰富的表达，如“引火自焚”“水火无情”“趁火打劫”“远水救不了近火”“城门失火殃及池鱼”“救民于水火”“水深火热”等。

英语中也存在大量“危险是火”[DANGER IS FIRE]这一隐喻下的语言表达，如：

⑥*I wouldn't hesitate to* ***go through fire and water*** *for the just cause.* 为了正义事业**赴汤蹈火**在所不辞。（《汉英大词典》）

⑦*They'll be* ***playing with fire*** *if they invest all their money in the stock market.* 如果他们把所有的钱都投资于股票市场，那太**冒险**了。

⑧*Those poor refugees escaped the famine but ended up in a war zone—****out of the frying pan into the fire****.* 那些可怜的难民逃过了饥荒，却陷身于战火区——真是**出了油锅又入了火坑**。

⑨*She thinks that one will suffer* ***fire and brimstone*** *after death if he has done wrong.* 她认为一个人要是做坏事，死后就得遭受**地狱里的磨难**。

⑩*We're nowhere near finishing the project, but the deadline is in two days.* ***The fat is in the fire.*** 我们离完成这个项目还差得很远，但最后期限就是两天了。**这下可麻烦了**。

在《圣经》中，火和硫磺是上帝惩罚恶人的手段。例⑨中的brimstone是“硫磺”的古英语单词，现在很少能在fire and brimstone这个短语之外用到。fire and brimstone指炼狱式的折磨和煎熬。例⑩是一个源自日常生活经验的习语，在烧烤炉上烤肉，烤了一会儿之后肉里的油脂会往下滴，滴落在火焰中的油脂无疑是火上浇油，会使火焰变旺往上蹿，把肉烤焦，甚至还会引起火灾。因此英语习语“the fat is in the fire”表示随时可能爆发的潜在危机。

7.1.1.4 十万火急——紧急是火［URGENCY IS FIRE］

自古以来，人们对于火的危险性就有着清醒的认识，知道人的力量在自然力面前是渺小的。火势一旦借助风势急速蔓延开来，局面将会很难把控，甚至造成严重的生命财产损失，因此，灭火贵在把握时机。一旦发生火灾，需要当机立断，立即采取行动，迅速果断地将火势控制住。因此，“火”这一始源域可以映射到表示紧急状况的目标域中。

①这事**十万火急**，你赶紧出城去搬救兵，一刻也不要耽搁。

②她**火速**提笔，一口气写了好几页，回答了考卷上的所有问题。

③*National wind sweeps new round of local companies* ***like fire***. 国家的风像火一样席卷了新一轮的地方公司。

④*I appreciate that you want to get things done quickly, but* ***where's the fire****? You need to prioritize precision over speed.* 我很欣赏你想要尽快把事情做完，但是着什么急呢?你需要把精度放在速度之上。

“十万火急”以着火时紧张急迫的状态来具象化其他事情的紧急性质，人们对来势汹汹、刻不容缓的火势的切身感受被隐喻至各种紧急事件中。而例②的“火速”表现的是行动速度的敏捷。汉语里“紧急是火”的隐喻表述比英文中丰富，还有如“急如风火”“火烧眉毛”等成语，都隐喻紧急、危急的情境。

7.1.1.5　水火不容——冲突是火 [CONFLICT IS FIRE]

当冲突发生时，双方通常会针锋相对，情绪激动，恶语相向，甚至大打出手。激动、愤怒是当事人主要的情绪，剑拔弩张的气氛也令人紧张到窒息。因此，“冲突是火” [CONFLICT IS FIRE]的隐喻框架便产生了，这一隐喻框架下的表达常用来映射争论和战争等场景。

（1）争论是火

以火来隐喻争论，突出强烈的攻击性或激烈的对立冲突。

①他今天的发言**火药味**很浓。

②新生杯辩论赛上，正反双方**火力全开**，唇枪舌剑交锋不断，十分精彩。

③他一向牙尖嘴利、**舌锋如火**，很少有人能说得过他。

④*When my dad joined my mom in criticizing me, I felt like I was* ***caught between two fires***. 当我爸爸和我妈妈一起批评我时，我感觉我遭到了**左右夹**

击。

⑤*Recently he has come* ***under savage fire*** *from a variety of journalists.* 最近他受到了各路记者的猛烈抨击。

（2）战争是火

火药是重要的战略物资，在战争中发挥着重要的作用。人们对于战争、炮火、冲突的认知，也建立在对“火”的认知之上。“火”是战时重要的武器，战争过后，战场上硝烟弥漫，也成为很多人痛苦和恐惧的记忆。中英文中都常见“战争是火”[WAR IS FIRE]的隐喻用法。

①**烽火连三月**，家书抵万金。（杜甫，《春望》）

②“经过了这场灾祸的考验，好像当年跟着担架队闯了一趟**战火纷飞**的疆场回来。”（浩然，《艳阳天》）

③**战火**焚烧和平，枪声击碎宁静，贫困危及生命。

④*He ordered his men to* ***cease fire****.* 他命令手下**停火**。《牛津高阶英汉双解词典》

⑤*We* ***fire at*** *the enemy.* 我们向敌人**开火**了。

⑥***The flames of war*** *had dissipated.* **战火**已经消散。

⑦*As they marched onto the battlefield, you could see all of the uniformed boys become men as they experienced* ***baptism of fire****.* 当他们走上战场时，你可以看到所有穿制服的男孩都经历了战火的洗礼，成为男人。

⑧*The war in Afghanistan* ***flared up*** *many times during the 1990s which led to more and more American involvement in the area.* 20世纪90年代，阿富汗战争多次爆发，导致美国越来越多地介入该地区。

中国古代打仗时，会在烽火台上点起烽火，用燃烟传达战情。燃起烽火表示有战事出现。所以汉语里用“烽烟四起”喻指边防不安宁，有敌人进犯；“烽火连年”比喻烽火台常年燃烟，战事不断。汉语还使用“火”的显著特征来构词，形成了一系列具有“火”隐喻特征的战争词汇，如“战火”“开火”“交火”“停火”“火力”等。英语中虽然没有直接以“火”比喻战争本身，但是有 cease fire（停火），open fire（开火），fire and sword（杀人放火），a baptism of fire（战火的洗礼），between two fires（腹背受敌）等对战争活动的隐喻描述。

综合上述例子，在汉语和英语里，都有成熟的“战争是火”[WAR IS FIRE]概念隐喻，二者背后的认知模式是相似的，但思维加工过程略有差异。在汉语里，人们可以直接用“战火”“烽火”等词汇来喻指“战争”本身，而英语中的[WAR IS FIRE]则经过了“火—燃烧发光的东西—枪炮弹药—战争”这一复杂的演化过程。

7.1.1.6　生生不息——生命/生活是火 [LIFE IS FIRE]

水、空气、火和阳光是人类生存必不可少的基本元素。人类在黑暗中徘徊了几十万年，终于掌握了用火，结束了茹毛饮血的生活，开启了进化和文明的裂变阶段。火给人类带来了光明、温暖和美味的熟食。熟食为人类提供了营养，改善了人类的健康，延长人类的寿命，大大提升了人类的生存质量。汉语中就以“烟火”，即烹饪时升起的炊烟来形容凡尘俗世生活的气息。

①山上层层桃李花，**云间烟火是人家**。

②她像一个**不食人间烟火**的仙女，走在红尘中，与世无争。

例②的“不食人间烟火”原指道家辟谷修仙不吃熟食，比喻人的气质脱俗出众，道骨仙风，有别于一般凡夫俗子。英语中没有对应的以“火”隐喻生活的用法。

除了喻指生活之外，火“点燃—燃烧—熄灭”的过程也被投射到人生老病死的过程上，隐喻“生命”。例如：

③她缓缓地闭上了眼睛，她的**生命之火即将熄灭**。

④俗话说“**人死如灯灭**”，人的身体死亡之后，思想还会存在吗？

⑤***Life if like a fire.*** *If you can't control your* ***flame****, you are bound to be burned.* 生命就像一团火焰，如果你无法控制它，你必将被焚为灰烬。

火的燃烧需要借助一定的条件，如果遇到燃料不足、氧气缺失等情况，火便会因为燃烧条件不充分而慢慢熄灭。火的这一动态运动过程在语言中也被赋予了新的隐喻意义，即代表事物的消亡殆尽。生命体征的消失就像火的熄灭，例③中“熄灭的火”在这里就意味着生命的终结。中国古代主要的照明工具是蜡烛、煤油灯等明火，蜡烛燃尽或者灯油耗尽，火也会熄灭，所以例④中“熄灭的灯”也和“熄灭的火”有等同的意义，隐喻着生命的逝去。

7.1.1.7 风行之火——流行兴旺是火 [POPULARITY IS FIRE]

火的燃烧状态不会一直保持不变，而是会随着燃烧条件以及周遭环境的变化而出现不同的情势。当燃料充足，温度适宜，火便会熊熊燃烧；如果可燃物极多，又可以依托风势，那火便会以不可阻挡之势向四周迅速扩展，瞬间即可蔓延成火海。除此之外，不管在哪里，只要燃起火，就会引起人们的关注。因此，火也常被作为始源域用于日常的隐喻表达中，形容“流行”“时兴”“兴旺”等概念。

①世博会还没开幕，但是纪念品已经**卖火了**。

②今年的年夜饭从预订开始就十分**火爆**。

③这条美食街开业两个多月，各家**旺铺**食客盈门，生意非常好。

④这部电视剧的意外走红使剧中的演员**火**遍了全国。

⑤目前证券投资基金业正以**星火燎原之势**蓬勃发展。

⑥*As a girl, Janet dreamed of* ***setting the woods on fire*** *as a famous actress.* 作为一个女孩，珍妮特梦想着成为一名轰动影坛的女演员。

⑦*None of these dishes would* ***set the Thames on fire****, but they were well prepared and good value for money.* 这些菜都不会成为爆款菜，但它们准备得很好，而且物有所值。

火在燃烧会发生十分剧烈的化学反应，不断释放能量产生高温。例①中“火”和例②“火爆”的隐喻义都是指事物受关注度高，生意兴隆。人们常将火燃烧时的火力旺盛等特点投射至其他抽象域，凸显人或事物兴旺繁盛的上升势头。例③中的“旺铺”以火势之“旺”来隐喻店铺经营状态很好，生意兴隆，因此“旺”在汉语里也是人们喜闻乐见的吉利词。例④中的“火遍全国”是指影视剧演员在全国范围内名气很大，广受关注。这里的“火”意象已经不仅仅是静态的火，施喻者将“火”四下蔓延、迅速扩大影响面的动态发展特点隐喻到日常生活现象中，由此来形容名望迅速上升的状态。“星火燎原”喻指事物的气势已起，就像火苗初燃，虽然只有星星点点，但是一旦有了合适的风势和条件，马上就可以形成不可阻挡的熊熊之势。比喻事态已经初步形成，难以阻碍其发展壮大。

7.1.1.8　因果是火［CAUSE-EFFECT IS FIRE］

事件的发生有起因、经过和结果。任何事情的发生，都有其必然的原因。“火”的产生也有其原因，“火”也需要经历“起因—过程—结果”的全过程，因此“火”也被用来隐喻事件的前后因果关系。

①史书把1939年9月1日希特勒指挥德军入侵波兰视为“二战”的**导火线**。

②*The killing* ***sparked off*** *riots in the major cities.* 这起谋杀在主要城市**引发**了骚乱。

③*The investigation wouldn't be taking this long if there weren't any real leads.* ***Where there's smoke, there's fire***. 如果一点真正的线索都没有，调查也不会花这么长时间。**无风不起浪**。

④*A: How is Casey completely fine after the car accident, and I'm still terrified to drive?* 车祸后凯西怎么会完全好起来了，而我仍然害怕开车？

B: Well, ***the same fire that melts the butter hardens the egg****, you know. It's OK to feel differently than she does.* 嗯，你知道，融化黄油的火会使鸡蛋变硬。你和她有不同的感受也很正常。

导火索或导火线是一种传输火焰冲量的易燃绳线，用以在一定时间后引爆炸弹、炸药包等，常被用来隐喻直接引起事变爆发的事件，即事件的起因。英文中的spark off 与之意义相似。英语谚语“Where there's smoke, there's fire.”（有烟的地方必有火）表示当有问题或不当行为的迹象时，必定是有原因的，有点类似中文谚语“无风不起浪”“空穴来风必有因”等。“The same fire that melts the butter hardens the egg.”则是指同样的经历会在人们身上引发不同的反应，也许有些人变得坚强，而另一些人则变得虚弱。

7.1.1.9 考验是火 [TEST IS FIRE]

人类在很早以前就开始使用金属器物了，金属在人类文明的发展中发挥了不可替代的作用。金属的冶炼锻造主要依赖火的高温，人们观察到火的锻造使金属愈发坚硬，因此用火来隐喻考验。

①乌云遮不住太阳，**真金不怕火炼**，东山坞永远会是太阳当空，永远是我们人民的天下！（浩然，《艳阳天》）

②疾风知劲草，**烈火见真金**。

③他凭着二十年经验炼就的**火眼金睛**，常为收藏界的朋友们掌眼，从未出过差错。

④***Fire is the test of gold***; *adversity,of strong men.* 烈火炼真金，逆境炼壮士。

“真金不怕火炼”和“烈火见真金”的说法均来自人们对金子化学属性的认知。金的化学性质非常稳定，即使在高温甚至到达熔点的情况下，也不与氧气发生反应，因此不会氧化变色。去金铺典当黄金，金铺都拿喷枪去烧，以检验金子的真伪和纯度，因为如果其中含有黄铜等杂质，受热就会变色，而纯金则不会变色。在烈火中烧炼能够鉴别金子的真假，后来人们借此比喻品格高尚、意志坚强的人能经得起任何考验。自古以来，黄金都被认为是硬通货，在世界范围内广泛流通。在西方文化中，黄金的稳定性和稀有性也被普遍认知，因此英文中也用“*Fire is the test of gold.*”来隐喻各种考验。“火眼金睛”则出自《西游记》的典故。《西游记》第七回写道，太上老君将大闹天宫的孙悟空囚在八卦炉里，用三昧真火烧了七七四十九天，本以为孙悟空会化为乌有，却不料孙悟空不但毫发无伤，反而意外练就了一双火眼金睛，能识别肉眼凡胎无法辨认的各种妖魔鬼怪的化身。后来人们就用“火眼金睛”来形容人的洞察力极强，眼光敏锐，能识真伪。基于相似的物质基础和人类共有的认知思维模式，英汉两个民族拥有诸多关于“火”的基础认知，例如，两个民族都观察到火的“炙热”、火的“明亮”、火的“危险”、火的“无情”以及火的“破坏力”等。正是由于有了这些共性认知作为基础，汉语和英语中产生了相同或相似的“火”隐喻投射。

汉语和英语中“火”隐喻的上述语义和认知重合的现象体现了人类思维认知模式的共性。然而，中西方认知在本质上仍存在着诸多差异，英汉两个民族都有自己独具特色的隐喻认知模式，因此英汉两种语言中的“火”隐喻不可避免地呈现出各自独有的文化和地域特性，极大地丰富了“火”的语义范畴。下文将就这些差异化的“火”隐喻展开具体阐述。

7.1.2　英语中独特的“火”隐喻

英汉民族所处的自然环境和生活方式截然不同，英汉语言成长发展于不同的文化土壤，这也使它们拥有截然不同的“火”隐喻。

7.1.2.1　解雇是火 [UNEMPLOYMENT IS FIRE]

“隐喻思维为人们提供了认识世界的第六感，这种感知能力是对事物相似性的完形感知。这或许可以解释为什么人们能够将表示截然不同语义概念的词放在一起而创造理解隐喻。”（Halliday，2000）汉语里以“炒鱿鱼”来形容被解雇。旧社会的雇用关系不受法律保护，员工自带被褥，哪里招人便在哪里留下来工作。老板若想要辞退员工，员工只能“卷铺盖走人”，所以最早人们用“卷铺盖”隐喻被辞退。后来，人们在烹炒鱿鱼时发现，鱿鱼在受热过程中会慢慢卷起来，这和卷起铺盖的状态相似。于是人们将“炒鱿鱼”和“卷铺盖”二者关联，有了俗语中“炒鱿鱼”的说法。在英语里，惯用的“解雇”的表述也被高度隐喻化。

①*He **was fired by** the manager because of his dishonesty* . 经理把他给解雇了，因为他不够诚实。

②*Your complaints have been duly noted, but the board of directors will have the final authority to **hire and fire**.* 您的投诉已被正式记录，但董事会将拥有聘用和解雇的最终权力。

根据词源学，美式英语中用fire一词表示“解雇”的用法最早见于1877年。这可能与解雇的正式用语discharge的两层含义有关。discharge既可以表示“从一个职位上解雇”又有“开枪”的含义（引自Online Etymology Dictionary）。

如图7-1所示，从始源域“火”到抽象的目标域“解雇、开除”的认知投射，经历了“火—愤怒—解雇”和“火—开枪—解雇”这双重的完形感知过程。当老板对员工的表现不满意，认为他们无法为公司创造应有的价值时，很可能会生气，并因此将其解雇。词源学在看似缺乏关联性的fire的本义和“解雇”义项间补上了缺失的认知逻辑链，为我们尝试解释这一隐喻投射提供了可能性。再加之，fire（解雇）与hire（雇用）两个英文单词押尾韵，更为fire“解雇”义识的流传推广提供了语音上的助力。

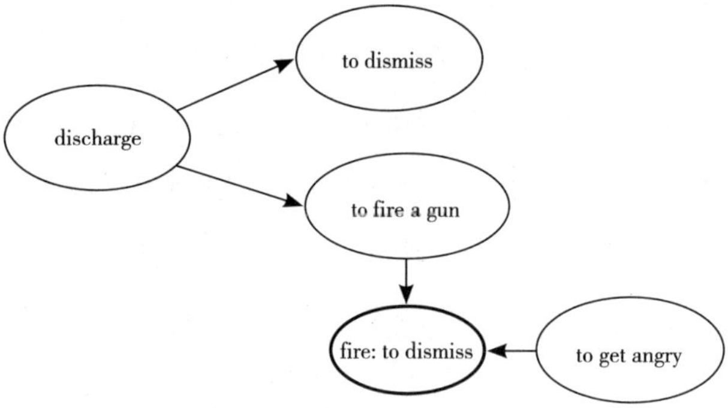

图7-1　认识投射

7.1.2.2　连续是火［SUCCESSION IS FIRE］

英语中“fire”还可表示状态的持续不断，这一隐喻尤其适用于口语交际的场景：问题一个紧接着一个，一个问题还没回答，另一个问题已经抛出来了，好像上膛的机关枪接连发射，令人应接不暇。fire连续发射的含义被投射到接连提出问题的目标域，构成了[SUCCESSION IS FIRE]的隐喻。比如：

①*It's useless to **fire away** with such trivial details.* **喋喋不休地谈**这些琐碎细节是无用的。（选自《汉英大词典》）

②*The journalists started to **fire questions at him**.*记者开始**接二连三地向他提问**。

③*There will be time for you to **fire off questions** at the expert at the end of seminar.* 研讨会后会预留时间让你们向专家连续提问。

汉语中与fire相对应的动词“开火”却并没有类似的超出战争域的隐喻表达。想要表达连续说话这一概念时，汉语常常会采用名词词组“连珠炮”。“连珠炮”虽然也是源自战争域的概念隐喻，但始源域更多地突显的是武器“炮”的特点而非动作“开火”本身。无论是何种语言，隐喻的运用总会多多少少反映出施喻者对客观事物的主观认识。辛斌认为，“任何人在对客观世界和经验进行感知和识解的时候，都基于自身的经验、兴趣、头脑中的图式，以及由此产生的预期等方面”（辛斌，2005）。英语“连续是火”[SUCCESSION IS FIRE] 的结构隐喻与中文在喻体选择上的差异就体现了英汉文化认知思维的主体性。英语中上述关于火的独特隐喻，从一个侧面反映了中英两国人民在思维方式和思维习惯上的差异。

7.1.3　汉语中独特的“火”隐喻

7.1.3.1　疾病是火

在中国传统文化中，“火”被用来隐喻疾患。李时珍认为火是“五行之一，有气而无质，造化两间，生杀万物，显仁藏用，神妙无穷”。“五行”分别指木、火、土、金、水。中医通过类比思维形成了意象性的概念，在中医理论中，“火为阳邪，其性炎上，易伤津液”。比如我们日常常说的上火的症状——口唇红肿发炎、口角起泡、口干舌燥等，都是由于火热之邪所致。如果身体热气旺盛，火症和热症就会浮升至身体上部和表面，表现为眼睛红肿、口舌生疮、身热心躁等症状。中医的“火”按性质分为“实火”和“虚火”，又可按照五脏学说对应不同的身体部位分为“心火”“胃火”“肝火”“肺火”“肾火”等。

①工作压力大，生活作息不规律，经常熬夜加班，就容易导致**上火**。

②龟苓膏有滋阴润燥、**降火**除烦、清利湿热、凉血解毒的功效。

③不用忙，不相干。这是**急火攻心**，血不归经。（曹雪芹《红楼梦》）

“急火攻心”是指受到刺激或者打击之后，情绪太过激动以致出现气血不调的症状，具体表现为突然的昏厥、情绪激动、心慌、乏力。如果不舒心的事情没有通过适当的方式发泄和排解出来，长此以往甚至会导致严重的心理疾病。

7.1.3.2 程度是火

自从掌握了用火烹饪以后，中国人就将烹饪技艺钻研到了极致，发展出了八大风味各异、特色鲜明的菜系。中国菜讲究“刀候、火候、芡候”，其中“火候”最为重要。火候是指烹饪时火的大小和加热时间的长短。利用火加热时，人们需要把握好火的温度、情势。火候不够，则菜肴不能入味；如若过火，则会影响菜肴鲜嫩爽滑的口感。中国人还将火候分为爆炒的武火和慢炖的文火等，以此来区分不同强度、温度的“火”。从“火候”出发，中国人将“火”的概念拓展到了其他领域，用来隐喻事物的程度，以及做事的分寸和尺度。

①大家都是为了公司的利益，你这样进行个人攻击就有点**过火**了。

②*2004*年，阿里巴巴正蓬勃发展，马云却表示上市**还不到火候**。

③他虽然拥有惊人的实力，但和顶级篮球选手比起来，还是**稍欠火候**。

④她天赋异禀，加上长年刻苦练习，在舞蹈艺术方面已达到**炉火纯青**的地步。

“过火”原指烹饪的火力强度超出合适的范围，可能会导致食物烧焦，影响口感。“过火”映射到人的言行举止，可以喻指人用力过猛，或者言行已经超出适当的限度和分寸，不仅无法达到预期的效果，反而会冒犯他人，起到反面的社交效果。过犹不及，烹饪时过度的火候能直观地被感受到，将其具象化后映射到目标域，有失分寸的言行所造成的后果也变得可观可感了。菜肴是否可口取决于火候，事情是否能成功取决于分寸。正确把握分寸就如同掌握适当的火候一样，能大大提高成功率。企业上市成功需要具备多方面的因素，例②中的“还不到火候”说明还未到时机，条件还不成熟，仍需运筹帷幄。例③中的“稍欠火候”是指技术、能力、经验等方面仍有不足，需要继续修炼才能达到完美的地步。中国古代道家热衷修仙炼丹，以炉火炼制丹药，以图长生不老或百毒不侵。炼丹时也很有讲究，据说等到炉子里的火发出纯青色的火焰的时候，丹药才算炼成了。因此“炉火纯青”一词就被用来比喻学问、技术或办事能力达到了纯熟完美的地步。

“程度是火”隐喻结构借用人们日常熟知的用火技巧——火力过强或过弱都无法使菜肴达到最佳口感——来说明任何要素的过度量变和过少量变都无助于事物向期望的方向发展。

7.1.3.3　传承是火

对火的使用和支配完全改变了人类的生活状态。在学会用火的初期，火源不是随时都可以取用的，人们对于火的获取是随机的、不确定的，因此人们产生了保存和延续火的动机。直至钻木取火的出现，人们才真正掌握了火这一神秘的自然力量，让它成为服务于人类的工具。正是因为拥有了永不熄灭的火种，人们才无须再害怕寒冷和黑暗，得以更好地繁衍生息。所以，汉语里经常用保存火种的概念来隐喻事物得到延续。

①“……他只有这个女儿养老送终，**承祀香火**，都在他身上。”（施耐庵《水浒传》）

②岁月更迭，一代代人**薪火相传**，奋斗不息。

在中国传统中焚香是极具仪式感的习俗。宋代丁谓的《天香传》中记载：“香之为用，从上古矣。所以奉神明，可以达蠲洁。”说明中国人用香祭祀的历史可追溯到上古时期。例①中所谓的“香火”，指的是祭祀祖先或神明时所点的香烛。后来引申为祭祀祖先的人，即子孙后代。中国古代由于社会环境的原因，人力是重要的社会生产力，而女子出嫁后从夫，不能像男子一样传承家业，无法在重要的祭祀活动中为先祖上香祈福。所以，家族生个儿子才能延续香火，没有儿子就是断了香火，家族事业后继无人。家族人丁兴旺才能香火旺盛，香火的延续隐喻着家族的繁衍不息。

“薪火相传”出自《庄子·养生主》：“指穷于为薪，火传也，不知其尽也。”本义是指木柴烧尽，火种仍可留传，生生不息，永不熄灭，比喻形骸有尽而精神不灭。后来也用来指学问、技艺等一代一代传承下去。“薪尽相传”也有一样的意思。“薪火相传”是精神文明的传承，是精神财富的延续。

7.1.3.4 性格是火

火可以隐喻愤怒的情绪，或也可以隐喻时间的紧急程度，两者结合，火“激烈”“急躁”“一点就着”的特性被反映到人物域，就可以形容人急躁易怒的脾性。

①他看似**脾气火暴**，实际上却是性格豪爽，刀子嘴豆腐心。

②姚云朗**风风火火**地进来，摘下大皮帽子，满头冒着腾腾的热气。（《解放军文艺》1975年第10期）

例①中的“火爆”本来常用于表示热闹喧嚣的场面，如“火爆的活动现场”;但若用于形容人物性格，“火爆”多指暴躁易怒的性格特征。“风风火火”形容像风刮过一样急急忙忙，像火着起一样冒冒失失，指人物的性格急躁鲁莽，行动在前，思考在后。

7.2 中西方“火”隐喻词汇的文化差异分析

与其他概念隐喻一样，英汉“火”隐喻既有重合对应的部分，也存在反映各自文化特征和思维方式的差异化表述（图7–2）。英汉两个民族基于相同的生活经验和基础认知，对“火”产生了部分重合的印象，形成了许多相同的“火”隐喻。在共同的认知基础上，各民族也在生活方式、文化习俗、民族性格、宗教信仰等因素的影响下孕育出了属于自己文化的独特的“火”隐喻。各民族以其独具特色的隐喻认知模式极大地丰富了“火”（fire）的语义范畴。我们在对英汉“火”的概念隐喻进行梳理时，既要注意到两者的共性，同时也要兼顾个性，充分发掘不同的民族不同“火”隐喻用法的文化内涵和成因，以便多角度、多层次了解“火”的概念隐喻的喻义，更深入地了解不同文化对语言的影响机制。

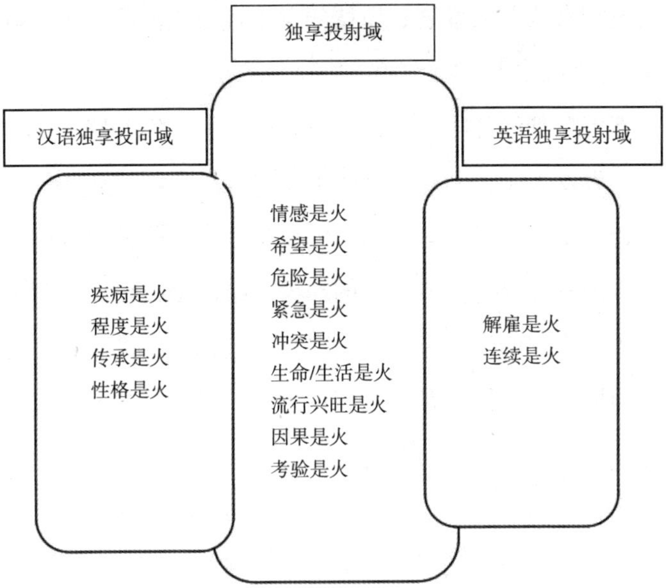

图7-2　汉语和英语中“火”概念隐喻投射的异同

7.2.1　相同的生活体验和相似的思维模式

在汉语和英语中，“火”均被用来隐喻情感、希望、危险、冲突等，这些高度一致的隐喻表达源于英汉两个民族对于火的基本属性的共同体验和认知。

首先，尽管生活在不同的地域，分属不同的民族和文化体系，人类始终拥有高度一致的一般属性，如相同的身体构造、相似的生理和心理需求等。因此在相似的自然环境中，面对相同的客观事物，自然而然会产生相似的生理反应和认知体验。比如对于“火”，无论哪种文化都会产生“光明”“温暖”“炽热”等认知。

其次，人类各种社会活动离不开火。无论东方，还是西方，火都是文明的起源和人类发展的基石。恩格斯说：“人类只是在学会摩擦取火以后，才第一次迫使一种无生命的自然力替自己服务。”（恩格斯，2018）从原始到现代，人类文明发展的每一步都离不开火：原始人狩猎时用火把驱赶野兽，用火围歼野兽，对火的使用大大提升了狩猎的效率；农业中焚草为肥，促进作物生长，促进了原始农业和畜牧业的发展；原始的手工业更是离不开火，制陶、冶炼等工艺没有火是无法完成的。人们在与“火”的互动中，对“火”产生了极大的依赖。“经验基础在理解隐喻时发挥着重要的作用。因为隐喻的建构基于不同的经验。”（Lakoff & Johnson, 1980）英汉民族正是在这些相同的身体感知和生产生活经验的基础上形成了对“火”的相似认知。人们继续在这些对“火”的客观属性的认知基础上进行概念化的抽象思维活动，形成了相关的火隐喻。“火”丰富的概念隐喻的形成过程，反映出人们的认知模式总是遵循由简单到复杂、由具体到抽象的规律。在汉语和英语中，“火”的基本定义是与人们对于火的自然属性的基础认知相吻合的。由这一本义延伸出的诸如“愤怒”“兴旺”“紧急”等义项反映在不同的认知域，但都与“火”的某种特性，如颜色、能量相互关联。选择和支配这些义项之间的关联性的就是隐喻。属于不同语系的汉语和英语两种语言之所以会出现诸多相似的概念隐喻，就是因为人类相同的生活体验和相似的思维模式给了两种文化相近的理解世界的方式。

7.2.2 迥异的文化背景

汉语和英语中除了相同的火隐喻表达，还有许多属于各自语言和文化的独特的火隐喻。每个民族都有各自独特的文化，这些文化的差异性影响着各个层次的语言发展。而隐喻是人类语言中无处不在的现象，因此也深受民族文化背景的影响。文化差异是导致这些差别性“火”隐喻的根源所在。

不同的生活习惯会反映在认知和语言中，从而影响隐喻的生成。中西方的饮食习惯和烹饪方式存在很大差异。中餐烹饪方式复杂多变，炒、蒸、煮、炸、烤、烩、炖、焖，其中爆炒的烹饪方式很受中国人的喜欢，因此在烹饪过程中会产生较多的油烟和香味。而西方国家较少使用爆炒的烹饪手法，牛排、面包、焗饭、沙拉等食物的制作也较少产生油烟。在中国，傍晚时分，家家户户炊烟袅袅，饭香菜香扑鼻，对于中国人来说，这就是生活的气息和家的味道，因此中文可以用“烟火”来形容“生活”，而英文当中却没有类似的表达。中国人又从烹饪中对火力的控制获得灵感，用“火候”“过火”等烹饪术语来隐喻事物的程度，这种隐喻表达在英文中也是空缺的。这些都是由中西饮食文化的差异造成的。

各文化的哲学体系，揭释了不同文化对世界的理解，塑造了截然不同的世界观、人生观和价值观，对民族性格和思维方式的影响也十分深远。例如，中国文化深受五行学说的影响。五行学说是我国古代的取象比类学说，它将宇宙万物划分为木、火、土、金、水五种性质，称为“五行”。这五行相生（木生火、火生土、土生金、金生水、水生木）相克（木克土、土克水、水克火、火克金、金克木），彼此促进，相互制约，使宇宙达到平衡。中国文化的“五行”代表五种不同的事物属性，与西方古代的“土、水、火、气”四元素学说是有着本质区别的。五行学说是中国古人认识世界的基本方式，被广泛应用于中医、命理、占卜、天文等领域。中医学应用五行学说的理论来解释疾病与人的关系、人与自然的关系，以及人体器官之间的关系。其复杂的原理和辩证的思维对于中国普通人来说都是深奥的，更弗论成长于异质文化中的西方人了。

对比英汉“火”隐喻，分析造成两种语言隐喻建构差异的因素，还能帮助我们具体理解英汉民族的认知取向和思维模式的差异，以及它们对隐喻建构过程的制约机制。Langacker（1990）提到，人们看到、认识及识解的世界并不是“预先设定好的”，而是由人们的感官建构的，这种建构也并非任意的或随机的，而是受到现实的约束和制约的。英语中[SUCCESSION IS FIRE]概念隐喻的建构，以机关枪连续射击的动态作为喻体，以动词fire隐喻在社交场合连续提问给对方施加压力的行为。在汉语里，形容人说话快、不间断时选择的表达是“连珠炮”，连珠炮指可以连续发射的火炮。汉语和英语中均用武器来表达这一隐喻，但在喻体的选择上依然体现了不同文化的思维差异，中文选用了武器“炮”作为喻体来隐喻说话不间断的人，而英文中则选用了fire（发射）的动作来映射连续提问的动作。

总而言之，英汉两个民族基于相似的生活经验和认知模式，形成了基本相同的“火”的隐喻；但由于不同的生活习惯、哲学思想和思维方式等因素，两个民族也产生了一些相异的“火”的隐喻。

7.3 小结

本章我们详细介绍了汉语和英语中的“火”隐喻，分析了两种语言中“火”隐喻的普遍性和独特性。研究发现，汉语和英语中的“火”隐喻同异并存，“火”隐喻既折射出英汉民族语言和思维上的共性，同时又反映出各自鲜明的民族个性和丰富的文化内涵。人类共有的普遍性特征造就了不同文化和不同语言之间相近的语言认知模式；而不同的生存环境、社会、历史、宗教、生活习俗等则导致了不同的归纳与推理模式。这些差异反映在语言上便形成了不同的隐喻表达。概念隐喻不仅仅是语言学的研究范畴，更是人们的思维方式的表现。我们可以通过语言来研究人的认知过程。因此，隐喻理应成为我们研究语言、解决语言问题的重要工具。

第8章　隐喻研究与对外汉语词汇教学

对外汉语教学中最基础也是最重要的内容之一便是汉语词汇的教学。由于汉语的词汇是高度隐喻化的，且其隐喻机制与模式与其他语言有着很大的区别，因此利用隐喻理论开展词汇教学，可以有效提高学生的汉语理解能力和表达能力。本章将基于前面章节对英汉隐喻的对比分析，探讨对外汉语教学中隐喻词汇的教学策略。

8.1　隐喻能力与语言能力

隐喻能力、语言能力和交际能力是语言学习者不可或缺的三种能力，它们是相互补充、相互联系的，外语教学中应当注重培养学生三方面能力，帮助学生全方位地掌握目标语”（严世清，2001）。

由于研究角度和研究目的的不同，不同学派的语言学家对于语言能力的界定素来存在争议。Chomsky认为语言能力是指人们脑中内化的语法能力。Hymes则认为语言能力实际上只是“语法知识”，但这种定义在解释某些语言现象时有一定的缺陷，如有些句子既符合语法，实际使用时也可行（Feasible），并适合具体的语境（Appropriate），但实际交际时却无人使用。为了解释这一现象，作为补充，他又提出了“交际能力”的概念。交际能力”不仅包括词汇和语法知识、语言使用规则，还包括言语行为的使用规则以及适用性。近年来，语言学家又在前期研究基础上补充提出了“隐喻能力”的概念，认为隐喻能力是长期以来一直为语言学研究所忽视的一种重要能力。“隐喻能力”是“概念流利”的下层结构。研究发现，隐喻能力是母语者语言能力的一个基本方面，他们往往是以隐喻的方式说话的，因此，隐喻能力被认为是熟练掌握一种语言的重要标志。

以往的研究和教学实践中偏重语言能力和交际能力的培养，隐喻能力在二语学习中的重要性和必要性却常常被忽视。汉语中存在大量隐喻性词汇，其背后蕴含着无尽的文化内涵，学生在接触隐喻性词汇的过程中，由于认知的差异和背景文化的缺失，常常难以在本体和喻体之间找到正确的联系，从而造成理解和运用的困难。在汉语词汇教学中，只有同时注重并综合培养学生语言能力、交际能力和隐喻能力这三方面能力，才能助力他们全方位地掌握汉语。作为汉语语言学习者不可或缺的能力之一，隐喻能力——隐喻思维和隐喻意识的培养应引起对外汉语教师的高度重视。加入专门针对隐喻词汇的教学，是有价值的、可行的、有效的。

隐喻能力主要包括识别、理解和创建跨概念域类比联系的能力，这里不仅包括能被动地理解、学得隐喻，而且包括创造性使用隐喻的能力、丰富的想象力和活跃的创新思维能力（王燕，2007）。隐喻能力涉及三个层次：识别理解—灵活运用—隐喻创新。最初级的隐喻能力表现为能够通过学习识别和理解常见的概念隐喻，具备初级隐喻能力的学习者，其隐喻识别过程是刻意的、被动的。第二层面是能够灵活地运用拓展性隐喻词汇。而母语使用者在前两个层次的基础上，还能通过隐喻能力跨概念域创造性地生成符合语境的新的隐喻。二语学习者如果对目的语概念系统缺乏充分的认识，就会受限于母语思维，习惯性地套用母语的概念系统，导致理解的偏差和运用的偏误。目的语隐喻能力的培养可以帮助学习者重构概念系统，建立起汉语联想机制，学习用目的语的认知模式来感受、认知和表达世界。因此，对外汉语词汇教学实践中应该要将培养学生的隐喻能力纳入教学的范畴。

8.2 对外汉语词汇教学中的隐喻能力

词汇是语言大厦的建筑材料，“无论学生的语法学习得多么好，无论第二语言的语音掌握得多么成功，如果没有词汇来表达广泛的意义，二语的交际是无论如何也不能以—种有意义的方式进行的”（McCarthy，1984）。传统的汉语词汇学习以死记硬背为主，导致词汇学习费时，费力又低效。由于汉语词汇的高度隐喻性，探索隐喻理论在提高词汇产出深度方面的影响和实践成为必然。

8.2.1 词汇的隐喻性对汉语习得的影响

现代语言学之父索绪尔提出了语言符号的任意性原则，根据该原则，语言文字与其语音以及其所指的意义之间并没有必然的内在对应关系，也就是说，词汇的书写形式、语音以及语义三者之间的匹配关系存在任意性，不遵循必然的规律。然而词汇意义的引申拓展却是有规律可循的，同一词的中心义与其引申义之间的关系是依赖隐喻机制而建立的，也就是说，新的词义的出现不是随机的，词每一个新的意义的产生都是基于我们的认知体验。隐喻词汇是人们在最初的随机基础之上，受认知规律和联想机制的影响创造出来的有理据的词义延伸。同一个词的多义性得益于隐喻，隐喻是生成新词义的重要途径。

概念隐喻的映射根植于人们长期实践过程中的生活体验和经历，反映各个民族的地域文化、风俗习惯和认知倾向。隐喻的认知规律使得人类认知活动的产物——语言最具隐喻性。词汇作为语言的基础元素也具有这一特征。语言学家发现词汇的产生具有理据性，很多词汇在造词过程中运用了隐喻的方式，由基本义向引申义的词义分化也大多是基于隐喻机制的作用。词汇是隐喻的具象体现，而隐喻是词汇的内在机理。正是由于词汇意义的隐喻性，尝试通过培养隐喻思维来促进学习者的词汇深度学习才具有现实意义。

虽然隐喻可以以词、句子、篇章等语言单位的形式出现，然而由于词是构成语言的基本形式，语言的隐喻性也可以理解为词汇的隐喻性。隐喻是实现词汇创新的重要途径和主要工具，它使语言充满创造力和生命力。可以说，大部分的词汇都是隐喻的。汉语和英语存在大量的借助隐喻机制生成的词语，如汉语中的“早高峰”“狗腿子”“母老虎”“龟速”等。语言的隐喻性还体现在词汇的发展上。随着人类社会的进步和发展，新生事物层出不穷，不断打破人们的认知界限，人们不可能赋予每一个新事物、每一种新体验以一种全新的表达方式，使其完全区别于其他词语，于是便出现了可以兼容多种意义的语言形式。例如“眼”创造之初只是用来命名身体部位的，随着时代发展和人们生产生活实践的丰富。衍生出了“鸡眼”“猫眼”“榜眼”“窟窿眼”“泉眼”“针眼”“一眨眼”“冷眼”“媚眼”“白眼”“慧眼”“眼馋”“死心眼儿”等一系列表述。在这一系统里，词语的意义通过概念隐喻的映射机制不断扩张、延伸，以满足人们定义新事物、描述新现象的需求。从某种意义上我们甚至可以说，任何一个词都是隐喻化的结果。

掌握一个汉语词语的基本释义并不困难，可以依靠记忆来完成，然而想要系统性地理解一个词语的引申意义则是一个复杂的过程，需要建立在充分掌握其生成机制和认知网络的基础上。词汇的基本语义和引申义之间的联系是隐喻化的，即它们之间的联系依赖于隐喻映射建立起的相似性的连接。既然隐喻是连接基本义和引申义的认知桥梁，掌握汉语的隐喻认知模式才是全面系统地学习汉语词汇的关键。汉语语言学习不应该仅仅注重语言形式的教授，而更应助推思维认知模式的转变。所以汉语词汇教学的重心应该放在学生隐喻能力的培养上，使学生能够学会用目的语的思维认知方式去思考问题。

8.2.2 对外汉语词汇教学中隐喻能力教学的必要性

汉语是高度隐喻化的，无论是口头语还是书面语，隐喻无处不在。隐喻的使用可以使语言更显生动形象，或使晦涩难懂的事物变得通俗易懂，或使不可言说的道理变得意味深长、值得玩味。但隐喻是人类高级思维的产物，是一种复杂的语言文化现象，如果缺乏足够的文化理解和合适的语境，往往很难正确理解它的内涵。隐喻的意义不仅限于字面所示，也不完全收录于词典之中，有时候或许只是当下情景的灵光一现——隐喻的这种模糊性和不可穷尽性给汉语学习者的理解和运用增加了许多困难。汉语词汇是汉语的基本语言单位，也一样蕴含了异常丰富的隐喻思维，尤其是在成语、熟语、歇后语、谚语、近义词、反义词中大量存在。汉语词汇通过隐喻认知机制，建立词的中心义与引申含义之间的概念投射，汉语学习者如果能够识解汉语隐喻词汇生成机制，建立起相应的正确的认知思维图式，就可以加强词汇的记忆、辨识、理解和运用，从而使语言能力达到高层次。然而研究表明，语言学习者在利用隐喻构筑目标语言的概念方面缺乏系统训练（胡壮麟，2004）。

不同的民族之间的语言文化千差万别，塑造了同样具有区分度的民族性格和思维方式，隐喻作为文化在语言中的集中体现，是不同民族认知思维模式的产物，在形式和具体内容上也不可避免会出现不同。汉语学习者受到母语思维的限制和影响，常常无意识地将母语的概念隐喻体系套用到目标语的认知过程中，由此形成的文化负迁移成为汉语学习的一大障碍。鉴于此，如何增强汉语学习者的隐喻能力便成为具有现实教育意义的问题。帮助汉语学习者利用隐喻思维来识别、理解不同类型的隐喻词汇，看清词义之间的隐喻认知逻辑，是帮助汉语学习者提高汉语言能力、实现概念流利的关键所在。在汉语词汇教学的过程中，如果可以帮助学习者跨越母语思维的藩篱，利用汉语的隐喻认知模式来解读汉语词汇的一词多义现象——即按图索骥，厘清多义词各个义项之间的认知逻辑和隐喻图式——他们或许就能依据这些认知规律从一个词汇的已知义项推导出其他义项的辐射范围和适用语境，从而加深理解和记忆，并能在合适的语境中灵活地运用甚至创造生成新的隐喻。把隐喻能力的培养纳入词汇教学的范畴是十分必要的，也是符合人类的认知规律的。

8.3　对外汉语词汇教学中隐喻能力的培养路径

隐喻是语言学习的必要内容，同时也为语言教学提出了要求。文化观上来看，学者们普遍认为中西方隐喻存在共性和差异。在前面的章节中我们也选取了样本讨论过英汉隐喻的异同及其成因，英汉隐喻的共性，毋庸置疑，是出于人类各民族共同的感官体验和生活经验，差异反映出各个民族深层文化特质的不同。由于两种语系的差异性，“学生对隐喻性语言的理解普遍低于对陈述性语言的理解”。汉语教材和真实交际语境中大量出现的含有丰富文化内涵的隐喻性词汇不同程度地构成了学生的学习障碍。根据有关调查显示：一方面，学生对语言的隐喻性缺乏认知，对隐喻性词汇在汉语中的构成比例及其重要性不够了解，学习目标不够明确；另一方面，多数学生缺乏对目的语隐喻知识的全面了解，隐喻意识普遍偏低，并且对目的语中所涉及的隐喻概念也多以母语的方式进行解释，机械对应增加了理解的偏误率，对英语学习产生了负迁移。由此可见，在汉语教学中输入隐喻思维、培养隐喻意识必不可少。

8.3.1 汉语隐喻词汇的教学原则

汉语隐喻词汇的教学并非盲目随机的，为了获得良好的教学效果，教学过程必须遵循一定的原则，具体如下：

8.3.1.1 系统性原则

语言是一个庞杂繁复的体系。一方面，词汇的构成包括音、形、义三个方面，是三者共同作用的有机整体。词语与词语之间可能因为语音、字形和意义中的任何一个要素彼此产生关联，如读音相近的同音字，偏旁部首相同的形近字，意义接近或相反的近义词、反义词等。与此同时，词汇还与语法、语境等因素互相融合、互相影响。这就决定了汉语的词汇教学不应该是一个独立的环节，而应该与听说读写等教学环节紧密联系。也就是说，词汇教学要与词汇运用相结合，在阅读和视听说的实操过程中拓展和积累词汇量。另一方面，词汇隐喻化导致了语言形式与意义之间的象似性，使语言的任意性变得越来越暗淡（Saussure，1972）。人们往往把描述人体自身或自然现象的词汇映射到新生事物上，从而创造隐喻、发展语言。看似风马牛不相及的一词多义现象，有其基于隐喻认知规律的内在逻辑。词义的扩展并非随机产生，而是由人们的认知机制决定的，不同词义间的语义投射必然互相关联，具有系统性。对外汉语教学必须把握汉语隐喻的系统性，揭示事物特征属性之间的关联性和相似性。

在开展汉语词汇教学过程中，要注意揭示词汇的规律性，展示词汇与语音、语法、句型结构、具体语境等的关联性，以所学词汇为中心，培养学生有意识地从语音、字形和意义等方面构建不同词汇之间的多层次、多方位的连接关系，建立词汇系统的概念，使学生掌握词汇的变化和转化规律，改机械记忆为理解记忆。如此一来，学生虽然不可能掌握所有的汉语词汇，也未必穷尽某个词的所有形式变化和语义延伸，但是可以通过掌握一定的规律，培养汉语语感，做到触类旁通、举一反三，尤其可以在创新型隐喻的识别和运用上熟能生巧。

8.3.1.2　文化性原则

汉语语言是中华文化的重要载体，汉语词汇中承载着无数的文化意象，蕴含了丰富的文化内涵。正是数千年的厚重浓郁的文化塑造了汉语的意韵美，成为汉语隐喻词汇的重要来源。脱离文化学习汉语，是苍白的、机械的、没有灵魂的。汉语词汇中有大量反映中华民族认知模式、思维方式和民族价值观的成语、熟语等，由于语义的透明度较低，其意义的产生过程又经过了大量的词义引申，其中甚至可能包含多层隐喻和转喻，因而具有丰富的文化内涵。

例如，汉语中用“吃醋”“打翻醋坛子”来代指因男女关系而妒忌、争吵。这一隐喻的来源与唐太宗有关。唐太宗李世民有一个得力谋士房玄龄，是历史上著名的“妻管严”，在奉行一夫一妻多妾制度的唐代，房玄龄的府中却没有妾室。唐太宗赐他几名美女做妾，房玄龄怎么也不敢接受。李世民料定房玄龄是由于“惧内”，于是传旨房夫人，如不接受这几名美妾，即赐饮毒酒。谁知房夫人性格刚烈、宁死不屈，接过“毒酒”含泪一饮而尽，结果发现根本不是什么毒酒，而是带有酸甜味道的浓醋，皇帝只是以此来考验她。“吃醋”的用法就此流传开来。此后，人们保留了对“酸”这一浓烈味觉的感知，并逐渐开始用其他口味酸涩的食物来表达“嫉妒”的含义，“醋—酸—嫉妒”的隐喻概念衍化出“葡萄—酸—嫉妒”“柠檬—酸—嫉妒”等变化的表达式。如果学生理解了“吃醋”的典故出处及其背后的隐喻映射机制，遇到“酸葡萄心理”“柠檬精”等新的隐喻表达便不难理解了。

饱含文化内涵的中国特色词汇必须在特定的文化背景下进行解释和理解。脱离文化背景，或调用了不匹配的文化背景知识，都会导致理解错误。以我们在第4章中提及的动物隐喻为例，汉语和英语就对狗（dog），鱼（fish）等动物意象有着不同的国民情感，从而产生了截然不同的隐喻用法。缺乏文化背景知识的汉语学习者很容易因惯性思维用本民族的认知模式和思考方式解读汉语词汇，从而造成理解的偏差。因此在对外汉语教学中应立足学生所处的文化与汉文化的差异，对形式相同、内涵不同的词汇进行特殊的处理。

因此，开展汉语词汇教学还必须遵循文化性原则，将语言和文化合二为一，注重结合汉语的历史文化背景来教授词汇，将词汇背后蕴藏的文化因素融入词汇解释与教学的过程中。

8.3.1.3 交际性原则

语言学习的最终目的是能进行有效的交际。语言学家D.A.Wilkinsu有一句名言："没有语法，表达甚微；没有词汇，无法表达。"这也指明了词汇在语言学习中的基础性和重要性。在日常的口语交际中更是如此，比如一个外国人去中国餐厅就餐，他只要能说出"鸡蛋""猪肉""青菜""啤酒"等食物相关的基础词汇，就可以吃到想吃的食物。哪怕他不能说出完整的句子，或者说出的句子有误，也能够达到他的交际目的。

对外汉语词汇教学作为汉语教学的一部分，也应该遵循这一原则，以培养语言交际能力、实现有效交际为最终目标。在汉语词汇教学中，传授语言知识只是教学的基础，更为重要的是将这些知识通过不同形式的技能操练转化为实用的语言技能，让汉语学习者学以致用、灵活输出，将所学知识熟练地运用于交际活动中。

汉语词汇如其他所有语言一样，并非一成不变，而是随着社会的发展和人们认知水平的提高而不断变化发展的。新兴词汇层出不穷，表达方式不断更新。汉语词汇的教学应尽可能选取常用词语和鲜活、真实情境的语料，学习者只有掌握这些词汇，才能在日常交际中顺利运用。教师在教授汉语隐喻词汇时，要尽可能创设真实的语境，让学生在真实或模拟真实的语言环境中进行选择性的刻意练习；还要根据交际对象和交际目的的不同，灵活地开展课堂活动，让学生在反复练习中强化记忆，在不断浸润中增强语言感知能力，提升汉语思维能力。与此同时，给予学生大量的时间进行综合性、交际性、探究性的自主训练，通过多样的实践性练习鼓励学生在真实交际场景中辨识、理解和运用汉语隐喻词汇，提升语言学习的量与质，进而实现汉语交际能力的提高。

8.3.1.4　扩展性原则

词义的引申是丰富词汇的重要途径，也是语言经济性的重要体现。在隐喻认知的指导下，人们倾向于选择用已知的、具体的概念来解释说明未知的、抽象的概念，而非创造一个全新的词进行表述，因此隐喻是词义拓展的主要手段。人类社会早期创造的词都与日常生活和身边熟知的事物相关，具体而直观，一个词通常对应一种意义。然而随着社会的发展与世界的进步，新的事物和新的意义不断涌现，人们无法为每一个意义都创造一个新词，因为如果这样词汇量将超出人类的记忆负荷，也会失去实用性。因此，语言隐喻性特征更符合人脑记忆的经济原则，因为它可以让人们用有限数量的词汇形式表达无穷尽数量的意义。从这个意义上来说，语言的创造力并不体现于词语绝对数量的增长，而在于词语意义的创新。隐喻无疑是这种词义创新的最佳形式。Sweetser 明确指出，“大多数多义词是隐喻认知的产物”（王文斌，2007）。

事实上，除了术语以外，单义词数量很少，大部分的汉语词汇都是多义词，并且往往一个词的使用频率越高，它的词义就越多，生命力和活力也越强。

如第6章中分析过的“水”，就有多种隐喻义，如果不能充分完全地掌握这些关于“水”的基本释义和引申义项，在阅读汉语时就有可能出现望文生义、似是而非的理解偏差。例如：

落霞与孤鹜齐飞，**秋水**共长天一色。（王勃，《滕王阁序》）

一海相隔四十年，姐姐望穿**秋水**，如今，姐弟俩终于团聚了。

上述两个例子均用到了“秋水”一词，意思却大相径庭。第一句中的“秋水”是指秋天傍晚的水面，诗人描绘的是秋天美丽的景致。“秋天的雨水”“秋天的湖水”等含义也是汉语学习者比较容易联想到的字面含义。但如果想当然地将这一含义带入第二个例句，就无法正确解读例句。因为在第二个例句中，“秋水”是指眼波。古代浪漫的诗人喜欢用秋天盈盈的水波来比喻水汪汪的明澈的眼睛。“望穿秋水”一词是指眼睛仿佛都望穿了，形容对远方亲友的殷切盼望。只有正确解读了“秋水”的隐喻内涵，才能正确理解整个句子。

然而，当前的汉语词汇课堂教学多数仍采用对译法、讲练法、注释法等传统的教学方法，教学过程中较多注重词汇的基本意义，而较少关注词汇的隐喻意义，对词汇意义的引申拓展也显不足。割裂式的词汇学习无法让学生形成完整的知识网络，这导致汉语学习者在遇到词汇隐喻用法时，常常望文生义，或是出现理解偏误。在汉语词汇教学中渗透隐喻教学，是提高学习者语言能力的关键之一。因此，根据扩展性原则对汉语中的隐喻词汇进行分析归纳，增加词汇教学的广度，探索更有效的汉语隐喻词教学方法，是很有必要的。

8.3.2 汉语隐喻词汇的特点及生成规律

隐喻在本质上是一种人类理解周围世界的感知和形成概念的工具，其产生的基本条件是语义冲突，且以相似性为互动根据，具有普遍性、系统性、生成性等特征，反映了人类大脑认识世界的方式。（束定芳，1998）透过隐喻认知洞悉语义的内在关联，能极大地提高词汇学习与语言应用的效能。

8.3.2.1 隐喻词汇的词内演化规律

隐喻对词汇理解和习得的价值一直是第二语言学习和教学的焦点。词义大致分为三部分：一是基本意义，二是常用意义，三是延伸意义。一般来说，一个词的词义发展一般会经历从有形到无形、从具体到抽象的隐喻性发展过程，语义延伸和辐射范围会比它的本义大得多。

隐喻主要由本体、喻体和喻底三大部分组成。其中，本体即目标域，喻体即始源域，喻底即连接始源域与目标域之间的桥梁——相似点。

当同一词汇的不同义项以隐喻的方式延伸开来时，各个义项之间形成的隐喻关系也同样具备本体、喻体和喻底这三个要素，只不过它们受到形式的限制，常常隐匿于各个义项之中，不像在句子中那样容易辨认。常见的形式是其中一个义项是本体，而另一个义项是喻体。我们需要加以挖掘才能发现深藏其中的隐喻结构。

我们选取商务印书馆《现代汉语词典》（第7版）中的释义举例言之。

【舵手】①掌舵的人。②比喻把握方向的领导者。

“舵”是指船只、飞机等交通工具中控制方向的装置。“舵手”的义项①“掌舵的人”是这个词汇的中心义项，指执掌飞机或船只，决定航向的人。中心义项承担了始源域的功能。义项②指称的对象是“领导者”，领导者的职能也是掌握大局、把握方向。这样，“舵手”与“领导者”之间的相似点聚焦映射于目标域，形成新的义项，形成了“领导人是舵手”的隐喻。

【包袱】①包衣服等用的布；②用布包起来的包儿；③比喻某种负担；④指相声、快书等曲艺中的笑料。

在这一例子中，义项②与义项③、④之间构成了不同的隐喻关系。在古时候，人们出远门时常常随身携带布包袱包裹的行李。背负包袱等重物行走，必定会对人们的行动造成负担，这种有形的、具体的负担被映射到抽象域，便有了义项③的隐喻含义，例如：

“事情做错了，改了就好，不必背**包袱**。”

在这个例句中，“包袱”的意思是“精神上的压力和负担”，是一个抽象的概念，在不同的语境中，指称对象也可不同，如“偶像包袱”“思想包袱”等。

“包袱”的义项②与义项③在包袱“有重量”这一物理特性上形成了重合，完成了隐喻映射。而义项②与义项④的相似点则在于两者都是“一层包裹一层，不透明，内容物不可见”。相声、快书等曲艺中把笑料称作“包袱”，是因为艺术家经过细密组织、铺垫，利用“三翻四抖”的手法达到引人发笑的效果，像极了系包袱、解包袱、抖包袱的过程。

在上述例子中，汉语词汇的基本概念经过演变高度抽象化、隐喻化，凸显了一种典型的“近取诸身，远取诸物”的认知思维特征。

汉语词汇教学可以利用汉语词汇词义衍生的这一规律。基于词义延伸的隐喻性和理据性，利用隐喻主题或始源域组织词汇学习，有利于词汇的记忆和习得。教师进行汉语词汇教学时，应引导学生积极地利用汉语思维探索词汇中心义和引申义的相似性及内在联系，构建词义延伸的认知网络，以此来提高逻辑记忆的比重，提升词汇学习的系统性、逻辑性和效率。汉语教师在进行词汇教学时要确定语义基点，借鉴“以点带线，以线融面”的做法，以旧带新，有序推进。让学生在充分吸收、内化语言材料的基础上浸润和夯实汉语词汇，并辐射到词汇基本意义之外的其他领域，这不仅有助于减少语义固化现象，也有利于促进汉语词汇学习的广度和深度。

8.3.2.2 隐喻词汇的词外延伸规律

随着时代的进步和社会的发展，汉语中不断涌现新生词汇，用于表达新思想、新观点，描述新事物、新现象。新词的创造过程也体现了隐喻的认知性，当人们遇见未知的、陌生的抽象事物时，为了降低认知门槛，常常会借助已知的、熟悉的事物去进行理解认知和表达，隐喻在其中充当了重要的认知媒介。这一认知过程在语言中也有所反映。汉语中许多隐喻性词汇就是通过比喻造词形成的，其中一种方式就是词素通过重新组合产生新词新义，如“婴儿潮”“足球热”“热线”“月光族”等隐喻词汇就是通过截取若干词汇的部分词素再加以拼接而创造出来的。将“婴儿”与“潮”相组合，取“潮”“汹涌澎湃，来势汹汹”之意来形容大量婴儿出生的社会现象。这种造词法体现了语言经济性原则，不仅能减轻人们记忆负荷，而且意义明朗、容易理解，使得意义传达、交流沟通更为高效便捷。汉语的构词规律与英语构词规律有很大差异。由于汉语中有大量单音节语素且构词力很强，隐喻词汇中的每个语素在组合时都能最大限度地发挥认知功能，这也使将始源域和目标域合二为一的造词现象成为可能。汉语隐喻词根据结构和生成方式大致可以分成偏正式隐喻词、后缀式隐喻词和整体式隐喻词三种类型。

（1）偏正式隐喻词

一般来说，偏正式隐喻词前一成分充当始源域，后一成分充当目标域，语体色彩大都偏向书面语，如:“雪白”（像雪一样白）、“笔直”（像铅笔一样直）、“梯田”（像梯子一样层层错落的田地）、“太阳花”（形态、颜色像太阳一样的花朵）等，都是按偏正关系组织起来的，前一成分的某一特征用以描述或强化后一成分。

（2）后缀式隐喻词

后缀式隐喻词语与偏正式隐喻词恰好相反，前一成分充当目标域，是该词汇想要表达的主体，而后一成分充当始源域，起到修饰和解释说明的作用。汉语的后缀式隐喻词的数量也颇为可观，如“星球”（形状为球形的星体）、“糖葫芦”（形似一串葫芦的糖果）、“灯笼”（外形像笼子一样的照明工具）、“露珠”（形似圆润珍珠的露水）、“人海”（形容人的数量极多，挤挤挨挨，犹如汹涌的潮水）。这种结构的隐喻词在组织结构上与偏正式隐喻词完全相反，但其认知的功能性质并没有本质区别。

（3）整体式隐喻词

整体式隐喻词是指参与构词的成分以整体比喻的方式反映客观对象，词的整体形式是喻体，如“黑锅”“碰壁”。词的各个语素组合形成整体隐喻，而单个语素是非隐喻性语素，不单独映射事物的特征。偏正式隐喻词和后缀式隐喻词中都体现了隐喻的目标域，整体式隐喻词仅显示隐喻的始源域，因此始源域和目标域的对应关系更为隐蔽，理解难度也更大。整体式隐喻词在汉语隐喻词汇中也占很大比例，如“纸老虎”“撂挑子”“呆头鹅”“敲打”“鞭策”等。

针对汉语隐喻词的构成特点，教学中应该注意让学习者理解掌握隐喻词的构词规律和生成法则。生成新词的常见的方法有语素的复合移植和词缀的增加，教师可以对具有典型性特征的常用隐喻词的进行梳理，帮助学习者分类型掌握汉语隐喻词的生成规律，通过掌握结构规律来提高识别隐喻词的水平，培养学生追根溯源、自主探究的能力，在加强词汇学习的广度和深度的基础上，促进其猜词、造词能力的提升，最终提高隐喻能力，促进深度学习。

8.3.2.3　在语境中“意会”“不可言传”的汉语隐喻词汇

中国古人可以说非常擅长隐喻思维，尤其是借助具体的事物来理解和解释抽象难懂的概念和道理。所谓“立意于象”“设象喻理”“取象比类”等都是隐喻思维的表现，即用大家耳熟能详、喜闻乐见的日常具体事物来描绘和表述抽象的概念和晦涩的哲学道理。

孟子用“鱼与熊掌不可兼得”来隐喻生命与正义之间的选择：“二者不可兼得，舍鱼而取熊掌者也”，为形容生死道义的两难抉择，孟子以“鱼”与“熊掌”具象化了抽象的“生”“义”等抽象概念，使这种抉择形象化，更易于理解。

中国春秋时期的先哲虽然已经具备了相当程度的哲学思辨能力，但对抽象数学、符号学和逻辑思维工具的掌握不如同时期的希腊哲人；但正是逻辑思维的欠缺给隐喻思维留下了极大的发展空间，并为中国后来的文学创作提供肥沃的土壤。没有逻辑教条的约束，想象力得以自由飞翔，因而造就了中国无数的隐喻大师。中国古代先哲擅用故事、典故、寓言等形式来阐释哲学思想，庄子就是典型的代表。他的语言是文学版的大型隐喻，极善于用文学形式来包装哲学内核。汉语中大量的成语实际上是寓言故事和典故的浓缩形式，如“老马识途”“守株待兔”“瓮中捉鳖”“指鹿为马”，短小精悍，是中文所独有的高效隐喻手段。除此之外，中文的歇后语也是一种形式独特、通俗风趣的隐喻形式。如“狗拿耗子——多管闲事”“挂羊头卖狗肉——虚情假意”“稻草人点火——惹火烧身”。一般来说，歇后语的前半部分为隐喻的始源域，具体生动、容易理解，这些具体的始源域投射到后半部分的目标域上，描述一个抽象的现象、解释一个抽象的概念、揭示一个抽象的规律或者说明一个抽象的道理，效果比单独说出后半部分更容易为广大民众所接受，也更易于在口语表达中传播开来。隐喻思维大大地简化了语言，也丰富了汉语词汇。

“意之所随不可以言传也。”《庄子·天道》中的这一句话可以很好地概括我们上述提及的汉语现象。这就是我们平时所说的“只可意会，不可言传”，言语词汇传达的真实意义远比表面含义更为深远，这是汉语的一大特点，这也就要求汉语学习者在理解汉语内敛又博大精深的汉语词汇，尤其是隐喻词汇时用心磨砺“心领神会”的本领，透过汉语词汇的表面意义看到它们背后隐藏的深刻内涵。

8.3.2.4　在中国文化知识体系中解读隐喻词汇的文化内涵

语言与文化是密不可分的，语言是文化的外衣，文化是语言的灵魂，二者相辅相成、互相影响。学习第二外语时，仅仅学习语言本身显然是不够的，还需要同时学习目的语的文化，才能更好地理解目的语中出现的文化因素，才能真正掌握一门语言的核心要素。对于外语学习者来说，语言学习的有效性很大程度上取决于他们对于目的语文化的熟知程度，对目的语文化越熟悉，学习者就越容易达到像母语使用者一样的流利度和地道性。然而，来自不同文化背景的学习者想要完全掌握目的语文化是很不容易的，不同文化在长期的演化过程中使用不同的思维和认知方式与客观世界产生互动，形成了不同的世界观和文化观，造成了思维认知和语言表达形式的巨大差异。隐喻既是重要的认知手段也是一种重要的语言现象，不同民族的认知文化差异归根到底是由隐喻的异质性所致，因此，想要掌握目的语文化，就需要借助目的语的隐喻性思维。

汉语词汇的教学也深受文化差异的影响。中国作为一个高语境国家，历史文化悠久，人们在交际时对环境和文化的依赖程度很高。中华民族数千年的文化积淀在语言上留下了深深的烙印，“历史文化传统越久的语言，精通起来越困难，因为其中成语、典故较之历史文化短浅的语言要丰富得多。”（伍铁平，1988）对于在异域文化背景下长大的外国留学生来说，在新环境中通过模仿学习掌握目的语文化的浅层文化和日常礼仪并不困难，但对于更深层次的价值观和底层文化却难以理解或无法感同身受。反映在汉语词汇习得中，既对某些文化内涵丰富的隐喻词汇出现理解困难，或者出现“知其然而不知其所以然”的情况。只了解词汇本身，而不了解其背后的文化深意，就犹如只窥见了“冰山一角”，因而无法由此及彼，触类旁通，无法形成完整的隐喻词汇体系网络。缺乏对底层文化深层次内涵的理解和认同是阻碍学习者真正掌握汉语这门语言的最大障碍之一。

汉语中的许多惯用语，或引自名篇名句，或源自历史典故，若缺乏相关的历史文学背景，就难以理解其真实的意义。比如，汉语中“名落孙山”指考试落榜或选拔未中。孙山并不是一座山的名称，而是宋朝一位名叫孙山的才子。孙山与同乡之子相约进京赴考举人。放榜之时，孙山榜上有名，位列榜文最末，而同行者却未考中。返乡时，面对同乡的询问，孙山不好直说，也不便隐瞒，于是随口说道："解元（举人第一名，泛指考中的举人）尽处是孙山，贤郎更在孙山外"。以这个典故为基础，便有了"名落孙山"这一成语。外国留学生只有对中国古代的科举制度有基本的了解，才能真正理解此"山"非彼"山"。随着时间的流逝，有些词汇虽仍被广泛使用，但其始源域所代表的具象事物属于特定历史时期的事物，已慢慢退出历史舞台，这也会给留学生对汉语的理解造成一定的障碍。如"懒婆娘的裹脚布——又臭又长"。裹脚布是中国古代缠足陋习的产物，反映了封建社会畸形的审美意趣。中国古代以"三寸金莲为美"，于是女性往往从四五岁起便开始用布将双脚紧紧缠裹，使之畸形变小。缠足已成历史，裹脚布也不复存在，但它仍作为隐喻的素材活跃在语言当中。对于这类特殊的隐喻始源域，也需要在汉语教学中进行特殊的处理。汉语中很多隐喻词汇不仅反映了中国文化在不同历史时期的审美情趣，还反映了中国人的认知水平、思维模式和生活方式。例如，中国古代思想家主张天人合一的宇宙观，人们对于"天"有着敬畏之心。"天下"一般指国家，因此有"天下兴亡，匹夫有责"一说。古人认为帝王是上天任命，因此"受天命而立"的君王被尊称为"天子"。"谋事在人、成事在天""天有不测风云"等隐喻表述均是古代哲学思想在语言中的遗存。"种瓜得瓜、种豆得豆""久旱逢甘雨""陈谷子烂芝麻""瑞雪兆丰年"等表达则从语言层面反映了中国古代农耕社会的生产生活经验。

汉语词汇中包含经年累月沉淀下来的文化内涵，文化是汉语隐喻生成的灵魂。因此汉语教师在进行词汇教学时还应从目的语的政治、经济、文学典故、哲学思想、社会风俗、生活方式等方面出发，深度激发学生的汉语隐喻思维，引导学生以汉语思维进行思考。在进行汉语词汇教学时，教师要注意采用灵活的教学策略和方法，逐步培养汉语学习者对中国文化知识的元认知，帮助他们从根本上理解汉语词汇背后深藏的隐性文化，从而了解隐喻词汇的文化本质，使他们不仅能够识解字面含义，也能深刻理解背后的文化历史因素和传递的社会价值观。

让汉语学习者挣脱母语思维定式的束缚，跨越长期形成的文化无意识状态，不是一蹴而就的，需要在教学过程中有意识地培养他们跨文化交际的意识和文化移情能力。值得注意的是，教师对母语文化的解读能力也决定了对外汉语教学课堂上的隐喻教学效果，教师的汉语文化素养越高，其隐喻解读能力和汉文化传播能力就越强，所以教师也需要提升自身的文化意识和跨文化能力。

8.3.3　汉语隐喻词汇的课堂教学方法及范例

接下来，让我们在前文论述的基础上，尝试针对来华留学生的汉语隐喻词汇教学提出一些具体可行的课堂教学方法，以供参考。

积极主动和自主操作是学习过程的两个重要因素。当学习发生在有意义的情境中时，会产生较高的效能。因此，汉语隐喻词汇的学习宜在与学习者相关联的情境下进行。教师结合教学目标创设一定的目的语环境，引导学生在真实或者模拟真实的语言学习情景中进行词汇的学习和训练，有效输入、深入理解、实际运用，帮助学习者高效习得汉语隐喻词汇，促进其隐喻能力和语言能力的发展。教师可以视教学需要创设直观情境和语言情境。

8.3.3.1　直观情境教学法

（1）展示法

直观情境教学中经常使用到的教学要素包括实物、图片、视频等，这些教学要素是汉语隐喻词汇教学很好的辅助诠释工具。直观展示教学法对汉语学习者，尤其是初学者来说，能起到较好的效果。通过向学生展示与所学词语相关的事物，可以让学生直观地看到该事物的外在特征。学生可以通过观察、对比，加深理解，并就其所展现的某些特征展开合理的联想。

例如，在讲授“杏眼”“剑眉”等词汇时，就可以分别通过出示数组相关图片来开展词汇教学，让学生观察分析“杏子”与“眼睛”，“宝剑”与“眉毛”在形态上的相似性，从而了解汉语对某种特殊形状的眼睛和眉毛的描述方式，掌握中国文化对人物容貌的审美特点。又如，教授“笑颜如花”一词时，展示“笑脸”与“花朵”的图片（也可以使用实物花朵），让学生讨论分析两者之间有何联系，引导学生在词语学习过程中通过对比发现始源域（花朵）与目标域（笑容）之间的相似特点（美丽，令人赏心悦目等），来建构隐喻的映射过程。

在用展示法进行隐喻词汇教学的过程中，可依照“展示喻体（始源域）—提取特征—展示本体（目标域）—提取特征—对比特征—强化特征对应关系”的步骤，将本体和喻体进行横向对比；也可以将相似的隐喻词汇进行纵向类比，构建词汇网络，帮助学生加深记忆和理解。

展示法教学范例：

（教师给同学展示全身人像图，教师指着人物的脚部发问。）

师：同学们，请观察一下图片中的这个人物。有谁能说一说老师指的这个部位是他的什么？

生：这是他的脚。

师：很好！那么脚长在人身体的什么地方？

生：最下面。

（教师更换展示一张山的图片。）

师：这又是什么？

生：这是一座山。

（教师指着山脚。）

师：刚才，我们把人身体最下面的部位称为“脚”，那么请同学们猜一猜，山最下面的部分会被称为什么？

生：山脚。

师：没错，就是“山脚”。我们常常把物体的最底部称为“脚”。请大家看一看，我们教室里除了我们的“脚”，还有些什么“脚”啊？

生：凳脚。桌脚。

师：不错，大家都会举一反三了。

（教师继续展示第一张全身人像图。）

师：同学们再来看一看，这是什么人体的什么部位？

生：腰。

（教师继续展示山的图片，指着图片中山腰的位置发问。）

师：那么大家再来猜一猜，山的这个部位会叫什么？

生：这是山腰。

（可以继续引导学生用同样的方法学习词汇“山顶”。）

如范例所示，我们通过人脚和山脚图片的对比展示，突出了两者在所处空间位置上的相似性，直观呈现了“山脚”的隐喻意义，并引导学生举一反三地对“山腰”等具有相似映射机制的隐喻词汇进行了推演。

（2）视听法

对于不便在课堂展示或图片无法说明其全貌的复杂事物，教师可以采用视听法作为补充教学手段，即通过向学生展示视频、音频等媒体资料，帮助其直观全面地了解隐喻词汇中涉及的相关事物。比如在学习“杯弓蛇影”这个词语时，由于这个寓言故事发生在晋朝时期，并且故事中涉及的武器弓箭不是现代社会日常器物，无法现场向学生展示说明，教师便可以借助多媒体资源，给学生播放讲解这一成语的动画来开展词汇教学，辅助学生理解典故的内涵，以及用“把酒杯里的弓影误以为是小蛇的行为”来比喻“因疑神疑鬼而引起内心恐惧”的映射逻辑。

视听法教学范例：

（教师向学生展示例句：“他平日里依仗着出身官家，**狐假虎威**，欺负他人。”）

师：同学们，今天我们要学习“狐假虎威”这个成语。这个成语里提到了两种动物，它们分别是……

生：狐狸和老虎。

师：是的。同学们能不能说一说狐狸和老虎分别是什么样的动物哇？我们先来说说狐狸吧！

（受寓言故事的影响，在大部分文化里，狐狸经常被赋予狡猾、贪婪、奸诈等拟人化性格特征，教师可以引导学生说出如聪明、机智、狡猾、鬼点子多等特征。）

师：很好。那么老虎呢？

生：凶猛、可怕、威风凛凛……

师：是的。同学们有没有发现老虎额头上的花纹好像一个汉字？

（教师可配合展示一张老虎的图片。）

生：像“王”字。

师：是的。所以老虎在汉语里也被称为“百兽之王”，几乎所有的动物都怕它。狐狸和老虎碰到一起，大家觉得谁会更厉害呀？

生：肯定是老虎。

师：对啊，狐狸肯定是打不过老虎的。那狐狸会不会被老虎吃掉呢？

生1：会吧。

生2：可能不会。寓言故事里的狐狸总能想出好办法。

师：那我们来看一个视频，看看狐狸到底有没有想到好办法。

（教师给学生播放“狐假虎威”的动画视频。）

师：在“狐假虎威”的故事里，狐狸有没有被老虎吃掉啊？

生：没有。

师：为什么狐狸能逃脱？它用了什么办法呢？

（教师引导学生展开充分的课堂讨论，打开思路，并进行观点分享，提高课堂活跃度。）

师：大家都说得很好。这个故事就是“狐假虎威”这个成语的出处。根据大家的讨论，“假”在这里应该是什么意思呀？

生1：假的！狐狸的威风是假的，老虎的威风是真的！

生2：那不是应该说“狐假虎真”更好吗？

师：这里的“假”是作动词用的，请同学们结合刚才的故事再思考一下。

生：狐狸利用了老虎的威风，百兽是被狐狸背后的老虎吓跑的。

师：对！狐狸利用了老虎的威风，这里的“假”就是利用、凭借的意思。我们拿出《新华字典》来查一下，看看“假”到底有没有“借”的意思。

（学生查阅工具书。）

生：“假”有两个意思，一个是“不真实”的意思，一个是“借用”的意思。这里的“假”是借用的意思，狐狸借用老虎的威风把百兽吓跑了。

师：是的，狐狸用了诡计吓跑了其他动物，蒙骗了老虎。我们现在常常用这个成语来形容像狐狸一样借着别人的威风来吓唬和欺负别人的人。我们现在再来看一看前面的例句，是不是能够理解这句话的意思了呢？

教师在汉语隐喻词汇的教学过程中应该通过适当引导和控制，协助学习者有意识地去识别和理解自己的隐喻思维过程，从而促进学习者隐喻意识的提升，助力汉语成语的习得。在上述教学案例中，教师只给出适当的协助性解读和引导，就获得了良好的教学效果。

（3）体验法

“纸上得来终觉浅，绝知此事要躬行”，中国古人强调了实践的重要性。亲身实践能够增强学生的体验感，有助于强化词汇的记忆。课堂教学实践中，学习者应该成为学习的主体和主要参与者，而教师作为组织者和引导者在学生需要帮助的时候加以引导，让他们在课堂中主动地发现问题，并尝试解决实际问题。学生的参与度和活跃度与学习效果正相关，所以教师可以体验法作为补充教学环节，通过游戏和活动让作为学习主体的学生参与进来，有意识地从实践层面，深层次地理解词汇。例如，在讲解“伸手不见五指”一词时，可以关上灯、拉上窗帘，让学生亲身感受在光线昏暗的场景下摸索前行，体会这一词汇的含义。

体验法教学范例：

师：今天我们要学习一个新词“寒风刺骨”。同学们，你们知道“刺骨”是什么意思吗？

生：我知道骨刺是一种病。（笑）

师：“刺骨”跟“骨刺”可不一样呢。哪儿不一样呢？让我们来感受一下吧。

（教师拿出一盆事先准备好的冰水，请学生将手置于冰水中。）

师：你有什么感觉？

生：水很凉。

师：好的，请你将手在水中多放一会儿。

（学生受不了寒凉将手抽回。）

师：怎么啦？

生：太冷了。

师：是不是感觉冷得发疼？

生：是的。

师：这种感觉是不是好像用针在扎你的手？

生：有点像，手麻麻的。

师：只有皮肤感觉冷吗？有没有觉得寒气往身体里钻，往骨头里钻？

生：是的。

师：这就是“刺骨”的感觉，明白了吗？

生：（恍然大悟）哦，我明白了。

8.3.3.2 语言情境教学法

汉语词汇的表达和使用十分灵活，不同的语境可能赋予同一词汇不同的含义甚至相反的感情色彩。与语境割裂开来的汉语词汇学习往往是效率不高的，隐喻词汇的学习更是如此。如果能够依托真实情境进行教学，词汇隐喻义的理解和掌握会变得更加容易。教师在实施词汇教学时，可以根据教学内容创设贴近学生生活的情境，将隐喻词汇融入其中，组织学生进行角色扮演或故事复述，调整化他们头脑中的隐喻认知结构，增强他们隐喻词汇的理解。有了具体的运用场景，无须教师刻意解说，学习者也可以运用自己的认知能力进行有效分析解读，轻松地掌握目标词的语义和用法，达到事半功倍的学习效果。

比如，“逆袭”本意是指反击或反攻，后来被用来形容“令人意外的反超、突破和成果”，广泛地映射到其他认知域，适用范围很广。教师在讲解

"逆袭"一词的用法时，可以将其代入语境："李同学初中时成绩并不出色，处于班里的中下水平。但是到了高中却突飞猛进，并以优异的成绩考取了心仪的学校，真是完美的逆袭。"以此来让学习者明白"逆袭"的含义。当富含文化因素的"始源域"在汉语学习者头脑中不断地加深印象后，学习者才更有可能顺利地构建从始源域到目标域的映射图式。

（1）描述法

有时候，在对某些富含文化内涵的隐喻词进行解释时，目的语的文化导入是必要的，因为文化认知的空白可能成为理解这些隐喻意象词的最大障碍。

如在讲解某些在中国文化中内涵丰富的文化意象时，仅仅教会学生如何发音、如何辨识这一事物，知道它有什么样的作用和性能，是远远不够的。例如，包括现当代中国社会在内，很多文化都将"玫瑰"视为爱情的象征。有了这样的文化共情作为基础，汉语学习者就不难理解张爱玲的"娶了**白玫瑰**，白的便是衣服上沾的一粒饭黏子，红的却是心口上一颗朱砂痣"这句话里"白玫瑰"代表的就是爱人。然而汉语中还大量存在与英语文化迥异的文化意象，缺乏共同的文化基础，学生就会产生认知和理解的障碍。例如，盛产于中国的"莲花"对于很多外国人来说都不是日常熟知的植物，他们因此无法理解和体会"莲"在中国文化中的深刻内涵。教师在授课时，应当首先普及莲花是夏季开花的水生植物，在中国还拥有荷花、水芙蓉、芙蕖、水芝、凌波仙子等众多名称，其中最常用的是"荷花""莲花"两种叫法。只有清楚这一点，学生在看到"接天莲叶无穷碧，映日荷花别样红"这样的诗句时，才能理解其中涉及的是同一种植物而并非两种不同的植物；在看到"小荷才露尖尖角""出水芙蓉""三寸金莲""同心莲"等隐喻表述的时候才能了解施喻者使用的是同一始源域。除此之外，教师在描述莲花特性时，应对其"摇曳生姿""清丽脱俗""出淤泥而不染"等特征加以分析，并结合中国传统审美观，让学生了解这些特性如何聚焦映射在人物域，形成诸如"女子是莲""君子是莲"等隐喻表达。这种隐于表面特性之后的内在聚焦，往往需要教师加以引导，学生才能深刻理解并举一反三，再次接触陌生语境中的"莲花"时，才能启动隐喻机制展开合理想象。加深对目的语文化的理解和认同度对提升汉语学习者的认知水平和隐喻能力大有裨益。母语文化的惯性会阻碍学习者以目的语的文化思维进行思考，而以错误的思维工具学习目的语必然是困难重重。只有克服母语文化固有的思维，跨越文化的无意识的认知状态，才能冲破语言文化障碍，实现自由轻松的沟通。

（2）推测法

许多新奇隐喻，都是人们创造性思维的结果。只关注事物的外在特征和表象，是很难产生好的隐喻的。熟练的母语施喻者在使用隐喻时常常会将认知的焦点聚焦在目标域的内在特性上。这样的隐喻，就需要施喻者和解读者有深入的观察力和较强的隐喻能力。例如：

“一位从事研究工作的科学家，不仅是一个技术人员，而且是一个**小孩儿**，好像迷醉于神话故事一般。”——《我的信念》

此例中的“小孩儿”显然不是我们所熟知的生理上的小孩儿。将始源域和目标域联系起来的不是浮于表面的相似特征，二者的聚焦点在于其共同的内在特征——“好奇心和探索欲”。例句中的科学家指的是居里夫人。居里夫人热爱科学，致力研究，执着于对科学真理的追求。她对于科学工作的痴迷程度使她能够心无旁骛地全情投入，就像醉心于神话故事的小孩儿一样，满心满眼只有眼前这个神奇又陌生的世界。这种聚焦于始源域和目标域的内在特性的隐喻表述，并不是某种语言或者文化中约定俗成的固定用法，具有偶然性和主观性，很大程度上取决于施喻者的创造力和想象力；但又由于其对两个域的内在特征的挖掘和映射具有合理性和新颖性，往往可以使语言更加生动形象，更富有文学性。针对这种类型的汉语隐喻词汇，教师可以不着急解释词语的意思，而是利用大量真实情境，让学生结合上下文语境，自主地展开合理联想，猜测领会词语的含义。

在此过程中，引导学生充分发挥想象能力和推理能力，在对两个域的认识的基础上，深度挖掘其内在特征，找到两者的相似点并进行合理的推导，进而体会、理解词语的含义。学生在推测过程中不仅可以提升洞察力和隐喻理解能力，还可以举一反三，运用类似的映射机制创造属于自己的隐喻词汇。

推测法教学范例：

教师向学生展示两个例句：

你是**小学生**吗？怎么连这么简单的事都做不好？

与欧美、日韩等国相比，我国的音乐剧市场只能算是“**小学生**”。但这位“**小学生**”正在快速成长。

师：同学们，请大家来看看这两个例句。它们都用到了哪一个词呀？

生：“小学生！”

师：那有没有同学可以告诉我，“小学生”是什么意思呀？

生：小学生是在上小学的学生。

师：是的。那么这两句话里的“小学生”也是这个意思吗？我们先来看一看第一句：“你是小学生吗？怎么连这么简单的事都做不好？”这里的“小学生”是不是在上小学的小朋友呢？

生：好像不是。

师：“连这么简单的事都做不好”，说话的人是想表达什么意思？

生：这个人能力不行，简单的事都不会。

师：对了。再想想这跟“小学生”有什么关系？

生：哦，我知道了，他是想说，他的能力像小学生一样弱。

师：对了，就是这个意思。

师：接下来让我们看看第二个例句。这里的“小学生”又是什么意思？

生：呃……

师：这里的“小学生”是一个人吗？

生：不是。

师：那是……

生：音乐剧市场。

师：对了，那么这个“音乐剧市场”和“小学生”有什么相似的地方？

生：都没长大。

师：都不成熟对不对？小学生在学习的初级阶段，而“中国的音乐剧市场”正在发展的初级阶段。

生：是的。

师：所以同学们看一看，“小学生”这个词还可以这么用，除了用来指能力弱的人，还可以用来形容处于起步阶段的事物。

在这一教学案例中，教师激发学生的想象和分析，对小学生是初级学习者、认知水平较低、能力和知识储备较弱等特征加以强调，再将始源域和目标域的相似特征进行比照分析，完成隐喻意义的转化。教师要潜移默化地培养学习者对隐喻使用的敏感度，建立概念隐喻模块，指引学生关注并积累这些建立在概念隐喻基础上的语言表达，思考其隐含的文化内涵。

（3）对比法

从前面章节可以看出，不同语言中能够完全对应的隐喻用法只占全部隐喻的一小部分，还有更大一部分的隐喻表达是部分对应、错位交叉甚至有一方完全空缺。汉语和英语中这些隐喻词汇意义不对应的情况很容易成为汉语学习者的理解盲区，产生概念混淆、理解偏差、使用不当等情况。例如，汉语中如果用“熊”这一动物意象来形容人，往往是不太好的意思。“瞧你那熊样”指的就是一个人没什么本事，为人窝囊。但是在英语俚语中，被称为“bear”的人往往拥有某方面的能力，如a bear at cook指的就是擅长烹饪的人，两者在人物域的隐喻意义大相径庭。这种情况下，汉语学习者如果受到母语影响进行机械对应，就会产生理解偏差。再如中国人认为人体器官“胆”与勇气密切相关，胆的大小决定了一个人是否勇气，因此出现了“胆量”“胆识”“胆小如鼠”“胆大包天”“虎胆英雄”等一系列形容人拥有或缺乏勇气的词汇。而英美文化认为胆和勇气并不相关，人们的勇气来源在于心，因此胆小懦弱的人往往用faint-hearted来形容。汉语教学中则需要格外注意这些不对应的差异化隐喻表述。

这就对教师提出了更高的要求，教师不仅要熟悉汉语的语言规律，也需要对学生的母语有足够的了解。这样才能在教学时灵活运用对比法，让学生充分理解两种语言文化之间的差异，引导学生建立起多元文化思维，积极主动地运用汉语思维习惯进行思考和学习，逐步建立起汉语的隐喻认知体系。

对比法教学范例：

师： 狗是与人类非常亲近的动物，所以在我们的语言里，也留下了很多狗狗的“印记”。上节课，我请同学回去查一查汉语里有哪些关于“狗”的表达，有哪位同学跟我们分享一下？

生： 我查到了很多成语，有“狐朋狗友”“狼心狗肺”“狗仗人势”“偷鸡摸狗”，好像都不是很好。狗这么可爱，为什么在中文里这么不好？

师： 是的，汉语和英语里对“狗”的认知不太一样。在中国古代社会，穷人家一般没有能力饲养不产生经济效益的家畜。有钱人家养狗主要是为了看家护院，或者用于狩猎。所以狗一直处在一种比较低的地位。人类作为主人给狗提供食物和庇护，狗则是作为“仆人”忠诚地为人类提供服务。所以汉语里有“摇尾乞怜”“狗嘴里吐不出象牙”“狗腿子”这些贬义的隐喻词汇，用狗来形容低微卑劣的行为，这与中国古人对狗的认知有关。所以中文里很大一部分与狗有关的词汇都是贬义的。

生： 老师，既然中国古人认为狗这么低贱，为什么还叫自己的儿子“犬子”呢？

师： 这个问题问得很好。中国人比较含蓄谦虚，长辈在和外人介绍自己的儿子时，无论儿子多么优秀，都不太愿意夸奖儿子。称其为“犬子”，这是汉语中特有的自谦说法。

生： 那可太谦虚了。

师： 在你们的语言里（英语），关于狗的表达很不一样，对吗？能不能举几个例子？

生1： Top dog。

生2： Lucky dog。

生3： Every dog has his day。

师： 其实，在汉语里也有跟“狗”有关的好运气，你们猜得到吗？

生：该不会是“狗屎运”吧？

师：对，就是“狗屎运”。在你们的文化里，狗是怎样的动物呀？

生1：很可爱。

生2：很忠诚。

生3：是我们最好的朋友。

师：你们都很喜欢狗是不是？所以这也体现在你们的语言里。英语中很多跟狗有关的隐喻词汇都是正面的、积极的，当然也有一部分是贬义的，比如“lazy dog”等。因为人们长期与狗狗一起生活，英语里还创造了许多与狗相关的表达，比如形容天气热的“dog-days”（三伏天），形容书本折角的“dog eared”，还有“dog tag”，在中文里都是没有类似的表达的。

师：下面请同学们将你们查到的汉语中跟“狗”有关的词汇和英语中关于“狗”的词汇列出来，我们来做个对比吧。

（接下来，教师引导学生分组讨论，将汉语和英语中的“狗”隐喻词汇进行分类，并对比异同。）

（4）母语法

在教授某些语义复杂、概念抽象的汉语隐喻词汇时，直接用学习者的母语进行解释可以达到更加高效的教学效果。对于需要花很多力气用目的语进行解释的词汇，如果在母语中有对应的用法，可以直接使用母语释义法，利用学生母语的正迁移作用，快速跨越理解的藩篱。例如，在和学生讲解句子“他是一个有骨气的人”中的“骨气”一词时，直接解释可能无法达到很好的教学效果。“骨气”一词非常抽象，学习者需要较高的汉语素养才能理解中文释义。此时，可以先给学生展示其母语文学作品《罗密欧与朱丽叶》中的台词：“*Oh Romeo, how can you act like such a weak, **spineless** fool and kiss our enemy's feet!*”spine指人的脊柱，而spineless（没有脊柱的）则喻指软弱或懦弱。教师可以告诉学生，spineless可以对应中文里的“没骨气”。英语中虽然没有对应“骨气”的表述，但通过将母语中spineless作为理解的桥梁，学生可以很容易在两者之间建立起关联想象，从而理解spineless的反义词“骨气”的意思为

“刚强不屈的人格和操守”。

（5）导图法

思维导图作为一种将文字和图像相结合的可视化教学形式，能够在辅助汉语隐喻词汇学习时化静为动、化繁为简，使学生在学习中获得新鲜感。思维导图具有趣味性、关联性、直观性、逻辑性的优势，可以用图像、色彩、线条等形式把体系庞杂的汉语隐喻词汇以一定的层级和网络展示出来，方便学习者梳理所学内容，构建完善的隐喻词汇网络，从而有效理解和记忆汉语隐喻词义。

导图法教学范例：

（教师首先向学生展示一道文化导入题：

在古代中国，朋友要远行时，为了表达对朋友的不舍之情，会赠送对方什么作为礼物？

A.柳枝　　　　B.榴莲　　　　C.头发　　　　D.鸡毛）

生1：是不是头发？

师：中国人很看重自己的头发，因为他们觉得“身体发肤，受之父母”，爱惜头发就如同爱惜自己的生命，不会轻易割舍。

生2：我觉得是B，因为榴莲读起来好像“留恋”，很舍不得。

师：你能想到谐音，非常棒。但榴莲是热带水果，中国古人可没有见过。

生：那是柳枝吧，因为“柳”的音和“留”的音也很像。

师：对了。

（教师写下板书：柳liǔ—留liú—挽留）

师：柳树在中国是很常见的植物。在汉语里，“柳”与“留”又谐音，蕴含着在离别时刻留恋对方的含义。因此，中国古代，送行者往往会折一条柳枝送给远行的亲朋，表达惜别、盼归之意。折柳也成为独具东方韵味的送别方式。

生：原来是这样，中国古人好浪漫。

师：除了挽留之意，“柳”字还有很多其他的用法。

（教师展示柳树图片，做简单的介绍，并让学生仔细观察，分组讨论，写下柳树的特点，如颜色、形态、生长特征等，并根据这些特征展开“柳”字的隐喻分析。教师一边引导，一边绘制导图，用视觉化的工具帮助学生强化记忆，找到各个隐喻义项之间的联系。）

师：请同学们来猜一猜，“柳色”是指什么颜色？

生：我觉得应该是绿色，因为我知道有“花红柳绿”这个成语。

师：对了！举一反三，真不错的联想。柳树的叶子是绿色的，在春天发芽，所以又代表生机盎然的春天。“花光柳影”“柳宠花迷”等成语描绘的都是春天生机勃勃的美景。

师：柳树还有些什么特征呢？你们看，柳树柔软的枝条被风一吹就会摆动起来，远远看去像不像在跳舞？

生：是的，好像有人在跳舞，丝带飘来飘去。

师：是啊。中国古代以细腰为美，柳条很像女性纤细柔软的腰肢，所以就出现了“杨柳腰”这样的词汇。

师：同学们再来看看柳叶是什么形状的？

生：细细长长的。

师：像不像lancet（柳叶刀）？

生：哦，好像啊！

师：lancet在中文里就叫柳叶刀，因为它们的形状很相似。中国古人还特别喜欢柳叶形状的细细弯弯的眉毛，称为“柳叶眉”。除此之外，中国的乐器柳琴也是因为形状像柳叶而得名的（教师展示柳叶、柳叶眉和柳琴的图片）。最后请大家猜一猜，“鸡柳”和“牛柳”是什么意思？

生：我知道，是切得细细长长像柳叶形状的鸡肉和牛肉。

师：没错，就是这个意思。

师：我们前面说了，纤细柔软的腰叫“杨柳腰”，细细弯弯的眉毛叫“柳叶眉”，那柳树像什么人呢？

生：好像美女。

师：对，柳在中文里还真的可以表示娇媚妖娆的女子呢！

生：柳在中文里有这么多意思呀？

师：还不止这些呢！同学们知不知道，柳树还有一个很厉害的本领？

生：什么本领？

师：剪下一小条柳枝，把它插在泥土里，浇一点水，过个几天，它自己就会长大了。

生：真的吗？我要试一试。

师：同学们课后可以试一试。其实，插柳也是古人过清明节的习俗之一呢。柳树有着顽强的生命力。所以汉语里有句话叫："有心栽花花不开，无心插柳柳成荫。"你们知道是什么意思吗？

生：精心地种花，花却不开；而将折下来的柳枝随便地插在地里，却长成了大树。

师：字面上是这个意思没错。再想一想，通过这句话我们可以明白什么道理？

生：有些事，你很用心很努力地去做，却不一定得到想要的结果；还有一些事，你并没有花多少力气，也没有很高的期待，却是意外的惊喜。

师：这个解释非常准确。我们来看看这句话具体的使用场景，例如，姐姐学了多年的服装设计，结果设计师没当成，却意外地成了一名模特，真是**有心栽花花不开，无心插柳柳成荫**。姐姐努力学习服装设计，就是"有心栽花"，但结果并不如人意；意外地成为模特就是"无心插柳"。虽然用心栽的花没有开，努力却在其他方面得到了意外的回报。

生：老师，我懂了。中文真的好深奥啊！

师：柳树在你们国家都有什么样的隐喻意义呢？跟中文里的"柳树"一不一样呢？

生：嗯，不太一样。在我们国家柳树的意思比较悲伤，比如亲人死了就要 wear the willow。

师：对的，同样是柳树，在不同的语言中却代表完全不同的意思。不只柳树，很多词汇都是这样，所以同学们在使用过程中，要多多注意区别。

（教师将“柳”的隐喻义和隐喻词汇的导图呈现给学生，如图8-1所示。）

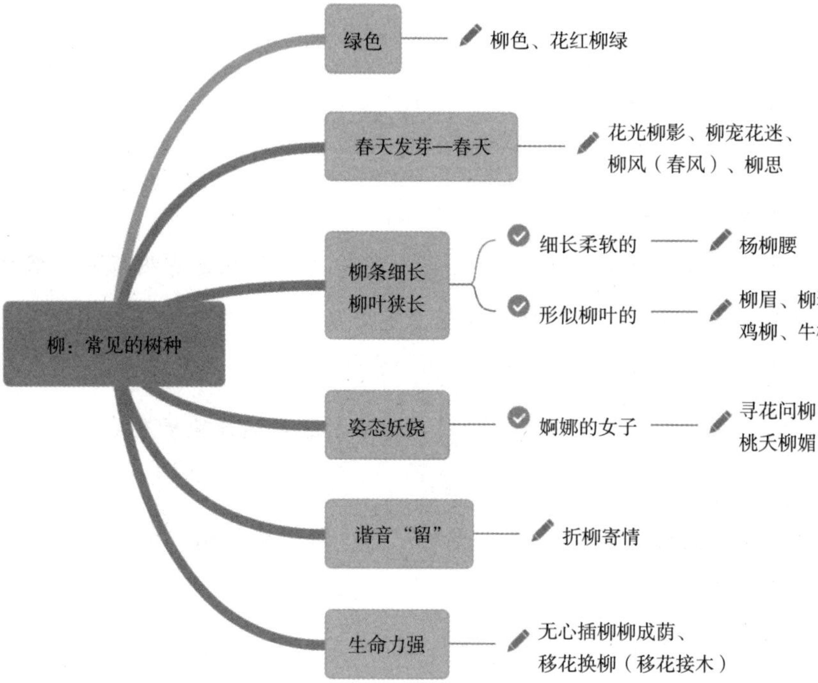

图8-1 “柳”隐喻词汇导图示例

除了上述教学方法和策略外，教师在组织汉语课堂教学时还可以综合运用以下几种方法拓展学生的隐喻词汇，提升留学生的汉语词汇隐喻能力。

①主题法：构建话题词汇，围绕一个中心主题展开较大规模的词汇教学，促使学生在已有的知识图式中构建新知。

②语篇法：在具体的语篇和上下文环境中帮助学生理解和记忆隐喻词汇。

③讨论法：通过组织有效的课堂讨论提升学生的思辨能力和隐喻能力。

④调研法：引导学生通过查找资料等调研方式系统地了解隐喻词汇的形成机制和适用语境。

事实上，在上文提到的具体教学案例中，有不少都运用了不止一种教学方法。教师需要根据教学内容和教学对象不断调整教学策略，以达到最佳的教学效果。

8.4　小结

传统语言教学法往往以印欧语系语言为对象，对汉语词汇的教学适用度不高。适用于汉语隐喻词汇教学的教学方法和教学模式，需要从汉语和中国文化的特征出发，遵循汉语的语言特点和思维习惯。有效的汉语词汇教学需要借助认知隐喻思维展开。隐喻思维是串起汉语词汇多重语义的认知桥梁，汉语学习者在学习新词时能正确进行形式和意义的匹配，并形成一词多义的语义链条和辐射网络，都有赖于高级的隐喻认知策略。掌握汉语隐喻思维才能掌握词汇创新的规律和逻辑。在汉语词汇教学中渗透隐喻能力的培养能够打破静态的授课方式，拓展语言学习的思路，促进学习者汉语词汇的习得。当然，词汇教学的革新并不是一蹴而就的，需要汉语研究与教学者们不断探究和摸索，不断实践与前行。这注定是一场长期性与系统性兼具的漫长之旅。

参考文献

[1] Aintzane D, Carme E. Metaphoric Competence and the Acquisition of Figurative Vocabulary in Foreign Language Learning[J]. Elia Estudios De Lingüística Inglesa Aplicada, 2013：13,47-82.

[2] Aristotle. Rhetoric and Poetics[M]. New York:The Modern Library, 1954.

[3] Ausubel D A. Educational psychology：a cognitive view[M]. New York：Holt，Rinehart & Winston，1968.

[4] Bachman, L. F. Fundamental considerations in language testing. Oxford: Oxford University Press,1990.

[5] Black. Models and Metaphors[M].Ithaca:Cornell University Press,1962.

[6] Boers F.Metaphor awareness and vocabulary retention[J].Applied linguistics，2000，21（4）：553-571.

[7] Brown H D. Principles of language learning and teaching[M]. Beijing：Foreign Language Teaching and Research Press，2002.

[8] Cameron, L. & Low, G. Researching and Applying Metaphor [C]. Cambridge: Cambridge University Press, 1999.

[9] Danesi,M.The Role of Metaphor in Second Language Pedagogy[J]. Rassegna Italiana di Linguistica Applicata, 1986: 18, 1-10.

[10] Danesi,M.Metaphotical competence in second language acquisition and second language teaching: The neglected dimension. Georgetown University Round Table on Language and Linguistics 1992,Washington, D.C:Georgetown University Press,1992.

[11] Davidson. What Metaphor Means[J].Critical Inquiry,1978（8）：31-37.

[12] Sheldon Sacks. On Metaphor[M]. Chicago and London: The University

of Chicago Press,1979.

[13] Dobrzynska,T.Translating Metaphor:Problems of Meaning[J].Journal of Pragmatics,1995.

[14] E.F.Kittays. Metaphor: Its cognitive Force and Linguistic Structures[M]. Oxford:Oxford University Press,1989.

[15] Fauconnier,G.Mappings in Thought and Language[M].Cambridge: Cambridge University Press,1997.

[16] Fauconnier, G. & M. Turner. Conceptual Integration Networks[J]. Cognitive Science,1998（2）.

[17] Fauconnier, G. & M. Turner. The Way We Think: Conceptual Blending and the Mind's Hidden Complexities [M]. New York: Basic Books,2002.

[18] Flahive, D.E. and Carrell, P.L. Lexical Expansion and the Acquisition of Metaphoric Competence.Columbia:11th Annual Mid-America Linguistics Conference,1977.

[19] Forceville,C.Pictorial Metaphor in Advertising[M]. London/New York:Routledge,1996.

[20] Forceville,C.Compasses, beauty queens and other PCs: Pictorial Metaphor in Computer advertisements[J]. Journal of Linguistics, 2000.

[21] Grady J.Foundations of Meaning:Primary Metaphors and Primary Scenes[D].Ph.D.dissertation,University of California,Berkeley,1997.

[22] Grady J.Theories are buildings revisited [J].Cognitive Linguistics, 1997.

[23] H. Gardner, E. Winner. The Development of Metaphoric Competence: Implications for Humanistic Disciplines[J].Critical Inquiry,1978.

[24] Halliday,M.A.K.& C. Mattiessen. An Introduction to Functional Grammar[M].Beijing: Foreign Language Teaching and Research Press,2008a Halliday,M.A.K.&C. Mattiessen. Construing Experience through Meaning-A Language-based Approach to Cognition[M].London/

New York: Cassell, 1999.

[25] Halliday,M.A.K.An Introduction to Functional Grammar[M].Beijing: Foreign Language Teaching and Research Press,2000.

[26] Holland, D.&N. Quinn. Cultural Models in Language and Thought[M]. Cambridge: Cambridge University Press,1987 .

[27] Holme,Randal.Metaphor,Language,Learning,and Affect[J].Humannising Language Teaching,2001 .

[28] Indurkhya,B. Metaphor and Cognition[J]. Kluwer: Academic Publishers,1992.

[29] Irujo,S.Don't Put Your Leg in Your Mouth: Transfer in the Acquisition of Idioms in a Second Language[J]. TESOL Qauterly.1986, 20（2）: 287-304.

[30] Ijaz,I.Helene.Linguistic and Cognitive Determinants of Lexical Acquisition in a Second Language[J]. Language Learning, 1986:36,401-451.

[31] Ilinska, L., Platonova, M. and Smirnova, T. Metaphorical Competence in Professional Communication[J].Procedia—Social and Behavioral Science,2016：236, 254-259.

[32] Johnson, M. The Body in the Mind: The Bodily Basis of Meaning, Imagination, and Reason[M]. Chicago: University of Chicago Press, 1987.

[33] Kathpalia, Carmel, S.S. and Heah, L.H. Metaphorical Competence in ESL Student Writing. Relc Journal, 2011：273-290.

[34] Kecskes.Conceptual fluency and the use of situation-bound utterances [J] .Links Letter，2000（6）.

[35] Kennedy, J.M.Metaphor in Pictures[J].Perception, 1982.

[36] Kennedy,J.M.Drawing and the Blind: Picture to touch[M].New Haven/

London:Yale University Press,1993.

[37] K. vecses, Z. Emotion Concepts[M]. New York: Springier-Verlag,1990.

[38] K. vecses, Z. Metaphor: A Practical introduction[M].Oxford: Oxford University Press,2002.

[39] Langacker， R .W.Subjectification[J].Cognitive Linguistics， 1990（1）.

[40] Lakoff, G. & M. Johnson. Metaphors We Live by[M]. Chicago: The University of Chicago Press, 1980.

[41] Lakoff, G. Women,Fire,and Dangerous Things:What Categories Reveal about the Mind[M]. Chicago: The University of Chicago Press, 1987.

[42] Lakoff, G. & M. Turner. More than Cool Reason.A Field Guide to Poetic Metaphor[M].Chicago: The University of Chicago Press, 1989.

[43] Lakoff, G. Moral Politics-How Liberals and Conservatives Think[M]. Chicago: The University of Chicago Press,1996.

[44] LAM Lai-chuen.Conceptual Fluency in Second Language Learning: ChineseLearner's Production of OUT and UP Particles in English Verbs Particle Constructions,Unpublished Doctoral Dissertation[D].The University of Hong Kong, 2003.

[45] Lazar,G. Using Figurative Language to Expand Students' Vocabulary. ELT Journal 50/1: 43-51,1996.

[46] Littlemore, J. Metaphoric Competence: A Language Learning Strength of Students with a Holistic Cognitive Style[J]. TESOL Quarterly, 2001: 459-491.

[47] Low G D. On teaching metaphor[J]. Applied linguistics，1988（9）：125-147.

[48] Mayer, R.E. The Instructive Metaphor: Metaphor Aid to Students' Understanding of Science[A]. In Metaphor and Thought, 2nd Edition [C].

Cambridge: Cambridge University Press. pp. 561-578,1993.

[49] Malmkjaer, Kirsten .The Linguistics Encyclopedia[M]. London and New York: Rout ledge,1991.

[50] MacLennan, C.H.G. Metaphors and Prototypes in the Learning and Teaching of Grammar and Vocabulary[J]. International Review of Applied Linguistics 32/1:97-110, 1994.

[51] McCarthy,M.J.A New Look at Vocabulary in EFL[J]. Applied Linguistics5（1）,1984.

[52] Danesi,M.Metaphorical Competence in Second Language Acquisition and Second language Teaching: The Neglected Dimension. Georgetown University Round Table on Language and Linguistics 1992[M], Washington, D.C:Georgetown University Press,1992.

[53] Petrie, H.G.Metaphor and learning[A].In A. Ortony （ed.）,Metaphor and Thought, 2nd Edition[C].Cambridge:Cambridge University Press,1993.

[54] Pollio, H. and Smith, M.K. Metaphoric Competence and Complex Human Problem Solving. In: Honeck, R.P. and Hoffman, R.P., Eds., Cognition and Figurative Language, Mahwah: Erlbaum Press, 1980:365-392.

[55] Quintilian, Institutio Oratoria[M],Oxford:Oxford University Press, 2006 .

[56] Reddy, M. Metaphor and thought[M]. Cambridge: Cambridge University Press,1979.

[57] Richards, I.A.The Philosophy of Rhetoric[M].Oxford: Oxford University Press, 1936.

[58] Rod Ellis.Understanding Second Language Acquisition[M].Oxford University Press,1985:107- 231.

[59] Steen，G.J. Finding Metaphor in Grammar and Usage. Amsterdam:

John Benjamins，2011.

［60］Saussure.F.D.Course in General Linguistics[M].Chicago:Open Court Publishing Company, 1972:115.

［61］Sweetser E. 1990 From Etymology to Pragmatics: Metaphorical and Culture Aspects of Semantic Structure[M]. Cambridge University Press.

［62］Shakespeare.William.Merchant of Venice（notes by Declan Kiberd）［M］.Beijing：World Pub.Co.，1991.

［63］Turner, M. Reading Minds:The Study of English in the Age of Cognitive Science[M]. Princeton: Princeton University Press,1991.

［64］艾兰.水之道与德之端——中国早期哲学思想的本喻（增订版）[M]. 张海晏，译.北京：商务印书馆，2010：7.

［65］曹霞.认知语言学的隐喻与外语教学[J].黑龙江高教研究，2007,（8）:169-171.

［66］曹艳.概念隐喻理论视角下的英汉动物隐喻对比研究及其翻译策略[D]. 西安：西北大学，2014.

［67］陈朗.二语教学中的隐喻能力培养[J].外语学刊，2010（5）：47-49.

［68］陈朗.近十年国外隐喻能力实证研究主题脉络梳理[J].外语界，2013（3）.

［69］陈朗.二语词汇教学的隐喻能力方略新境界[J].外语学刊，2017,（2）:105-109.

［70］陈道明. 从习语的可分析性看认知语言学的隐喻能力观[J]. 外国语（上海外国语大学学报），1998（6）: 21-27.

［71］陈海燕，汪立荣.隐喻意识培养与大学英语词汇教学[J].解放军外国语学院学报，2013（3）：56-57.

［72］陈晦.英汉植物命名中的动物隐喻现象对比研究[J]. 西安外国语大学学报，2015（4）: 1-5.

［73］陈德彰. Cultural Connotation of Animal Words in English and

Chinese[A].胡文仲.跨文化交际面面观[C].外语教学与研究出版社，1999.
[74] 陈汝东.认知修辞学[M].广州：广东教育出版社，2001.
[75] 陈映戎.汉英隐喻中的植物文化意象对比[J].浙江外国语学院学报，2013.
[76] 代男. 动物隐喻的喻义及其翻译策略研究[D]. 长春：吉林大学，2013.
[77] 陈文萃.从英汉表情感的成语看英汉情感隐喻的共性[J]. 外语与外语教学，2004（1）:92-95.
[78] 恩格斯.自然辩证法［M］.中共中央马克思恩格斯列宁斯大林著作编译局，编译.北京：人民出版社，2018.
[79] 方芳.“水”意象的隐喻衍生机制——兼谈中西方“水喻”文化差异性[J]. 安徽理工大学学报（社会科学版），2016（2）.
[80] 方芳.中西方“水喻”认知象似性考释[J].铜陵学院学报，2016（2）.
[81] 冯国华. 立足喻体　把握喻底——论譬喻在汉英互译中的处理[J]. 中国翻译，2004（3）.
[82] 冯英.汉语义类词群的语义范畴及隐喻认知研究[M].北京语言大学出版社，2009.
[83] 加斯东.巴什拉.火的精神分析[M] .杜小真，顾嘉琛，译.长沙:岳麓书社，2005:104-105.
[84] 高文嘉.对外汉语教学中动物隐喻的教学策略[D]. 西安：西北大学，2012.
[85] 顾雪梁.花语花趣［M］.杭州：浙江人民出版社，2000：285-291.
[86] 贺新丽，龚腾龙. 浅析概念隐喻对大学英语词汇教学的启示[J]. 教育教学论坛，2014（13）：88-89.
[87] 蒋敏.隐喻语言的体验基础理论研究进展[J].国外外语教学，2006

（4）：27-34.

［88］胡壮麟.认知与语篇产生[J].国外语言学，1993（2）.

［89］胡壮麟.认知隐喻学[M].北京：北京大学出版社，2004.

［90］胡春雨，徐玉婷.基于汉英经济媒体语料库的植物隐喻研究[J].外语教学，2019（6）.

［91］郝兆祥.石榴在中国民俗文化中的象征意义[C].中国园艺学会石榴分会筹备组.中国石榴研究进展（一）.中国园艺学会石榴分会筹备组:中国园艺学会，2010.

［92］黄兴运，覃修桂.体验认知视角下“水”的概念隐喻——基于语料的英汉对比研究[J].山东外语教学，2010（6）.

［93］姜孟. 英语专业学习者隐喻能力发展实证研究[J]. 国外外语教学，2006（4）: 27-34.

［94］蒋栋元.生命·再生·罪与罚——《圣经》中的“水”意象［J］.外国语文，2010（5）.

［95］蒋娇. 从隐喻角度看生肖动物阐释的翻译——以《中国十二生肖故事》的翻译为例[D]. 苏州：苏州大学，2012.

［96］昆体良.昆体良教育论著选[M].北京：人民教育出版社，1989.

［97］蓝纯.从认知角度看汉语的空间隐喻[J]. 外语教学与研究，1999（4）.

［98］蓝纯.认知语言学与隐喻研究[M].北京：外语教学与研究出版社，2005.

［99］李爱华. EFL学习者认知隐喻能力培养[J]. 南昌航空大学学报（社会科学版）， 2016， 18（1）: 110-114.

［100］李福印，秦进平.隐喻与认知研究 25 年（1980—2004）：成绩、问题与展望[J].中国外语，2007.

［101］李福印. 隐喻与认知：中国大陆出版物注释目录（1980—2004）[M]. 北京：中国文史出版社，2004.

[102] 李庆丽.乔治·莱考夫概念隐喻思想研究[D].吉林大学，2020.

[103] 李福印. 当代国外认知语言学研究的热点[J].外语研究， 2004b. N3:1-3.

[104] 李毅. 隐喻能力与概念流利[J]. 外语与外语教学， 2009（6）.

[105] 李耸，赵晓丹.英汉语言中隐喻的认知与异同[J].东北大学学报，2004（2）:141-144.

[106] 李学勤，赵平安. 字源[M].天津：天津古籍出版社；沈阳：辽宁人民出版社，2012：33.

[107] 林书武.《隐喻:其认知力及语言结构》评介[J].外语教学与研究，1994（4）.

[108] 林书武.《隐喻与象似性》简介[J]. 国外语言学，1995a（3）.

[109] 林书武.《隐喻与认知》评介[J].外语教学与研究，1995b（4）.

[110] 林书武.《语言的隐喻基础》评介[J].外语教学与研究，1996（1）.

[111] 林书武.国外隐喻研究综述[J].外语教学与研究， 1997（1）.

[112] 刘重德.翻译漫谈[M].西安:陕西人民出版社，1984.

[113] 刘重德.英汉语比较与翻译[M].上海：上海外语教育出版社，2006.

[114] 刘振前，时小英.隐喻的文化认知本质与外语教学[J].外语与外语教学，2002（2）:17-20，34.

[115] 罗晓燕.英汉“嫉妒”情感隐喻的体验哲学和文化阐释[J].北京第二外国语学院学报，2010（10）.

[116] 闵宗殿. 中国农史系年要录：科技编[M].北京:农业出版社，1989:14.

[117] 倪宝元.修辞[M].杭州：浙江人民出版社，1983.

[118] 潘艳艳， 孙凤兰. 英语教学中隐喻能力和转喻能力的培养: 方法与案例呈现[J]. 当代外语研究， 2017（2）.

[119] 钱穆.现代中国学术论衡[M].北京:人民出版社，1993.

[120] 乔治·莱考夫，马克·约翰逊.我们赖以生存的隐喻[M]. 何文忠，译.

杭州：浙江大学出版社，2015: 21.

［121］乔治·莱考夫，马克·约翰逊.肉身哲学：亲身心智及其向西方思想的挑战[M]. 李葆嘉，等译. 北京：世界图书出版公司，2018：60.

［122］沈家煊.实词虚化的机制——《演化而来的语法》评介[J].当代语言学，1998（3）:41-46.

［123］石轶兰.汉语谐音及其文化内涵研究[J]赤峰学院学报（汉文哲学社会科学版），2014（5）.

［124］束定芳. 试论现代隐喻学的研究目标、方法和任务[J]. 外国语，1996（2）.

［125］束定芳.论隐喻的本质与语义特征[J].外国语，1998.

［126］束定芳. 隐喻学研究[M].上海:上海外语教育出版社，2000.

［127］束定芳，汤本庆. 隐喻研究中若干问题和研究课题 [J]. 外语研究，2002 （2）: 1-6.

［128］苏筱玲.英汉动物词语的隐喻认知与语域投射[J]. 四川外语学院学报，2008 （5） : 84-86 .

［129］孙亚.隐喻与话语[M].北京：对外经济贸易大学出版社，2013.

［130］孙亚.国外隐喻研究现状及发展趋势[J].现代外语，2017, 3（9）:11-19.

［131］孙毅.认知隐喻学多维跨度研究[M]. 北京：北京大学出版社，2013.

［132］孙毅，张瑜. 汉英植物隐喻管轨的“同”博观与“异”微探[J]. 天津外国语大学学报，2018（4）:31-44.

［133］沈家煊.实词虚化的机制[J].当代语言学，1998（3）:41- 46.

［134］斯蒂芬·J.派因.火之简史[M]. 北京：生活·读书·新知三联出版社，2006.

［135］唐瑞梁.概念隐喻映射制约机制[J].天津外国语学院学报， 2007（3）.

［136］汪少华.隐喻推理机制的认知性透视[J].外语与外语教学，2000（10）.
［137］汪少华.合成空间理论对隐喻的阐释力[J].外国语，2001（3）.
［138］王斌.交织与隐喻的比较研究[J]. 外语学刊， 2001（1）.
［139］文秋芳. 论外语专业研究生高层次思维能力的培养[J]. 学位与研究生教育，2008（10）.
［140］王淑娟. 基于十二生肖动物词英汉联想意义对比的对外汉语教学[D]. 重庆:重庆师范大学，2013.
［141］王文斌.隐喻的认知构建与解读[M]. 上海：上海外语教育出版社，2007.
［142］王幼军.文化翻译与语用学[J].河北理工大学学报：社会科学版，2007（2）:145.
［143］王寅. 认知语言学的“体验性概念化”对翻译主客观性的解释力——一项基于古诗《枫桥夜泊》40 篇英语译文的研究[J]. 外语教学与研究，2008（3）：211-217.
［144］王静.英汉植物词汇隐喻的认知比较[J].长春师范学院学报（人文社会科学版），2009，28（1）:120-123.
［145］王钢.《圣经》类型意象:福克纳小说象征中的人性拯救隐喻[J].阜阳师范学院学报（社会科学版）， 2017（5）.
［146］武广庆.英汉习语中动物词意义的跨文化研究[J]. 江西科技师范学院学报，2008（5）:78-81.
［147］伍铁平.汉语并不难学[J].世界汉语教学，1988（4）.
［148］西塞罗.论演说家[M].北京：中国政法大学出版社，2003.
［149］辛斌.批评语言学：理论与实践[M].上海：上海外语教育出版社，2005：16.
［150］徐盛桓. 再论隐喻的计算解释[J]. 外语与外语教学，2013（4）：27-31.

[151] 亚里士多德.诗学[M].北京：人民文学出版社，2002.

[152] 严世清. 隐喻能力与外语教学[J]. 山东外语教学， 2001（2）: 60-64.

[153] 晏琳.汉英十二生肖动物隐喻对比及对外汉语教学[D]. 武汉：华中师范大学，2017.

[154] 杨元刚.说牛道马：英汉动物词的联想意义与翻译[J]. 山东外语教学，2003（4）: 13-18.

[155] 叶卫国.花卉与中西文化浅涉[J].中山大学学报论丛，2004（3）.

[156] 于成琛. 汉语动物类词汇对外教学研究[D]. 苏州：苏州大学，2019.

[157] 于婧阳.培养隐喻能力的国际汉语词汇教学方法研究[J].现代交际，2017.

[158] 赵艳芳.语言的隐喻认知结构《我们赖以生存的隐喻》评介[J].外语教学与研究，1995（3）.

[159] 赵艳芳.认知语言学概论[M].上海:上海外语教育出版社，2001.

[160] 张璇. 十二生肖词汉英对比研究及对外汉语教学[D].太原:山西大学，2015.

[161] 赵志梅. 英汉动物词汇的隐喻认知对比[J]. 宜春学院学报，2013（2）： 120-122.

[162] 中国社会科学院语言研究所词典编辑室. 现代汉语词典[M]. 北京:商务印书馆，2016:1596.

[163] 张少云.概念隐喻的理解与表达——兼谈对对外汉语教学的启示[J].福建师范大学学报，2007（5）：95.

[164] 张凤娟.从认知符号学视角分析概念语法隐喻对英语写作的影响[J].山东外语教学，2011，32（5）:46-51.

[165] 曾侨骄，于善志. 论汉语“水”的概念隐喻[J]. 宁波教育学院学报，2009，10（5）.